墨人著

本全集保留作者手批手稿

墨人博士作品全集【全60冊】

第三冊 大陸文學之旅

文史哲出版社印行

國家圖書館出版品預行編目資料

墨人博士作品全集 / 墨人著 -- 初版 -- 臺北
市:文史哲, 民 100.12
頁： 公分
ISBN 978-957-549-987-7 (全套 60 冊：平裝)

1.現代文學 2. 中國文學 3.別集

848.6 100022602

墨人博士作品全集【全60冊】

第三冊 大陸文學之旅

著者：墨人
出版者：文史哲出版社
http://www.lapen.com.tw
登記證字號：行政院新聞局版臺業字五三三七號
發行人：彭正雄
發行所：文史哲出版社
印刷者：文史哲出版社
臺北市羅斯福路一段七十二巷四號
郵政劃撥帳號：一六一八〇一七五
電話886-2-23511028 · 傳真886-2-23965656

【全60冊】定價新臺幣 36,800 元

中華民國一百年（2011）十二月初版

ISBN 978-957-549-987-7 08992

墨人博士著作全集　總目

一、散文類

二、長篇小說

三、中短篇小說散文合集

四、詩詞及論評

附：外篇

墨人的一部文學千秋史

張萬熙先生，筆名墨人，江西九江人，民國九年生。爲一位享譽國內外名小說家、詩人、學者。歷任軍、公、教職。六十五歲始自從國民大會簡任一級加年功俸的資料組長兼圖書館長公職崗位退休，但已是中國文壇上一位閃亮的巨星。出版有：《全唐詩尋幽探微》、《紅樓夢的寫作技巧》、二百九十多萬字的大長篇小說《紅塵》、《白雪青山》、《春梅小史》；詩集：《哀祖國》；散文集：《小園昨夜又東風》……。民國五十年、五十一年連續以短篇小說，兩次入選維也納納富出版公司出版的《世界最佳小說選集》。七十歲時自東吳大學中文系教席二度退休，仍著述不輟，爲國寶級文學家。墨人博士在臺勤於創作六十多年（在大陸時期已創作十年），並以其精通儒、釋、道之學養，綜理戎機、參贊政務、作育英才，更以其對傳統文學的精湛造詣，與對新文藝的創作，在國際上贏得無數榮譽，如：美國世界大學榮譽文學博士、美國馬奎士國際大學榮譽文學博士、美國艾因斯坦國際學院榮譽人文學博士（包括哲學、文學、藝術、語言四類）、英國劍橋國際傳記中心副總裁（代表亞洲）、英國莎士比亞詩、小說與人文學獎得主，現在出版《全集》中。

壹、家世・堂號

張萬熙先生，江西省德化人（今九江），先祖玉公，明末時以提督將軍身份鎮守雁門關，蒙古騎兵入侵，戰死於東昌，後封爲「河間王」。其子輔公，進士出身，歷任文官。後亦奉召領兵「三定交趾」，因戰功而封爲「定興王」。其子貞公亦有兵權，因受奸人陷害，自蘇州嘉定（即今上海市一區），謫居潯陽（今江西九江）。祖宗牌位對聯爲：嘉定源流遠，潯陽歲月長；右書「清河郡」、左寫「百忍堂」。

貳、來臺灣的過程

民國三十八年，時局甚亂，張萬熙先生攜家帶眷，在兵荒馬亂人心惶惶時，張先生從湖南長沙火車站，先將一千多度的近視眼弱妻，與四個七歲以下子女，從車窗口塞進車廂，自己則擠在廁所內動彈不得，千辛萬苦的從湖南長沙搭火車南下廣州，從廣州登商輪來臺。七月三日抵基隆，由同學顧天一先生，接到臺北縣永和鎮鄉下暫住。

參、在臺灣一甲子奮鬥的過程

一、初到臺灣的生活

家小安頓妥後，張萬熙先生先到臺北萬華，一家新創刊的《經濟快報》擔任主編，但因財務不濟，四個月不到便草草結束。幸而另謀新職，舉家遷往左營擔任海軍總司令辦公室秘書，負責紀錄整理所有軍務會報紀錄。

民國四十六年，張先生自左營來臺北任職國防部史政局編纂《北伐戰史》（歷時五年多浩大工程，編成綠布面精裝本、封面燙金字《北伐戰史》叢書），完成後在「八二三」炮戰前夕又調任國防部總政治部，主管陸、海、空、聯勤文宣業務，四十七歲自軍中正式退役後轉任文官，在臺北市中山堂的國民大會主編研究世界各國憲法政治的十六開大本的《憲政思潮》，作者、譯者都是台灣大學、政治大學的教授、系主任，首開政治學術化先例。

張先生從左營遷到臺北大直海軍眷舍，只是由克難的甘蔗板隔間眷舍改為磚牆眷舍，大小一般，但邊間有一片不小的空地，子女也大了，不能再擠在一間房屋內，因此，張先生加蓋了三間竹屋安頓他們。但眷舍右上方山上是一大片白色天主教公墓，在心理上有一種「與鬼為鄰」的感覺。張夫人有一千多度的近視眼，她看不清楚，子女看見嘴裡不講，心裡都不舒服。張先生自軍中假退役後，只拿八成俸。

張先生因為有稿費、版稅，還有些積蓄，除在左營被姓譚的同學騙走二百銀元外，剩下的積蓄還可以做點別的事。因為住左營時在銀行裡存了不少舊臺幣，那時左營中學附近的土地只要三塊多錢一坪，張先生可以買一萬多坪。但那時政府的口號是「一年準備，兩年反攻，三年掃蕩，五年成功。」張先生信以為真，三十歲左右的人還是「少不更事」，平時又忙著上班、寫作，實在不懂政治、經濟大事，以為政府和「最高領袖」不會騙人，五年以內真的可以回大陸，張先生又有「戰士授田證」。沒想到一改用新臺幣，張先生就損失一半存款，呼天不應。但天理不容，姓譚的同學不但無后，也死了三十多年，更沒沒無聞。張先生作人、看人的準則是：無論幹什麼都是「誠信」第一，因果比法律更公平、更準。欺人不可欺心，否則自食其果。

二、退休後的寫作生活

張先生四十七歲自軍職退休後，轉任台北市中山堂國大會主編十六開大本研究各國憲法政治的《憲政思潮》十八年，時任簡任一級資料組長兼圖書館長。並在東吳大學兼任副教授二十年、香港廣大學院指導教授、講座教授、指導論文寫作、不必上課。六十四歲時即請求自公職提前退休，以業務重要不准，但取得國民大會秘書長（北京朝陽大學法律系畢業）何宜武先生的首肯，六十五歲依法退休。當時國民大會、立法院、監察院簡任一級主管多延至七十歲退休，因所主管業務富有政治性，與單純的行政工作不同，六十五歲時張先生雖達法定退休年齡，還是延長了四個月才正式退休，何秘書長宜武大惑不解地問張先生：「別人請求延長退休而不可得，你爲什麼反而要求退休？」張先生答以「專心寫作」，何秘書長才坦然不疑。退休後日夜寫作，因胸有成竹，很快完成了一百九十多萬字的大長篇小說《紅塵》，在鼎盛時期的《臺灣新生報》連載四年多，開中國新聞史中報紙連載最大長篇小說先河。但報社還不敢出版，經讀者熱烈反映，才出版前三大冊。當年十二月即獲行政院新聞局「著作金鼎獎」與嘉新文化基金會「優良著作獎」，亦無前例。《台灣新生報》又出九十三章至一百二十二章，只好名爲《續集》。墨人在書前題五言律詩一首：

浩劫未埋身，揮淚寫紅塵，非名非利客，孰晉孰秦人？
毀譽何清問？吉凶自有因。天心應可測，憂道不憂貧。

二○○四年初，巴黎 youfeng 書局出版豪華典雅的法文本《紅塵》，亦開「五四」以來中文作家大長篇小說進入西方文學世界重鎮先河。時爲巴黎舉辦「中國文化年」期間，兩岸作家多由政府資助出席，張先生未獲任何資助，亦未出席，但法文本《紅塵》卻在會場展出，實爲一大諷刺。張先生一生「只問耕耘，不問收穫」的寫作態度，七十多年來始終如一，不受任何外在因素影響。

肆、特殊事蹟與貢獻

一、《紅塵》出版與中法文學交流

《紅塵》寫作時間跨度長達一世紀，由清朝末年的北京龍氏家族的翰林第開始，寫到八國聯軍、滿清覆亡、民國初建、八年抗日、國共分治下的大陸與臺灣，續談臺灣的建設發展、開放大陸探親等政策。空間廣度更遍及大陸、臺灣、日本、緬甸、印度，是一部中外罕見的當代文學鉅著。墨人五十七歲時應邀出席在西方文藝復興聖地佛羅倫斯所舉辦的首屆國際文藝交流大會，會後環遊地球一周。七十歲時應邀訪問中國大陸四十天，次年即出版《大陸文學之旅》。《紅塵》一書最早於臺灣新生報連載四年多，並由該報連出三版，臺灣新生報易主後，將版權交由昭明出版社出版定本六卷。由於本書以百年來外患內亂的血淚史爲背景，寫出中國人在歷史劇變下所顯露的生命態度、文化認知、人性的進取與沉淪，引起中外許多讀者極大共鳴與回響。

旅法學者王家煜博士是法國研究中國思想的權威，曾參與中國古典文學的法文百科全書翻譯工作，他認爲深入的文化交流仍必須透過文學，而其關鍵就在於翻譯工作。從五四運動以來，中西文化交流一直是西書中譯的單向發展。直到九十年代文建會提出「中書外譯」計畫，臺灣作家才逐漸被介紹到西方，如此文學鉅著的翻譯，算是一個開始。

王家煜在巴黎大學任教中國上古思想史，他指出《紅塵》一書中所引用的詩詞以及蘊含中國思想的博大精深，是翻譯過程中最費工夫的部分。為此，他遍尋參考資料，並與學者、詩人討論，歷時十年終於完成《紅塵》的翻譯工作，本書得以出版，感到無比的欣慰。他笑著說，這可說是「十年寒窗」。

《紅塵》法文譯本分上下兩大冊，已由法國最重要的中法文書局「友豐書店」出版。友豐負責人潘立輝謙沖寡言，三十年多來，因對中法文化交流有重大貢獻而獲得法國授予文化「騎士勳章」的榮譽。他於五年前開始成立出版部，成為歐洲一家以出版中國圖書法文譯著為主業的華人出版社。

潘立輝表示，王家煜先生的法文譯筆典雅、優美而流暢，使他收到「紅塵」譯稿時，愛得不忍釋手，他以一星期的時間一口氣看完，經常讀到凌晨四點。他表示出版此書不惜成本，不太可能賺錢，卻感到十分驕傲，因為本書能讓不懂中文的旅法華人子弟，更瞭解自己文化根源的可貴之處，同時，本書的寫作技巧必對法國文壇有極大影響。

二、不擅作生意

張先生在六十五歲退休之前，完全是公餘寫作，在軍人、公務員生活中，張先生遭遇的挫折不少。軍職方面，張先生只升到中校就不做了，因為過去稱張先生為前輩、老長官的人都成為張先生的上司，張先生怎麼能做？因為張先生的現職是軍聞社資料室主任（他在南京時即任國防部新創立的「軍事新聞總社」實際編輯主任，因言守元先生是軍校六期老大哥，未學新聞，不在編輯之列）。但張先生以不求官，只求假退役，不擋人官路，這才退了下來。那時養來亨雞風氣盛行，在南京軍聞總社任外勤記者的姚秉凡先生頭腦靈活，他即時養來亨雞，張先生也「東施效顰」，結果將過去稿費積蓄全都賠光。

三、家庭生活與運動養生

張先生大兒子考取中國廣播公司編譯，結婚生子，廿七年後才退休，長孫修明取得美國南加州大學電機碩士學位，之後即在美國任電機工程師。五個子女均各婚嫁，小兒子選良以獎學金取得美國華盛頓大學化學工程博士，媳蔡傳惠爲伊利諾理工學院材料科學碩士，兩孫亦已大學畢業就業，落地生根。

張先生兩老活到九十一、九十二歲還能照顧自己。（近年以一印尼女「外勞」代做家事）張先生一伏案寫作四、五小時都不休息，與臺大外文系畢業的長子選翰兩人都信佛，六十五歲退休後即吃全素。低血壓十多年來都在五十五至五十九之間，高血壓則在一百一十左右，走路「行如風」，年輕人很多都跟不上張先生，比起初來臺灣時毫不遜色，這和張先生運動有關。因爲張先生住大直後山海軍眷舍八年，眷舍右上方有一大片白色天主教公墓，諸事不順，公家宿舍小，又當西曬，張先生靠稿費維持七口之家和五個子女的教育費。三伏天右手墊墳著毛巾，背後電扇長吹，三年下來，得了風濕病，手都舉不起來，花了不少錢都未治好。後來章斗航教授告訴張先生，圓山飯店前五百完人塚廣場上，有一位山西省主席閻錫山的保鑣王延年先生在教太極拳，勸張先生天一亮就趕到那裡學拳，一定可以治好。張先生一向從善如流，第二天清早就向王延年先生報名請教，王先生有教無類，收張先生這個年已四十的學生，王先生先不教拳，只教基本軟身功攀腿，卻受益非淺。

四、耿直的公務員性格

張先生任職時向來是「不在其位，不謀其政」。後來升簡任一級組長，有一位「地下律師」的專員，平時鑽研六法全書，混吃混喝，與西門町混混都有來往，他的前任爲大畫家齊白石女婿，平日公私不分，是非不明，借錢不還，沒有口德，人緣太差，又常約那位「地下律師」專員到家中打牌。那專員平日不簽到，甚至將簽到簿撕毀他都不哼一聲，因爲爲他多報年齡，屆齡退休時想更改年齡，但是得罪人太多，金錢方面更不清楚，所以不准再改年齡，組長由張先生繼任。

張先生第一次主持組務會報時，那位地下律師就在會報中攻擊圖書科長，張先生立即申斥，並宣佈記過。簽報上去處長都不敢得罪那地下律師，又說這是小事，想馬虎過去，張先生以秘書處名譽紀律爲重，非記過不可，讓他去法院告張先生好了。何宜武祕書長是學法的，他看了張先生簽呈同意記過，那位地下律師「專員」不但不敢告，只暗中找一位不明事理的國大「代表」來找張先生的麻煩。因事先有人告訴他，張先生完全不理那位代表，他站在張先生辦公室門口不敢進來，幾分鐘後悄然而退。人不怕鬼，鬼就怕人。諺云：「一正壓三邪」，這是經驗之談。直到張先生退休，那位專員都不敢惹事生非，西門町流氓也沒有找張先生的麻煩，當年的代表十之八九已上「西天」，張先生活到九十二歲還走路「行如風」，一坐到書桌，能連續寫作四、五小時而不倦，不然張先生怎麼能在兩岸出版約三千萬字的作品？

原載新文豐《紮根台灣六十年》，墨人民國一百年十一月十三日校正）

墨人博士作品全集

文學是千秋藝業
秦皇漢武今何在
李白杜甫仍風流

全集共分四大類

一、散文類　二、小說類
三、文學理論類
四、新詩古典詩詞類

我出生於一個「萬般皆下品，惟有讀書高」的傳統文化家庭，且深受佛家思想影響，因祖母信佛，兩個姑母先後出家，大姑母是帶著賠嫁的錢購買依山傍水風景很好，上名山廬山的必經之地的「天后宮」出家的，小姑母的廟則在鬧中取靜的市區。我是父母求神拜佛後出生的男子，並寄名佛下，乳名聖保，上有二姊下有一妹都夭折了，在那個重男輕女的時代！我自然水漲船高了。我記得四、五歲時一位面目清秀，三十來歲文質彬彬的李瞎子替我算命，母親問李瞎子，我的命根穩不穩？能不能養大成人？李瞎子說我十歲行運，幼年難免多病，可以養大成人，但是會遠走高飛。母親聽了憂喜交集，在那個時代不但妻以夫貴。也以子貴，有兒子在身邊就多了一層保障。母親的心理壓力很大，李瞎子的「遠走高飛」那句話可不是一句好話。

到現在八十多年了，我還記得十分清楚。母親暗自憂心。何況科舉已經廢了，不必「進京趕考」，更不會「當兵吃糧」，安安穩穩作個太平紳士或是教書先生不是很好嗎？我們張家又是大族，人多勢眾，不會受人欺侮，何況二伯父的話此法律更有權威，人人敬仰，去外地「打流」又有什麼好處？因此我剛滿六歲就正式拜孔夫子入學啓蒙，從《三字經》、《百家姓》、《千字文》、《千家詩》、《論語》、《大學》、《中庸》……《孟子》、《詩經》、《左傳》讀完了都要整本背，在十幾位學生中，也只有我一人能背，我背書如唱歌，窗外還有人偷聽，他們實在缺少娛樂。除了我父親下雨天會吹吹笛子、簫，消遣之外，沒有別的娛樂，我自幼歡喜絲竹之音，但是很少聽到。讀書的人也只有我們三房、二房兩兄弟，二伯父在城裡當紳士，偶爾下鄉排難解紛，他是一族之長，更受人尊敬，因爲他大公無私，又有一百八十公分左右的身高，眉眼自有威嚴，能言善道，他的話比法律更有效力，加之民性純樸，真是「夜不閉戶，道不失遺」。只有「夏都」廬山才有這麼好的治安。我十二歲前就讀完了四書、詩經、左傳、千家詩。我最喜歡的是《千家詩》和《詩經》。

關關雎鳩，在河之洲，
窈窕淑女，君子好逑。

我覺得這種詩和講話差不多，可是更有韻味。我就喜歡這個調調。《千家詩》我也喜歡，我背得更熟。開頭那首七言絕句詩就很好懂：

雲淡風清近午天，傍花隨柳過前川。
時人不識余心樂，將謂偷閒學少年。

老師不會作詩，也不講解，只教學生背，我覺得這種詩和講話差不多，但是更有韻味。我也了解大意，我以讀書爲樂，不以爲苦。這時老師方教我四聲平仄，他所知也止於此。

我也喜歡《詩經》，這是中國最古老的詩歌文學，是集中國北方詩歌的大成。可惜三千多首被孔子刪得只剩三百首。孔子的目的是：「詩三百，一言以蔽之，曰思無邪。」孔老夫子將《詩經》當作教條。詩是人的思想情感的自然流露，是最可以表現人性的。先民質樸，孔子既然知道「食色性也」，對先民的集體創作的詩歌就不必要求太嚴，以免喪失許多文學遺產和地域特性。楚辭和詩經不同，就是地域特性和風俗民情的不同。文學藝術不是求其同，而是求其異。這樣才會多彩多姿。文學不應成爲政治工具，但可以移風易俗，亦可淨化人心。我十二歲以前所受的基礎教育，獲益良多，但也出現了一大危機，沒有老師能再教下玄。幸而有一位年近二十歲的姓王的學生在廬山一未立案的國學院求學，他問我想不想去？我自然想去，但廬山夏涼，冬天太冷，父親知道我的心意，並不反對，他對新式的人手是刀尺的教育沒有興趣，我便在飄雪的寒冬同姓王的爬上廬山，我生在平原，這是第一次爬上高山。

在廬山我有幸遇到一位湖南岳陽籍的閻毅字任之的好老師，他只有三十二歲，飽讀詩書，與民國初期的江西大詩人散原老人唱和，他的王字也寫的好。有一天他要六七十位年齡大小不一的學生各寫一首絕句給他看，我寫了一首五絕交上去，廬山松樹不少，我生在平原是看不到松樹的，我是即景生情，信手寫來，想不到閻老師特別將我從大教室調到他的書房去，在他右邊靠牆壁另加一桌一椅，教我讀書寫字，並且將我的名字「熹」改爲「熙」，視我如子。原來是他很欣賞我那首五絕中的「疏松月影亂」這一句。我只有十二歲，不懂人情世故，也不了解他的深意。時任漢口市長張群的侄子張繼文還小我一歲，卻是個天不怕、地不怕的小太保，江西省主席熊式輝的兩個小舅子大我幾歲，閻老師的侄子卻高齡二十八歲。學歷也很懸殊，有上過大學的、高中的，多是對國學有興趣，支持學校的袞袞諸公也都是有心人士，新式學校教育日漸西化，國粹將難傳承，所以創辦了這樣一個尙未立案的國學院，也未大張旗鼓正式掛牌招生，但聞風而至的要人子弟不少，校方也本著「有教無類」的原則施教，閻老師也是義務施教，他與隱居廬山的要人嚴立三先生也有交往。（抗日戰爭一開始嚴立三即出山任湖北省主席，諸閻老師任省政府秘書，此是後話。）同學中權貴子弟亦多，我雖不是當代權貴子弟，但九江先組玉公以提督將軍身分抵抗蒙古騎兵入侵雁門關戰死東昌（雁門關內北京以西縣名，一九九〇年我應邀訪問大陸四十天時去過。）而封河間王；其子輔公。以進士身分出仕，後亦應昭領兵三定交趾而封定興王；其子貞公亦有兵權，因受政客讒害而自嘉定謫居潯陽。大詩人白居易亦曾謫爲江州司馬，我另一筆名即用江州司馬。我是黃帝第五子揮的後裔，他因善造弓箭而賜姓張。遠祖張良是推薦韓信爲劉邦擊敗楚霸王項羽的漢初三傑之首。他有知人之明，深知劉邦可以共患難，不能共安樂，所以悄然引退，作逍遙遊，不像韓信爲劉邦拼命打天下，立下汗馬功勞，雖封三齊王卻死於未央宮呂后之手。這就是不知進退的後果。我很敬佩張良這位遠祖，抗日戰爭初期（一九三八）我爲不作「亡國奴」，即輾轉赴臨時首都武昌以優異成績考取軍校，一位落榜的姓熊的同學帶我們過江去漢口。中共未公開招生的「抗日大學」（當時國共合作抗日，中共在漢口以「抗大」名義吸收人才。）辦事處參觀，接待我們的是一位讀完大學二年級才貌雙全，口才奇佳的女生獨對我說負責保送我免試進「抗大」一期，因未提其他同學，我不去。一年後我又在軍校提前一個月畢業，因我又考取陪都重慶中央政府培養高級軍政幹部的中央訓練團，而特設的新聞「新聞研究班」第一期，與我同期的有爲新詩奉獻心力的覃子豪兄（可惜五十二歲早逝）和中央社東京分社主任兼國際記者協會主席的李嘉兄。他在我訪問東京時曾與我合影留念，並親贈我精裝《日本專欄》三本。他七十歲時過世，這兩張照片我都編入「全集」一百九十多萬字的空前大長篇小說（紅塵）照片類中。而今在台同學只有兩位了。

民國二十八年（一九三九）九月我以軍官、記者雙重身分，奉派到第三戰區最前線的第三十二集團軍上官雲相總部所在地，唐宋八大家之一，又是大政治家王安石，尊稱王荊公的家鄉臨川，（屬撫州市）作軍事記者，時年十九歲，因第一篇戰地特寫《臨川新貌》經第三戰區長官都主辦的行銷甚廣的《前線日報》發表，隨即由淪陷區上海市美國人經營的《大美晚報》轉載，而轉為文學創作，因我已意識到新聞性的作品易成「明日黃花」，文學創作則可大可久，我為了寫大長篇《紅塵》、六十四歲時就請求提前退休，學法出身的秘書長何宜武先生大惑不解，他對我說：

「別人想幹你這個工作我都不給他，你為什麼要退？」我幹了十幾年他只知道我是個奉公守法的張萬熙，不知道我是「作家」墨人，有一次國立師範大學校長劉真先生告訴他張萬熙就是墨人，劉校長看了我在當時的「中國時報」發表的幾篇有關中國文化的理論文章，他希望我繼續寫。劉校長真是有心人。沒想到他在何宜武秘書長面前過獎，使我不能提前退休，要我幹到六十五歲多四個月才退了下來。現在事隔二十多年我才提這件事。鼎盛時期的（台灣新生報）連載四年多的拙作《紅塵》出版前三冊時就同時獲得新聞局著作金鼎獎和嘉新文化基金會「優良著作獎」，劉真校長也是嘉新文化基金會的評審委員之一，他一定也是投贊成票的。「世有伯樂而後有千里馬」。我九十二歲了，現在經濟雖不景氣，但我還是重讀重校了拙作「全集」我一向只問耕耘，不問收穫，我歷任軍、公、教三種性質不同的職務，經過重重考核關卡，寫作七十三年，經過編者的考核更多，我自己從來不辦出版社。我重視分工合作。我頭腦清醒，是非分明，歷史人物中我更敬佩遠祖張良，不是劉邦。張良的進退自如我更歎服。在政治角力場中要保持頭腦清醒，人性尊嚴並非易事。我們張姓歷代名人甚多，我對遠祖張良的進退自如尤為歎服，因此我將民國四十年在台灣出生的幼子依譜序取名選良。他早年留美取得化學工程博士學位，雖有獎學金，但生活仍然艱苦，美國地方大，出入非有汽車不可，這就不是獎學金所能應付的，我不能不額外支持，他取得化學工程博士學位與取得材料科學碩士學位的媳婦蔡傳惠雙雙回台北探親，且各有所成，幼子曾研究生產了飛機太空船用的抗高溫的纖維，媳婦則是一家公司的經理，下屬多是白人，兩孫亦各有專長，在台北出生的長孫是美國南加州大學的電機碩士，在經濟不景氣中亦獲任工程師，我不要第三代走這條文學小徑，是現實客觀環境的教訓，我何必讓第三代跟我一樣忍受生活的煎熬，這會使有文學良心的人精神崩潰的。我因經常運動，又吃全素二十多年，九十二歲還能連寫四、五小時而不倦。我寫作了七十多年，也苦中有樂，但心臟強，又無高血壓，一是得天獨厚，二是生活自我節制，我到現在血壓還是60－110之間，沒有變動，寫作也少戴老花眼鏡，走路仍然「行如風」，十分輕快，我在國民大會主編《憲政思潮》十八年，看到不少在大陸選出來的老代表，走路兩腳在地上蹉跎，這就來日不多了。個人的健康與否看他走路就可以判斷，作家寫作如在八十歲以後還不戴老花眼鏡，沒有高血壓，長命百歲絕無問題。如再能看輕名利，不在意得失，自然是仙翁了。健康長壽對任何人都很重要，對詩人作家更重要。

一九九〇年我七十歲應邀訪問大陸四十天作「文學之旅」時，首站北京，我先看望已九十高齡的老前輩散文作家，大家閨秀型的風範，平易近人，不慍不火的冰心，她也「勞改」過，但仍心平氣和。本來我也想看看老舍，但老舍已投湖而死，他的公子舒乙是中國現代文學館的副館長，他也出面接待我，還送了我一本他編寫的《老舍之死》，隨後又出席了北京詩人作家與我的座談會，參加七十賤辰的慶生宴，彈指之間卻已二十多年了。我訪問大陸四十天，次年即由台北「文史哲出版社」出版照片文字俱備的四二五頁的《大陸文學之旅》。不虛此行。大陸文友看了這本書的無不驚異，他們想不到我七十一高齡還有這樣的快筆，而又公正詳實。他們不知我行前的準備工作花了多少時間，也不知道我一開筆就很快。

我拜會的第二位是跌斷了右臂的詩人艾青，他住協和醫院，我們一見如故，他是浙江金華人，卻體格高大，性情直爽如燕趙之士，完全不像南方金華人。我們一見面他就緊握著我的手不放，侃侃而談，我不知道他編《詩刊》時選過我的新詩。在此之前我交往過的詩人作家不少，沒有像他如此豪放真誠，我告別時他突然放聲大哭，陪我去看他的北京新華社社長族侄張選國先生，陪我四十天作《大陸文學之旅》的廣州電視台深圳站站長高麗華女士，文字攝影記者譚海屏先生等多人，不但我爲艾青感傷，陪同我去看艾青的人也心有戚戚焉，所幸他去世後安葬在八寶山中共要人公墓，他是大陸唯一的詩人作家有此殊榮。台灣單身詩人同上校軍文黃仲琮先生，死後屍臭才有人知道，他小我二歲，如我不生前買好八坪墓地，連子女也只好將我兩老草草火化，這是與我共患難一生的老伴死也不甘心的，抗日戰爭時她父親就是我單獨送上江西南城北門外義山土葬的。這是中國人「入土爲安」的共識。也許有讀者會問這和文學創作有什麼關係？但文學創作不是單純的文字工作，而是作者整個文化觀、文學觀，人生觀的具體表現，不可分離。詩人作家不能「瞎子摸象」，還要有「舉一反三」的能力。我做人很低調。寫作也不唱高調，但也會作不平之鳴、仗義直言。我不鄉愿，我重視一步一個腳印，「打高空」可以譁眾邀寵於一時，但「旁觀者清」，讀者中藏龍臥虎，那些不輕易表態的多是高人。高人一旦直言不隱，會使洋洋自得者現出原形。作品一旦公諸於世，一切後果都要由作者自己負責，這也是天經地義的事。

我寫作七十多年無功無祿，我因熬夜寫作頭暈住馬偕醫院一個星期也沒有人知道，更不像大陸的當代作家、詩人是有給制，有同教授的待遇，而稿費、版稅都歸作者所有。依據民國九十八年一月十日「中國時報」A十四版「二〇〇八年中國作家富豪榜單」二十五名收入人民幣的數字統計，第一高的郭敬明一年是一千三百萬人民幣，第二名鄭淵潔是一千一百萬人民幣，第三名楊紅櫻是九百八十萬人民幣。最少的第二十五名的李西閩也有一百萬人民幣，以人民幣與台幣最近的匯率近一比四・五而言，現在大陸作家一年的收入就如此之多，是我一九九〇年應邀訪問大陸四十天作文學之旅時所未想像到的，而現在的台灣作家與我年紀相近的二十年前即已停筆，原因之一是發表出版兩難，二是年齡太大了。民國九十八年（二〇〇九）以前就有張漱菡（本名欣禾）、尹雪曼、劉枋、王書川、艾雯、嚴友梅六位去世，嚴友梅還小我四、五歲，小我兩歲的小說家楊念慈則行動不便，髫鬢相當長，可以賣老了。我托天佑，又自我節制，二十多年來吃全素，又未停止運動，也未停筆，最近在台北榮民總醫院驗血檢查，健康正常。我也有我的養生之道，每天吃枸杞子明目，吃南瓜子抑制攝護腺肥大，多走路、少坐車，伏案寫作四、五小時而不疲倦，此非一日之功。

民國九十八（二〇〇九）己丑，是我來台六十周年，這六十年來只搬過兩次家，第一次從左營搬到台北大直海軍眷舍，在那一大片天主教白色公墓之下，我原先不重視風水，也無錢自購住宅，想不到鄰居的子女有得神經病的，有在金門車禍死亡的，大人有坐牢的，有槍斃的，也有得神經病的，我退役養雞也賠光了過去稿費的積蓄，讀台大外文系的大兒子也生病，我則諸事不順，直到搬到大屯山下坐北朝南的兩層樓的獨門獨院自宅後，自然諸事順遂，我退休後更能安心寫作，遠離台北市區，真是「市遠無兼味，地僻客來稀。」同里鄰的多是市井小民，但治安很好，誰也不知道我是爬格子的，連警察先生也不光顧舍下，除了近十年常有人打電話來騙我，幸未上大當外，我安心過自己的生活。當年「移民潮」去不了美國的也會去加拿大，我是「美國人」的祖父，我不移民美國，更別說去加拿大了。娑婆世界無常，早年即移民美國的琦君（本名潘希真）、彭歌，最後還是回到台灣來了，這不能說台灣是「天堂」，以我的體驗而言是台北市氣候宜人，夏天三十四度以上的日子少，冬天十度以下的日子也很少，老年人更不能適應零度以下的氣溫，我只有冬天上大屯山、七星山頂才能見雪。有高血壓、心臟病的老人更不能適應。我不想做美國公民，做台灣平民六十多年，也沒有自卑感。

娑婆世界是一個無常的世界，天有不測風雲，人有旦夕禍福，老子早說過：「福兮禍所倚，禍兮福所伏。」禍福無門，唯人自招。我一生不起歪念，更不損人利己，與人爲善。雖常吃暗虧，只當作上了一課。這個花花世界是我學不完的大教室，萬丈紅塵其中也有黑洞，我心存善念，更不造文字孽，不投機取巧，不違背良知，蒼天自有公斷，我本著文學良心寫作，盡其在我而已，讀者是最好的裁判。

民國一〇〇年（二〇一一）辛卯七月二十九日下午六時二十三分於紅塵寄廬

1951 年墨人 31 歲與夫人曾麗春女士（30 歲）結婚十周年紀念合影於左營

墨人博士七十壽辰與夫人曾麗春女士合影。此照為大翻譯家、文學理論家黃文範先生所攝，並在照片背後題「南山北海惟仁者壽」。

民國二十九年（1940）作者墨人在江西南城戎裝照。

1939 年墨人即自戰時陪都四川重慶奉派至江西臨川王安石家鄉，第三戰區前線任軍事記者創辦軍報，提供抗日官兵精神食糧。時年 19 歲。

2010 年「五四」作者墨人 91 歲在花蓮和南寺家人合影

2003 年 8 月 26 日作者墨人（中）在含鄱口觀山景點與作者長女韻華、長子選翰、三女韻湘、二女韻真合影。

2005 年 2 月作者次子選良（右一）回台北與父（右二）及作者夫人（中）三女韻湘（左二）二女韻真（左一）合影。

作者墨人在書房留影，時年八十五歲。

《墨人博士大長篇小說〈紅塵〉法文譯本封面照片》

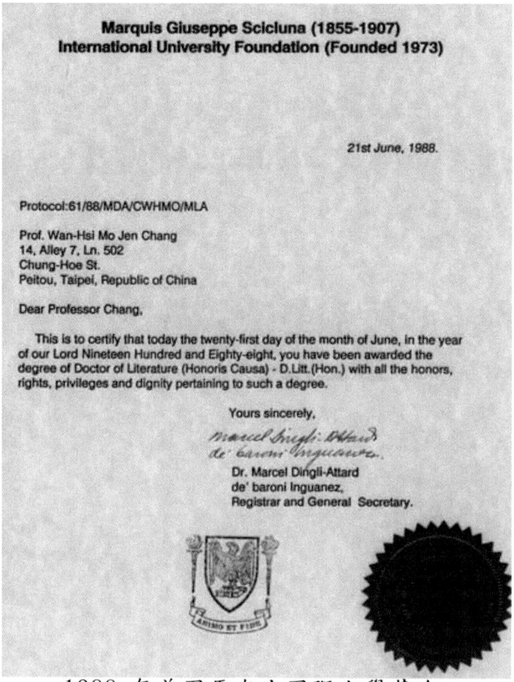

Marquis Giuseppe Scicluna (1855-1907)
International University Foundation (Founded 1973)

21st June, 1988.

Protocol:61/88/MDA/CWHMO/MLA

Prof. Wan-Hsi Mo Jen Chang
14, Alley 7, Ln. 502
Chung-Hoe St.
Peitou, Taipei, Republic of China

Dear Professor Chang,

This is to certify that today the twenty-first day of the month of June, in the year of our Lord Nineteen Hundred and Eighty-eight, you have been awarded the degree of Doctor of Literature (Honoris Causa) - D.Litt.(Hon.) with all the honors, rights, privileges and dignity pertaining to such a degree.

Yours sincerely,

Dr. Marcel Dingli-Attard
de' baroni Inguanez,
Registrar and General Secretary.

1988 年美國馬奎士國際大學基金會，授予張萬熙墨人教授榮譽文學博士學位證書。

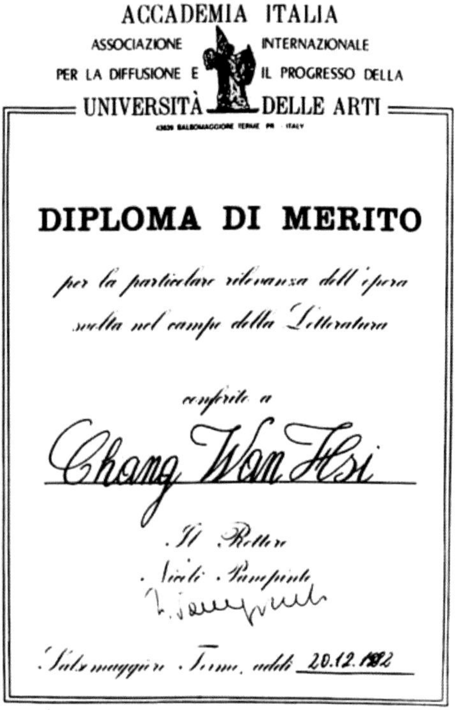

ACCADEMIA ITALIA
ASSOCIAZIONE INTERNAZIONALE
PER LA DIFFUSIONE E IL PROGRESSO DELLA
UNIVERSITÀ DELLE ARTI

DIPLOMA DI MERITO

per la particolare rilevanza dell'opera svolta nel campo della Letteratura

conferito a

Chang Wan Hsi

Il Rettore
Nicola Pampinto

Salsomaggiore Terme, addì 20.12.1982

義大利出版英、法、德、義四種文字的「國際文學史」的 ACCADEMIA ITALIA, 1982 年授予墨人的文學功績證書。

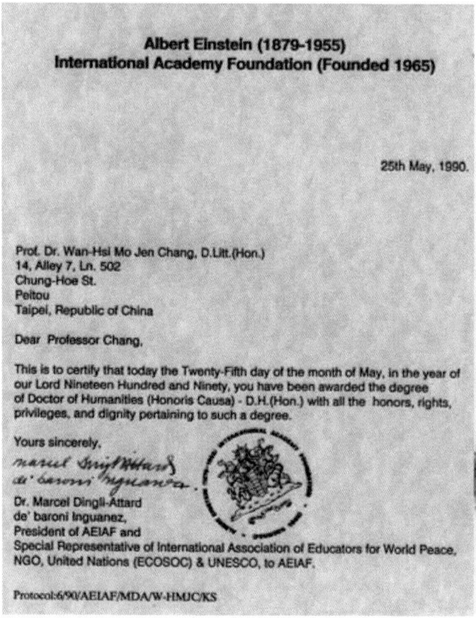

Albert Einstein (1879-1955)
International Academy Foundation (Founded 1965)

25th May, 1990.

Prof. Dr. Wan-Hsi Mo Jen Chang, D.Litt.(Hon.)
14, Alley 7, Ln. 502
Chung-Hoe St.
Peitou
Taipei, Republic of China

Dear Professor Chang,

This is to certify that today the Twenty-Fifth day of the month of May, in the year of our Lord Nineteen Hundred and Ninety, you have been awarded the degree of Doctor of Humanities (Honoris Causa) - D.H.(Hon.) with all the honors, rights, privileges, and dignity pertaining to such a degree.

Yours sincerely,

Dr. Marcel Dingli-Attard
de' baroni Inguanez,
President of AEIAF and
Special Representative of International Association of Educators for World Peace, NGO, United Nations (ECOSOC) & UNESCO, to AEIAF.

Protocol:6/90/AEIAF/MDA/W-HMJC/KS

1990 年美國愛因斯坦國際學院基金會授予張萬熙墨人教授榮譽人文學（含哲學文學藝術語言四種）博士學位

WORLD UNIVERSITY ROUNDTABLE
In Corporate Affiliation with the World University
Greetings
In recognition of Distinguished Achievement within the principles and purposes of the World University development, the Trustees of the Corporation, upon the nomination of the Secretariat, confer doctoral membership and this honorary award upon
Chang Wan-Hsi (Mo Jen)
The Cultural Doctorate in Literature
with all rights and privileges there to pertaining.

Witness our hand and seal at the International Secretariat Regional Campus, Benson, Arizona April 17, 1989

President of the Board of Trustees
Secretary of the Board of Trustees

1989 年美國世界大學授予張萬熙墨人榮譽文學博士學位，文化大學創辦人張其昀（曉峰）先生亦獲此榮譽。

THIS PICTORIAL TESTIMONIAL OF ACHIEVEMENT AND DISTINCTION
proclaims throughout the world that
DR. CHANG WAN-HSI (MO JEN)
is the recipient of the above-mentioned Honour, granted by the Board of Editors of the
2000 OUTSTANDING SCHOLARS OF THE 20TH CENTURY
meeting in Cambridge, England, on the date set out below,
AND that the Board also resolves that a portrait photograph of
DR. CHANG WAN-HSI (MO JEN)
be attached to this Testimonial as verification of the Honour bestowed.
2000 OUTSTANDING SCHOLARS OF THE 20TH CENTURY
First Edition
Signed and sealed on the
14th December 1999
Authorized Officer

1999年10月張萬熙墨人博士榮登英國劍橋國際傳記中心《二十世二千位傑出學者》第一版證書。

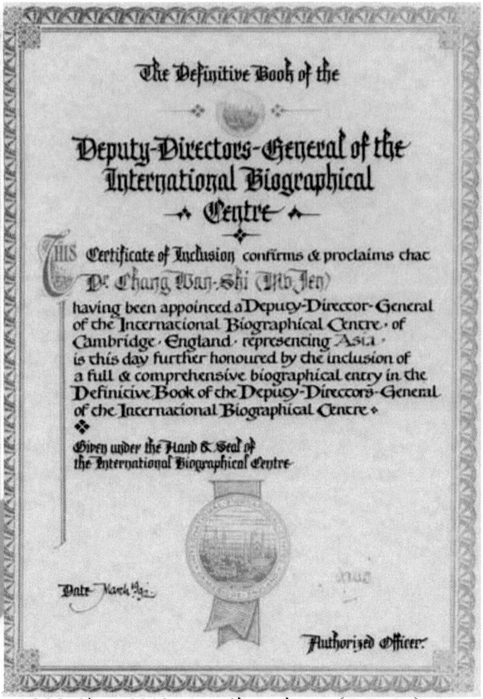

The Definitive Book of the
Deputy-Directors-General of the International Biographical Centre
THIS Certificate of Inclusion confirms & proclaims that
Dr. Chang Wan-shi (Mo Jen)
having been appointed a Deputy-Director-General of the International Biographical Centre of Cambridge England representing Asia is this day further honoured by the inclusion of a full & comprehensive biographical entry in the Definitive Book of the Deputy-Directors-General of the International Biographical Centre
Given under the Hand & Seal of the International Biographical Centre
Date
Authorized Officer

1992英國劍橋國際傳記中心（I.B.C.）任張萬熙墨人博士為代表亞洲的副總裁。

THE INTERNATIONAL SHAKESPEARE AWARD
FOR LITERARY ACHIEVEMENT
This Illuminated Certificate of Merit commemorates and celebrates the life and work of

Poetry, Novels and the Humanities
16th March 2009
Director General
Editor-In-Chief

2009年3月16日英國劍橋國傳記中心總裁與總編輯聯合授予張萬熙墨人博士國際莎士比亞文學成就獎。

International Biographical Centre Cambridge CB2 3QP England
Telephone: +44 (0) 1353 646600 Facsimile: +44 (0) 1353 646601

IBC

REF: LAA/MED/MW-13640

13 November 2002

Dr Chang Wan-Hsi (Mo Jen) DDG
14 Alley 7, Lane 502
Chung Ho Street
Peitou
Taipei
Taiwan

Dear Dr Chang

Please find enclosed the Medal in respect of the **Lifetime Achievement Award** which I hope meets with your approval.

Yours sincerely

MICHELLE WHITEHALL
Personal Assistant to the Director General

Enc

英國劍橋國傳記中心(I.B.C.)2002年頒發詩人作家張萬熙（墨人）博士終身成就獎，英文信及金牌正反面照片墨人早年即被I.B.C.推選為副總裁。

自序

墨人

庚午年五月，我應大陸黃河文化實業公司邀請，赴大陸作四十天的文學之旅。地點包括北京、上海、杭州、九江、武漢、西安、蘭州、武威、張掖、酒泉、敦煌、深圳。而深圳甘肅省農副土特產品工貿總公司是黃河公司的事業伙伴，在人力財力方面的支援甚多；廣州電視台深圳記者站配合全程錄影，製作「墨人大陸文學之旅」專輯，在廣州電視台播出，使我這一趟的文學之旅圓滿而愉快，這是我要首先表示謝忱的。

我是五月十三日下午到北京的，因爲十四日是農曆四月二十日，是我七十整壽，雁翼、王瑜小姐和族侄選國先爲我祝壽，次日又舉行正式宴會，北京詩人，作家管樺、張志民、鄧友梅、從維熙、程樹榛、趙大年、陶嘉善、古繼堂、王志遠、孟偉哉、楊犁、舒乙、劉麟……與中國京劇院二團團長李維康、文藝一級演員耿其昌賢伉儷均出席，盛情感人。

兩岸隔絕四十年，開放探親之後，台灣外省籍作家雖十之八九已赴大陸探親，與大陸作家個別接觸的自然有，但像我這次廣泛而深入的和大家面對面地公開交談、討論，還是第一遭。事先我並不敢抱太大的期望，原因是怕政治的意識形態影響坦誠的文學溝通。過去兩岸政治介入文學都很深[redacted]，這對作家和文學創作[redacted]不利[redacted]。但我是最肯定中華文化和中國文學的人，我以數十年如一日的態度和大陸作家交換意見，想不到首先就得北京作家的認同。以後各地的作家座談會談的內容雖不一樣，但大家對中華文化、中國文學的看法和展望完全取得共識。上海文匯報刊載的〈墨人文學創作觀〉更受大陸作家讀者肯定。

這次我接觸的大陸作家，以年齡來說，自二十幾歲到九十高齡的各個年齡層次都有；以族別來說，涵蓋了漢、滿、藏回大族的第一流作家；以省籍來說更廣；以作家的專長來說，有新詩人、傳統詩人；小說家中還有歷史小說家；學者教授中更有理論家和紅學專家。他們都學有專精，不是泛泛之輩。但大陸作家有一共同特點：他們重視中華文化，重視中國文學，而且重視研究、重視生活。認爲作人比當作家還重要，最少是人品與文品等量齊觀。他們雖然十之八九受過「十年浩劫」的衝擊煎熬，有些甚至勞改坐牢二十多年，而小說家從維熙先生還是從槍口下檢回一條命的。但他們始終保持中國傳統文人的風骨和道德勇氣，也沒有失去中華民族的自尊心和自信心，絕不會盲目崇洋媚外。他們也許像一口很深的古井，但絕不是無根的浮萍。眞正的中國文學從什麼地方產生？從什麼人身上產生？也就不言而喻了（文學不僅是文字）。

我這次的大陸文學之旅，更加強了我對中華文化，中國文學的信心。這幾十年來我在文學這條路上走得十分孤單、辛苦，彷彿深山裡踽踽獨行的人，頗有陳子昂前不見古人，後不見來者的大寂寞大悲涼。現在我已過古稀之年，我雖然受過無數打擊、挫折，歷經無數炎涼，但我對中國文學還未失望。大陸上老一輩的作家，不但與我有共同語言，共同信念，年輕一代的作家和我也沒有代溝，我在他們身上看出中國文學的前途。尤其是年僅三十八歲，認爲作人第一、當作家第二的甘肅青年小說家張俊彪，我更寄予厚望。

最後我還是要特別謝謝雁翼、王瑜、高麗華、譚海屏、雪冬……諸位女士先生，大力支持我四十天的文學之旅；同時謝謝各地作家給我熱忱的接待歡迎，以及大家贈送的資料和大作，使我這本拙作能如計劃完成。

上海詩人黎煥頤的題詞寫得好：

海內何妨存異己
人間難得是眞情

而大陸作家不但沒有將我看成「異己」，我所得到的卻是一片「眞情」。

詩人作家雁翼的題詞說：

得人難，得心更難，而你是幸運者。

我不敢說「得人」，更不敢說「得心」，但我這次確實很幸運。生平不識時務，直來直往，蹭蹭蹬蹬，七十歲才遇到這次順風順水，也算走了四十天老運。

本集疏失不周之處自所難免，千請大陸作家朋友海涵。

民國八十年（一九九一）元月十二日於北投

大陸文學之旅 目次

第五輯　媒介與評論……二七三

第一輯 題詞

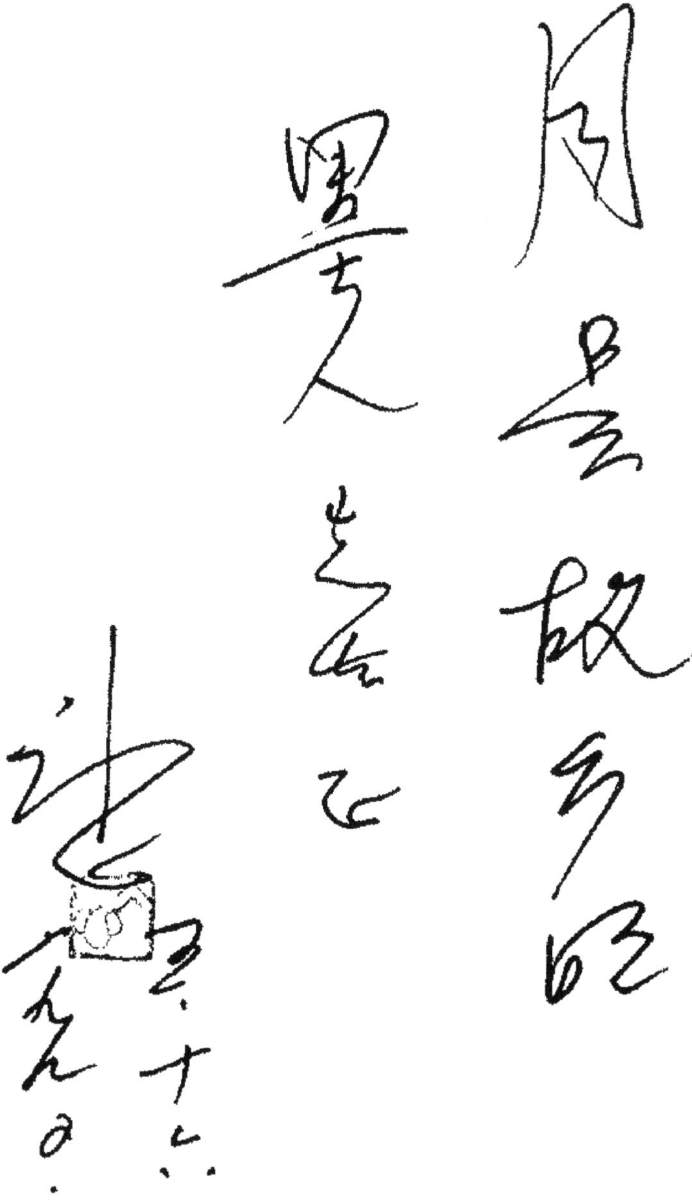

九十高齡老作家冰心題「月是故鄉明」

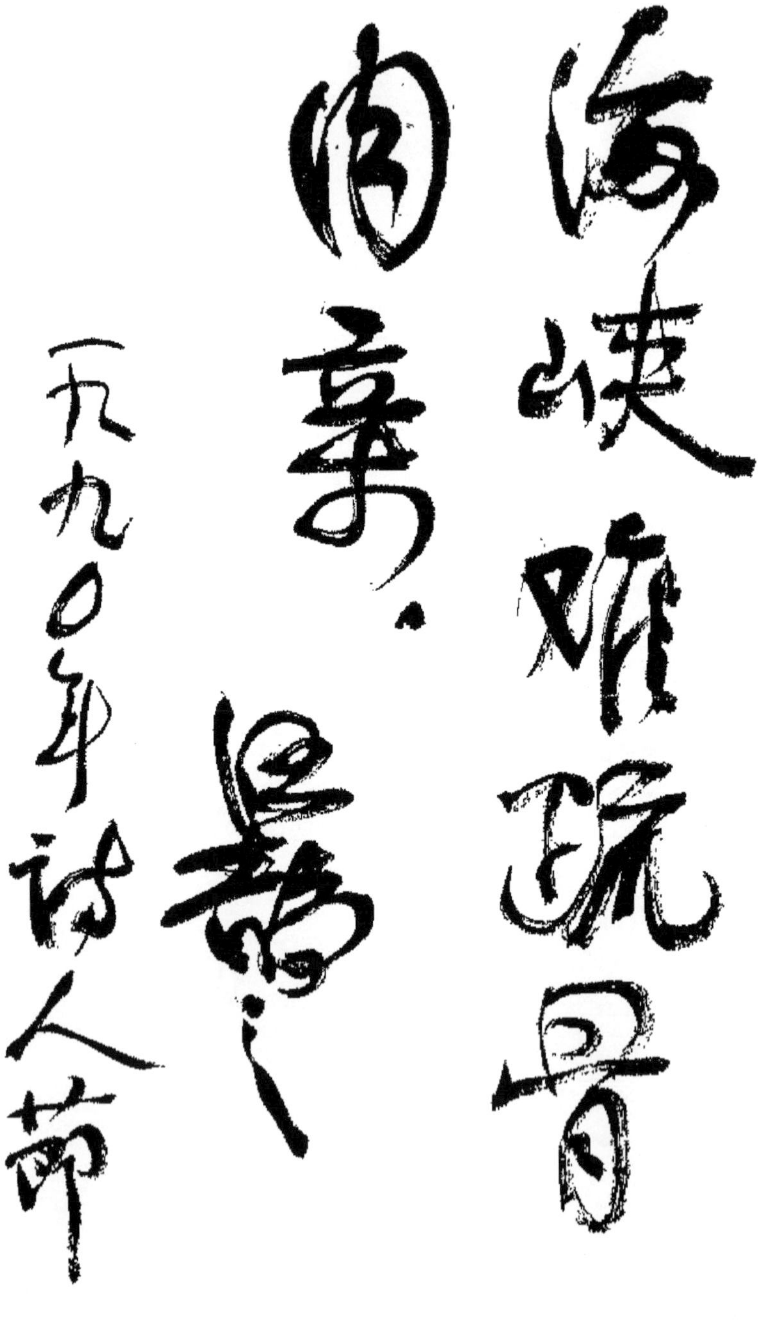

八十九高齡詩人汪靜之題「海峽難疏骨肉親」

八十六高齡詩人臧克家題「兩岸存知己親切若比鄰」

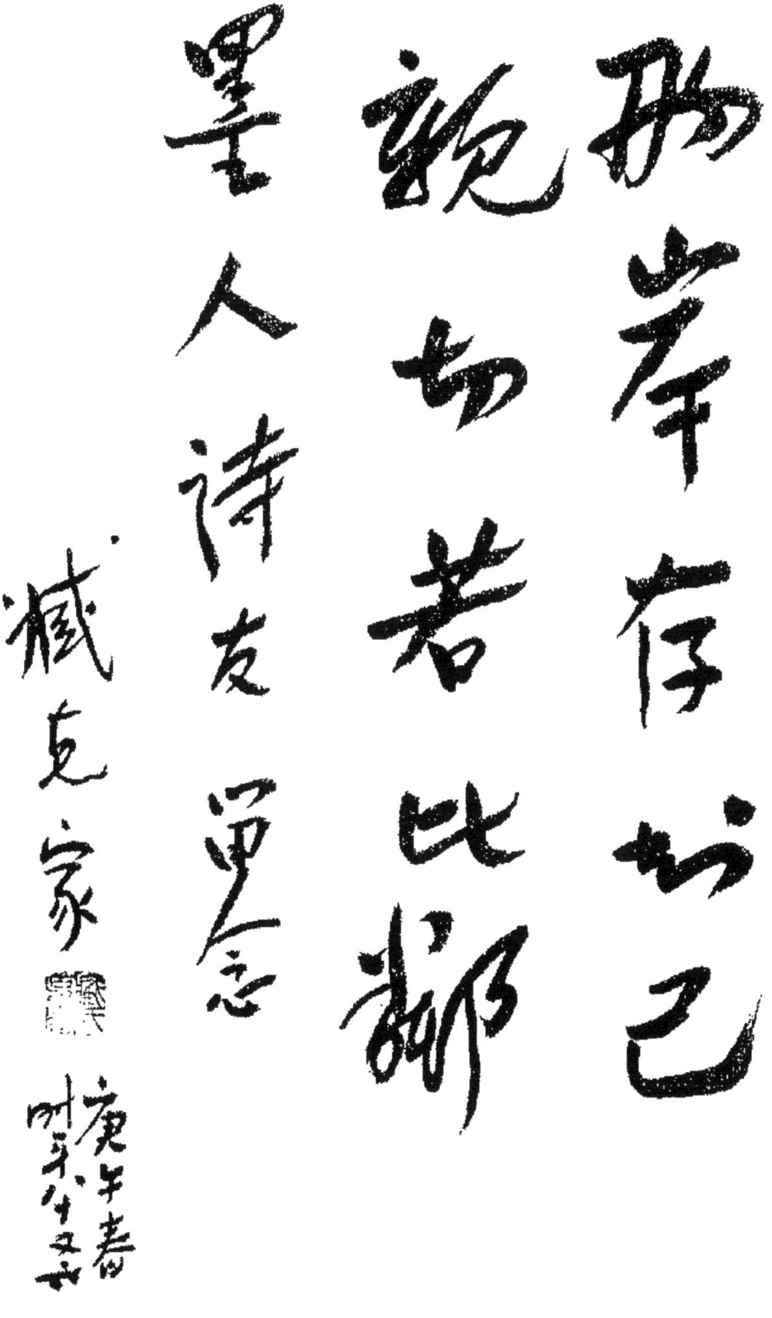
兩岸存知己
親切若比鄰
墨人詩友留念
臧克家
庚午春
時年八十又五

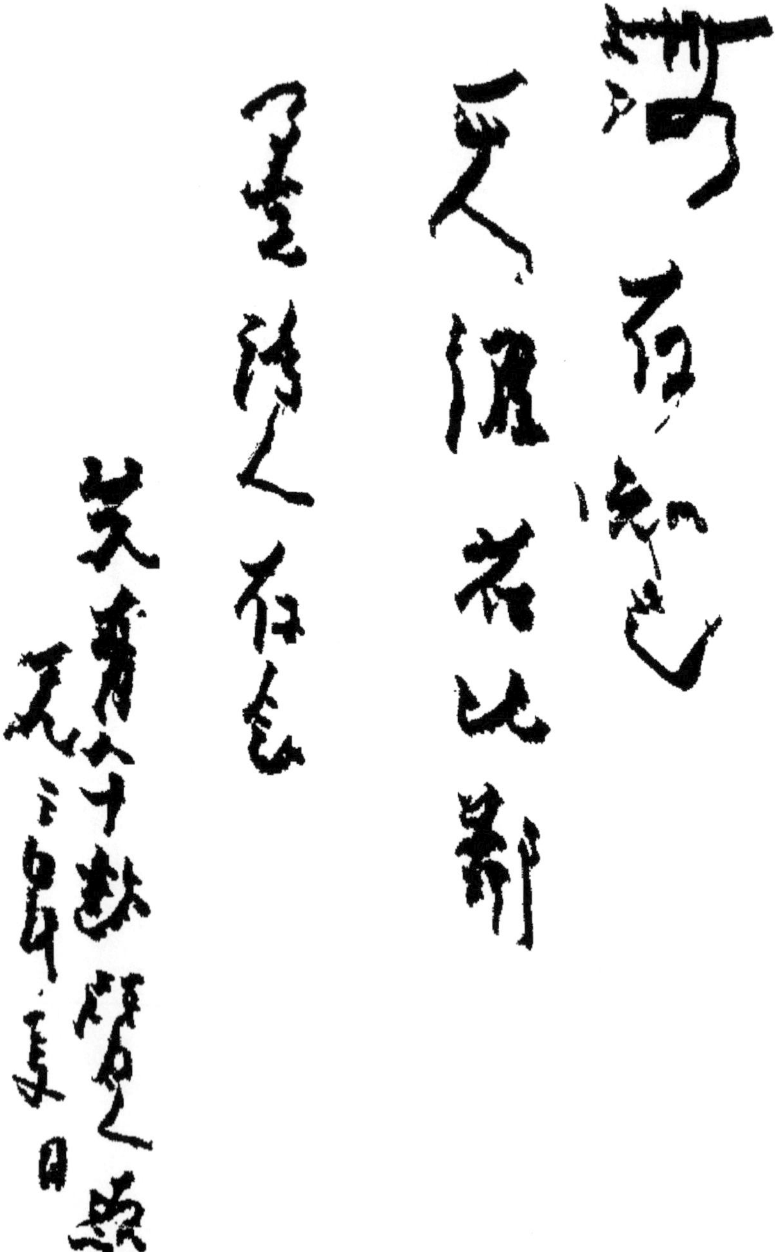

八十高齡詩人艾青題「海內存知己天涯若比鄰」

詩人、書法家賀敬之題詩

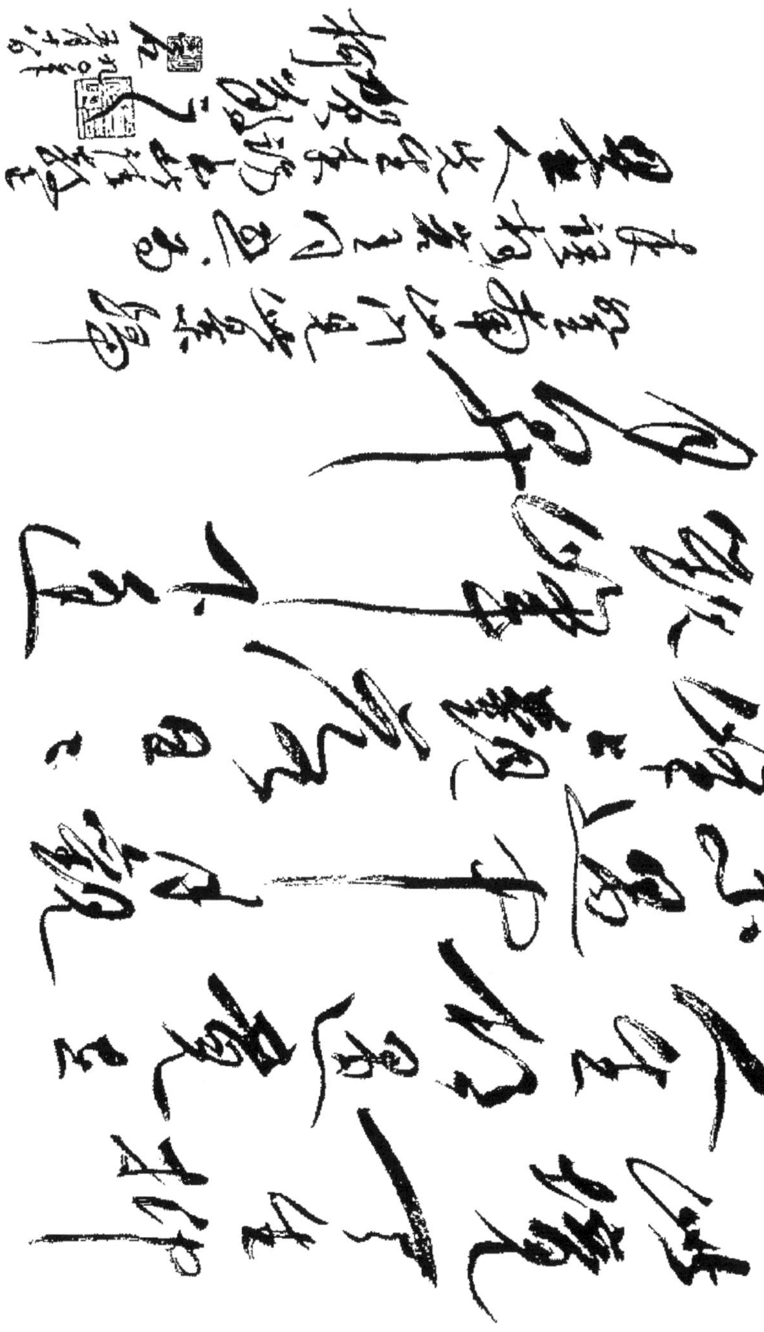

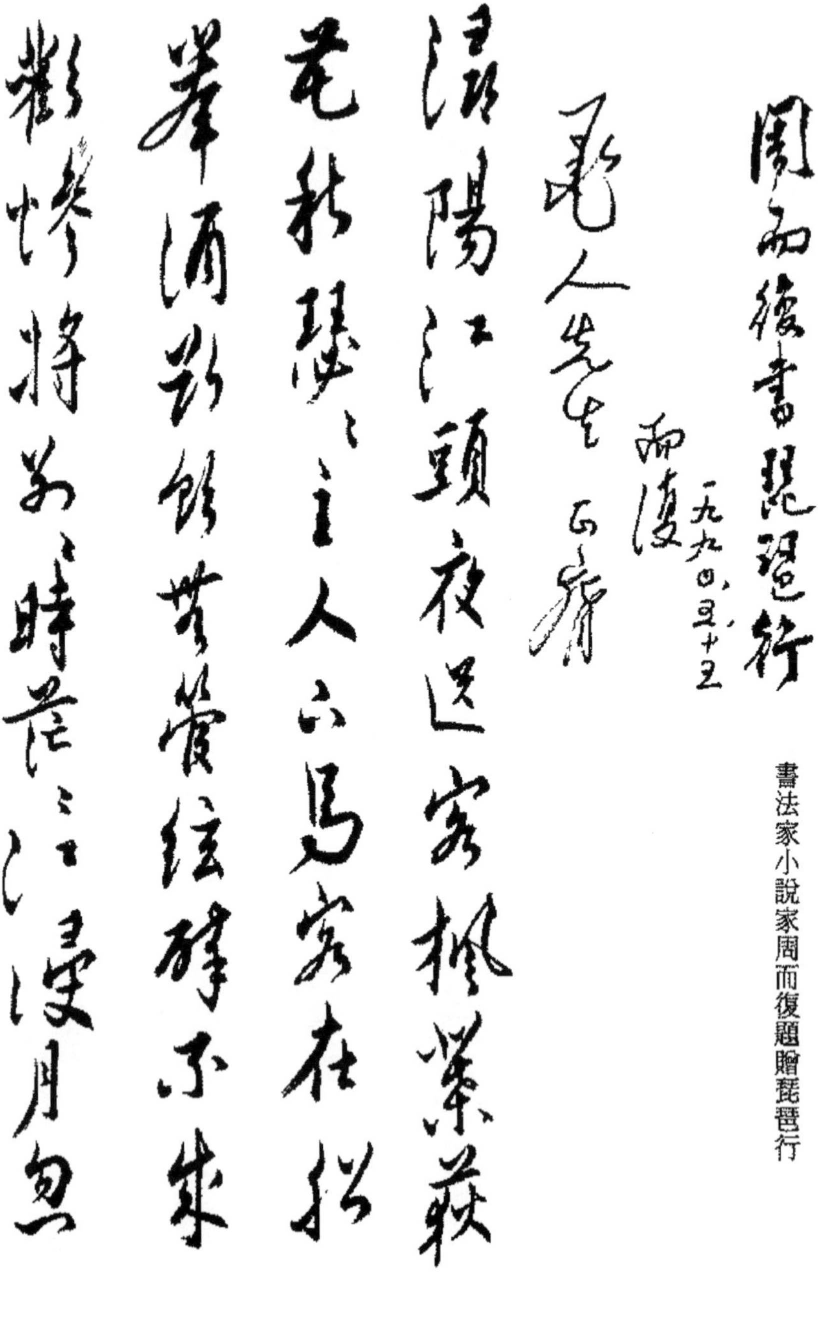
周而復書琵琶行
一九九四．五．十五
而復
飛人先生正
潯陽江頭夜送客楓葉荻
花秋瑟瑟主人下馬客在船
舉酒欲飲無管絃醉不成
歡慘將別別時茫茫江浸月

書法家小說家周而復題贈琵琶行

詩人畫家管樺題贈墨竹詩句賀墨人七十

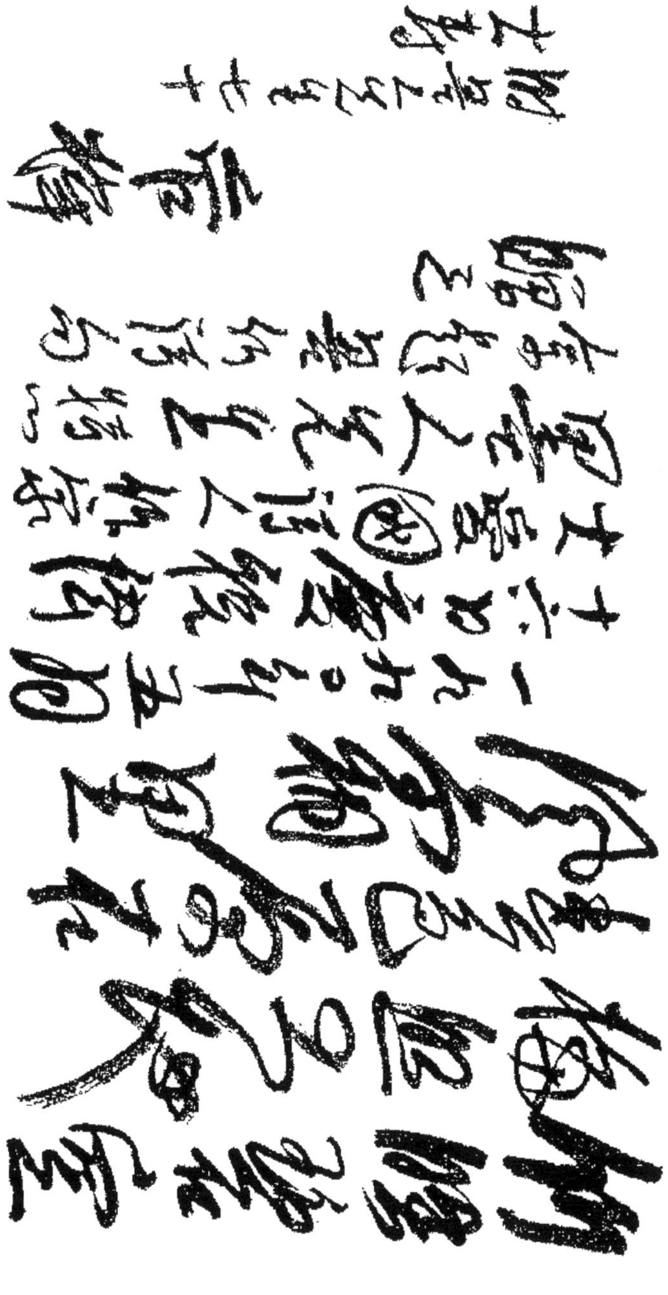

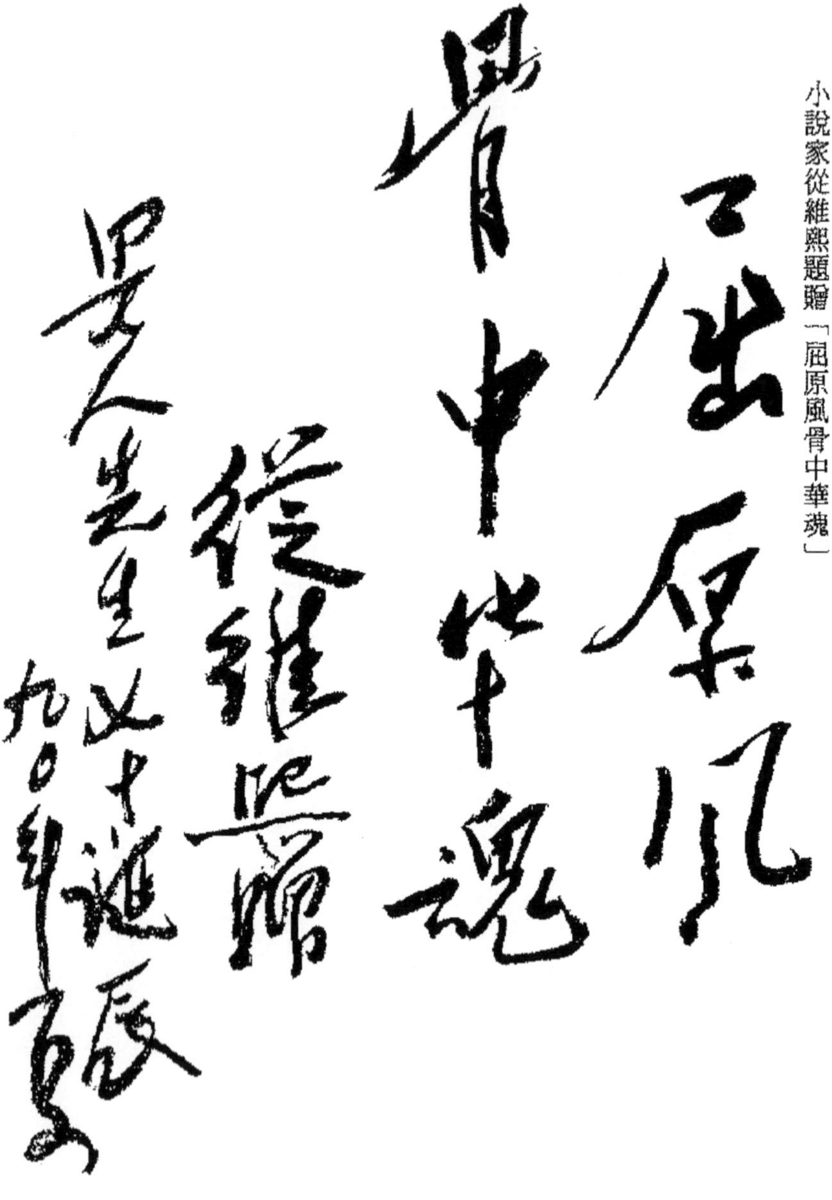

小說家從維熙題贈「屈原風骨中華魂」

中國工人出版社文藝編譯室副主編王一泉題詞

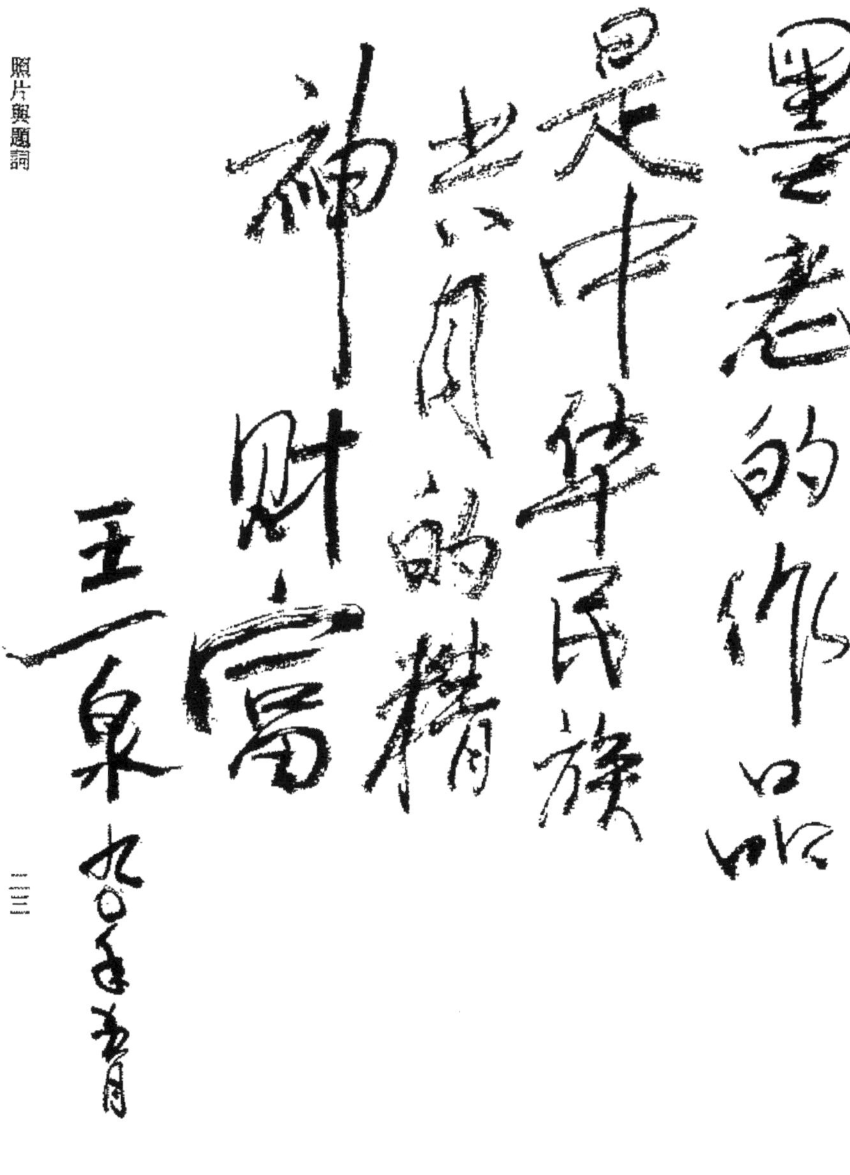
墨老的作品
是中華民族
共同的精
神財富
王一泉
九〇年書

詩人羅洛題贈五絕一首

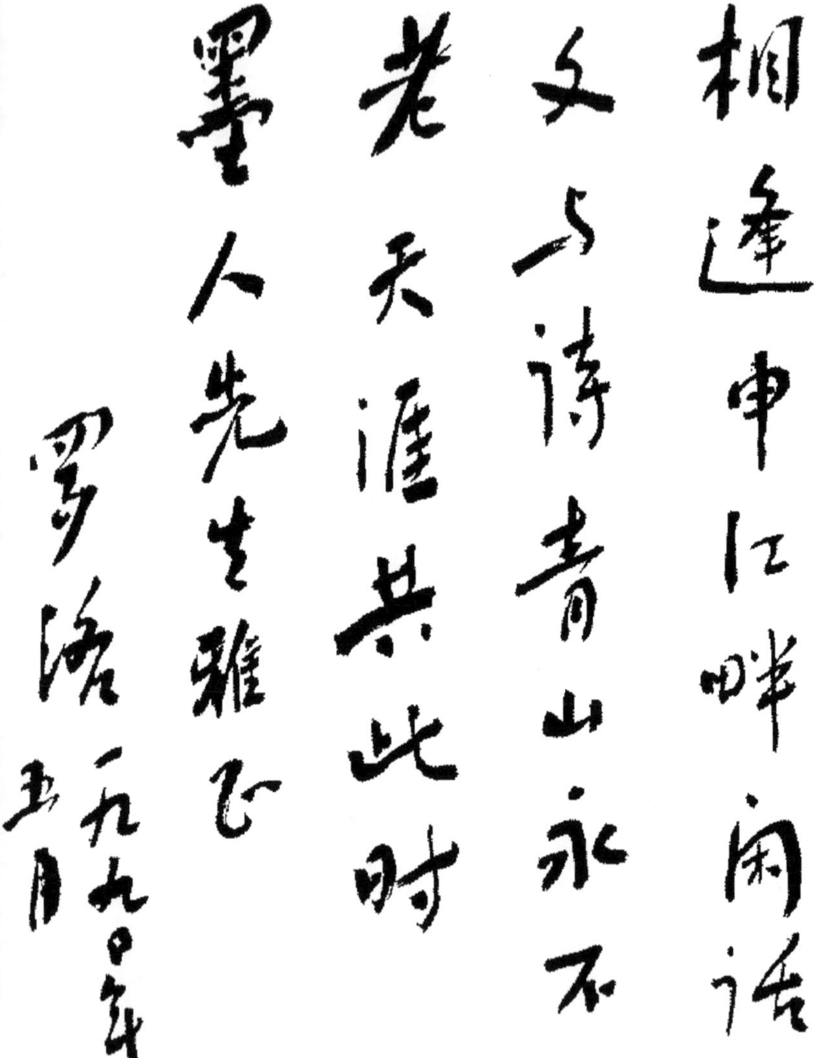

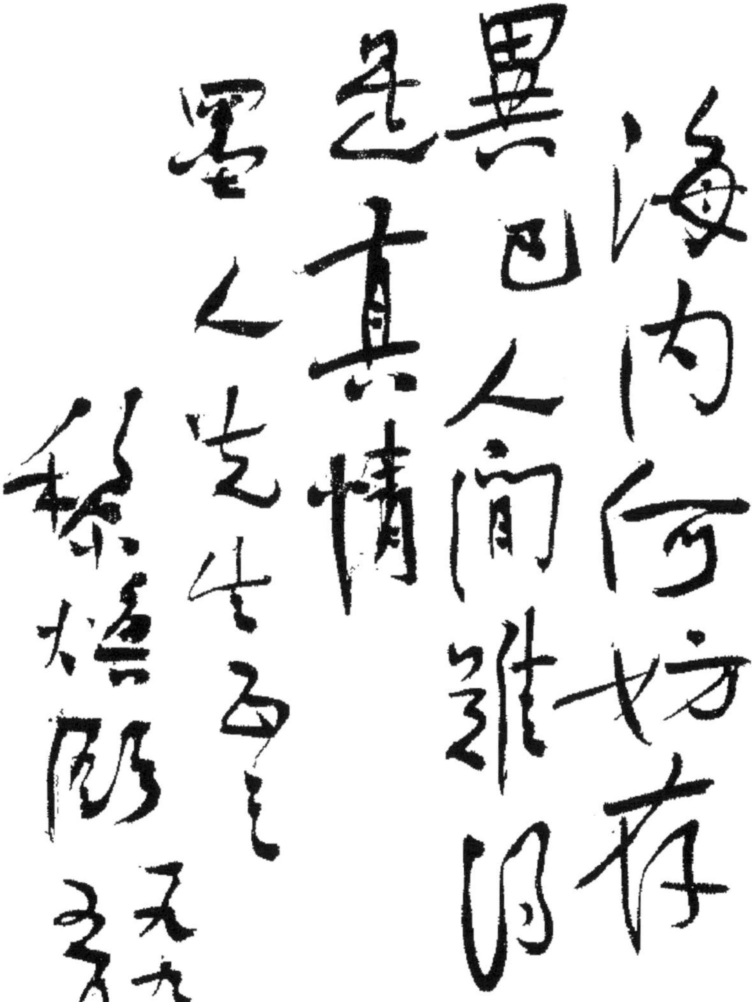

詩人黎煥頤題贈「海內何妨存異己人間難得是眞情」

文學報社長儲大泓題聯一首

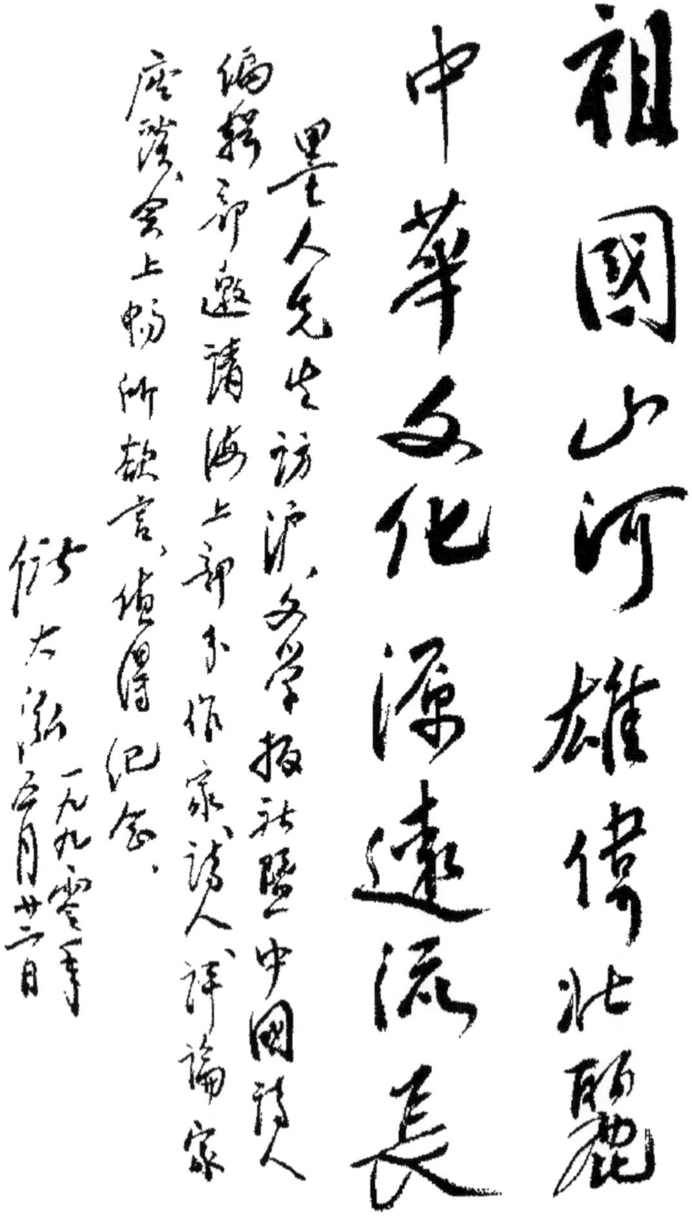
祖國山河雄偉壯麗
中華文化源遠流長
墨人先生訪滬，文學報社暨中國詩人編輯部邀請海上部分作家、詩人、評論家座談，會上暢所欲言，值得紀念。
儲大泓 一九九〇年六月廿二日

九江陶淵明專家詩人徐聲揚題贈詩聯各一首

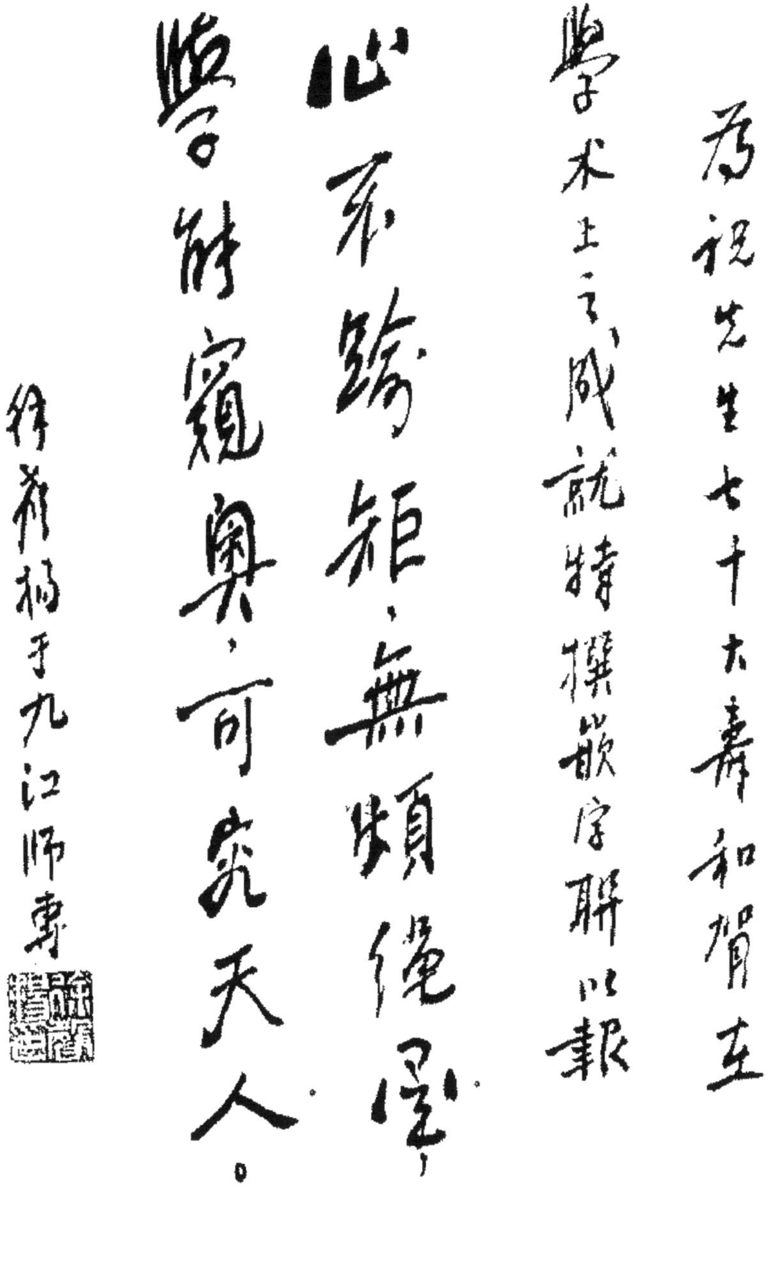
為祝先生七十大壽和賀在
學術上之成就特撰嵌字聯以報
心不踰矩、無須繩墨
學詩窺奧、可究天人。
徐聲揚于九江師專

文書步步懷旧山河，其五原韻以筆

見從先生遍百家，尤其研而露才華。自

賤蹤往身依傍，得正源流值萦嗟。日月

參光期赤子，天人合一必開花。江州兒

女多青青慧，默默耕耘志更嘉。

敬仰

先生之道德文章，故不計工拙而表心意

徐聲揚拜題于師專

詩人董培倫題贈「博大精深」

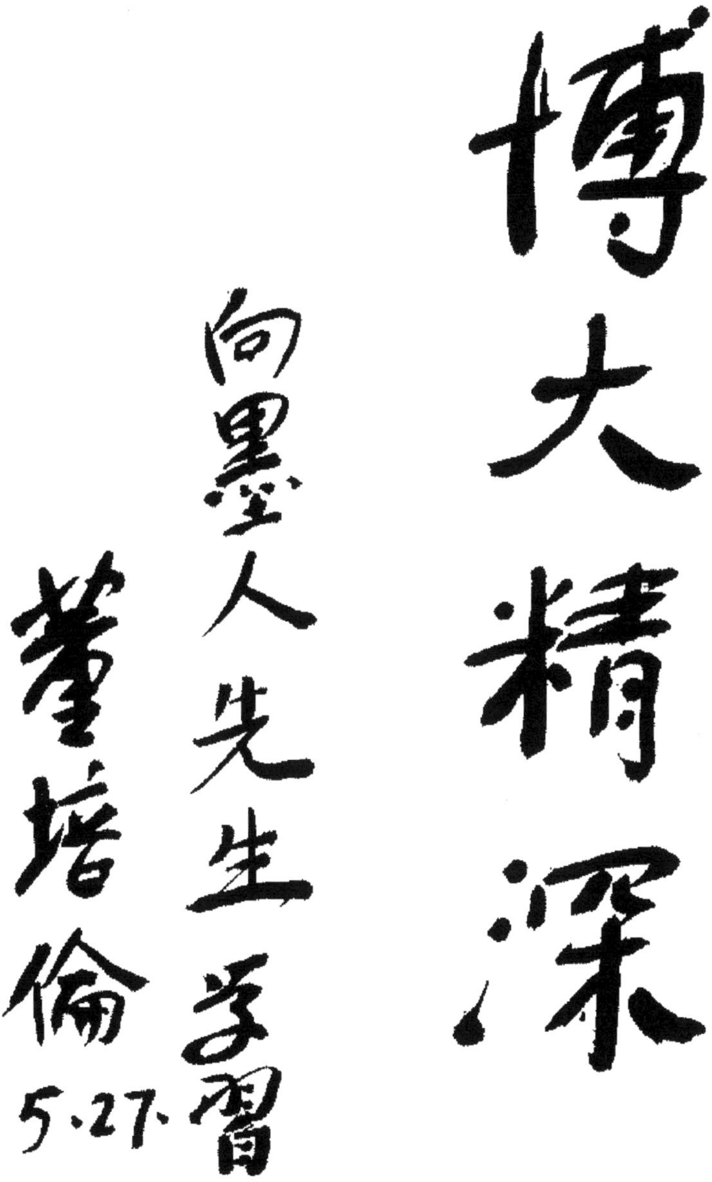

詩人小說家洪洋題贈「風采三秋明月，文章萬里長江。」

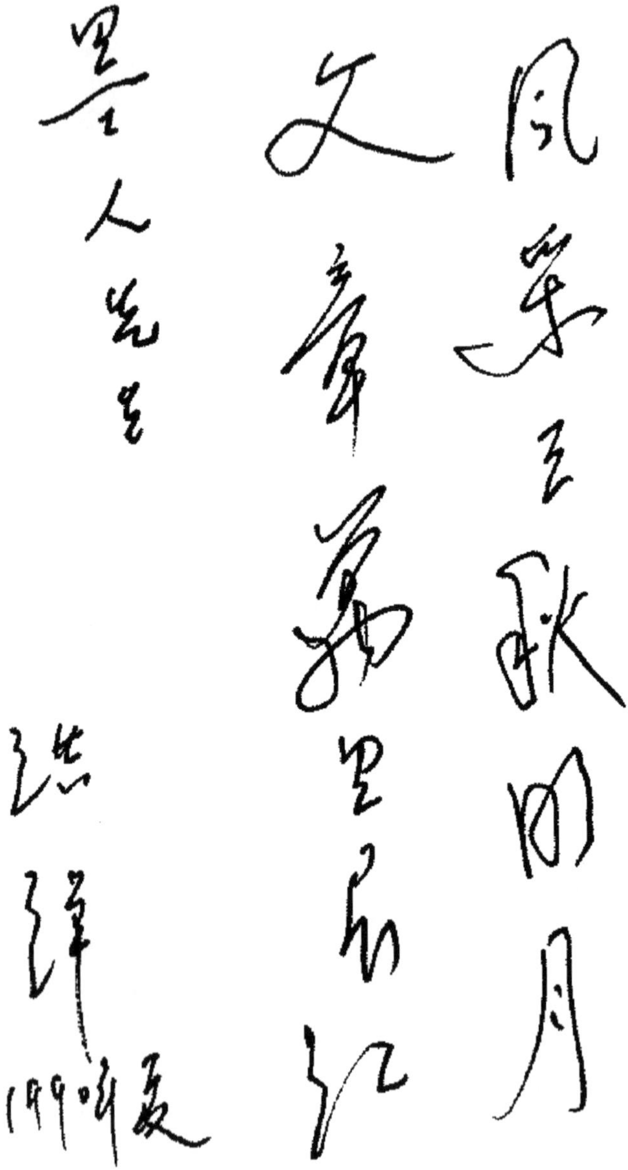

陝西省作家協會團委員、詩人作家毛錡題詞

天地有正气，
人间有至文。

赠墨人先生

毛錡

庚午夏，西安

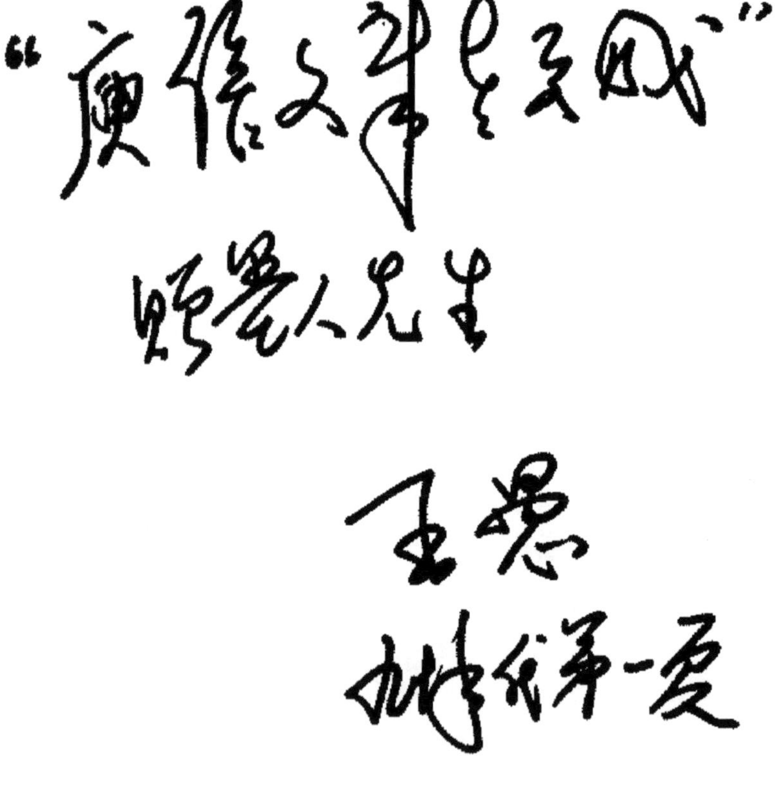

評論家王愚題贈「庾信文章老更成」

小說家白描題贈「筆歌飛花雨，墨舞起春風。」

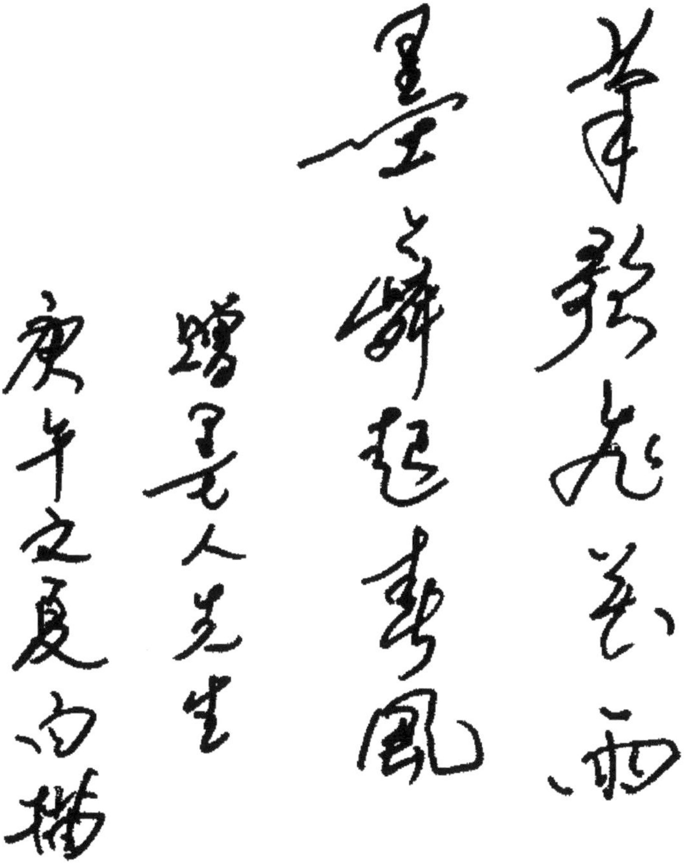

詩人小說家趙燕翼題詞

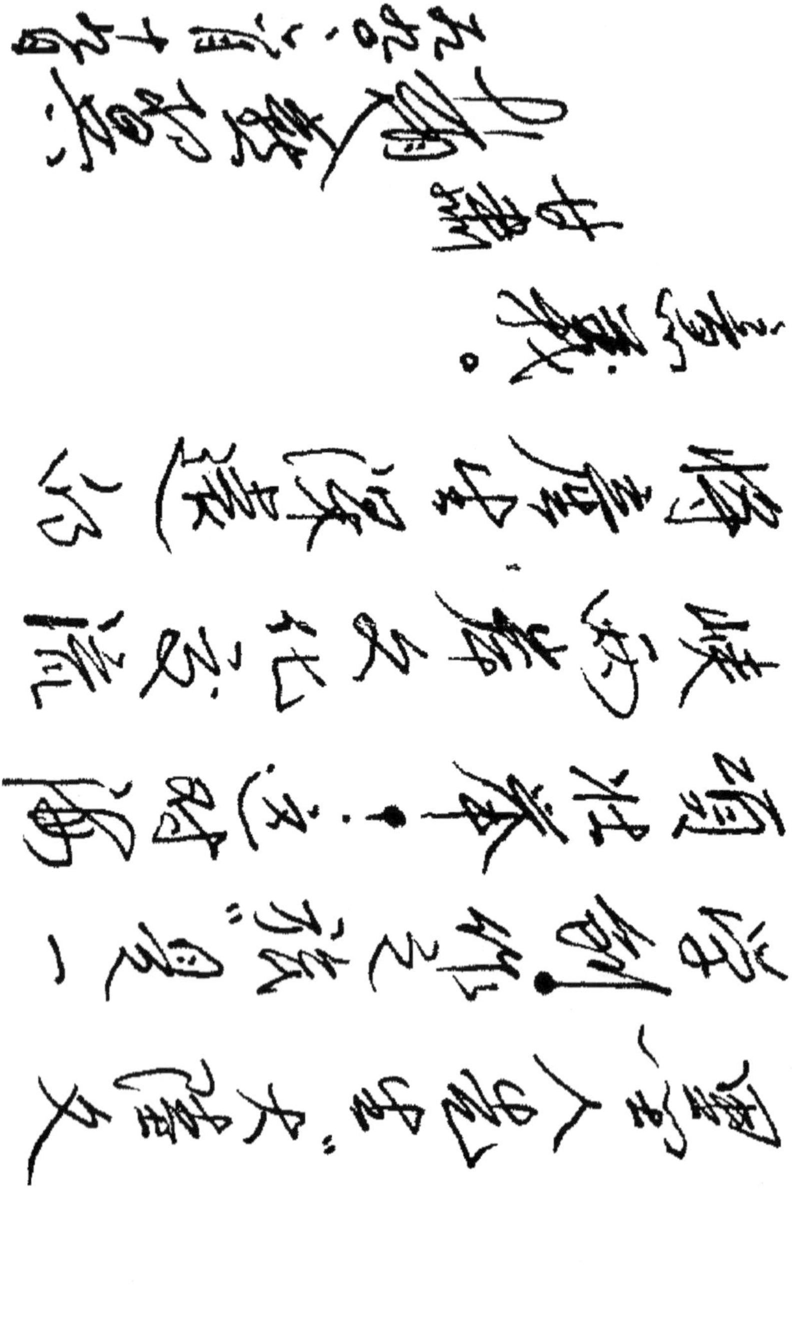

蘭州大學中文系主任民俗文學家柯揚題詞

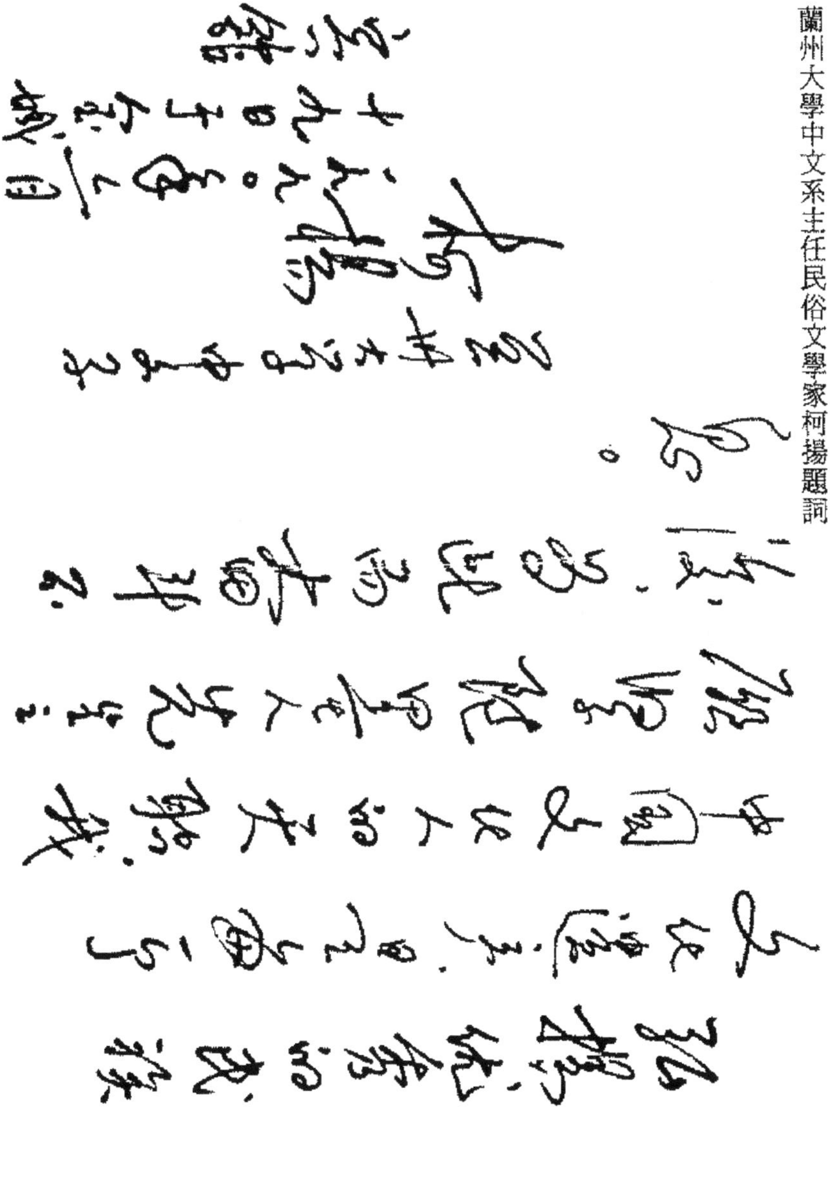

甘肅藏族詩人伊丹才讓題漢藏文字對照諺語

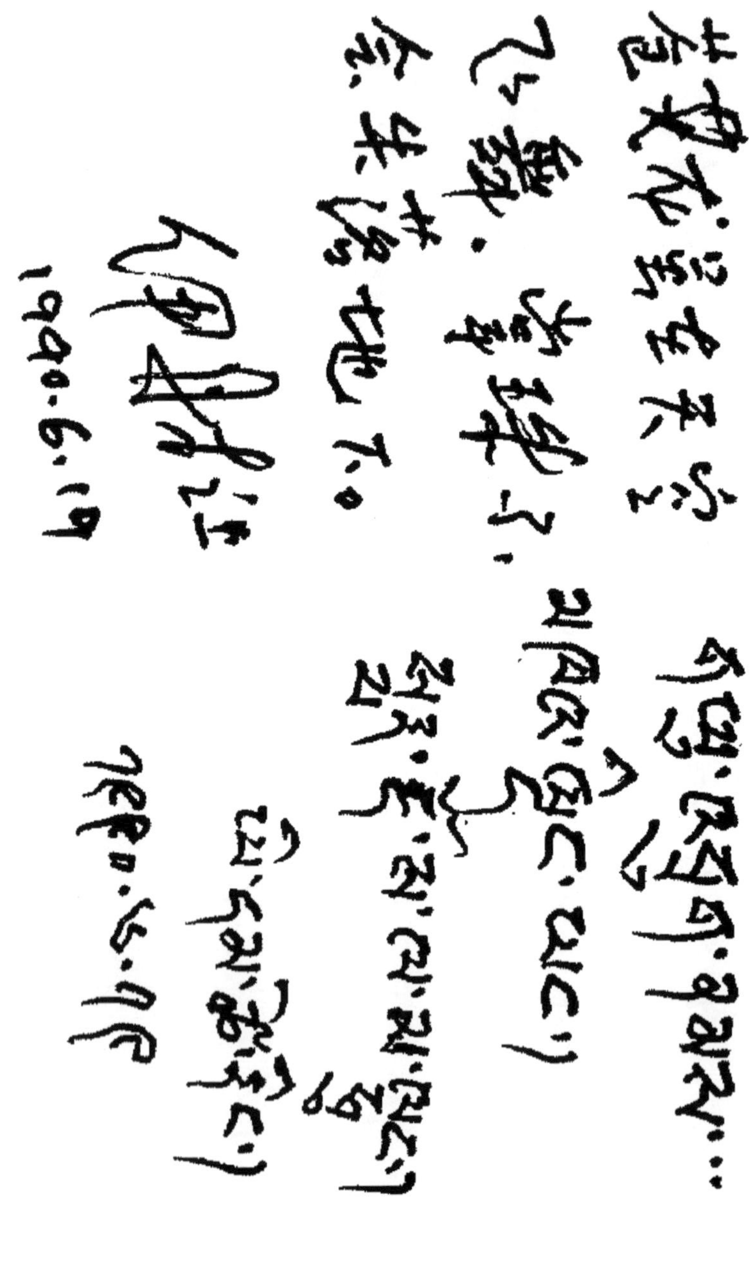

企業家王瑜題「中華文壇巨匠墨人先生偉大在于勤奮在于耿直」

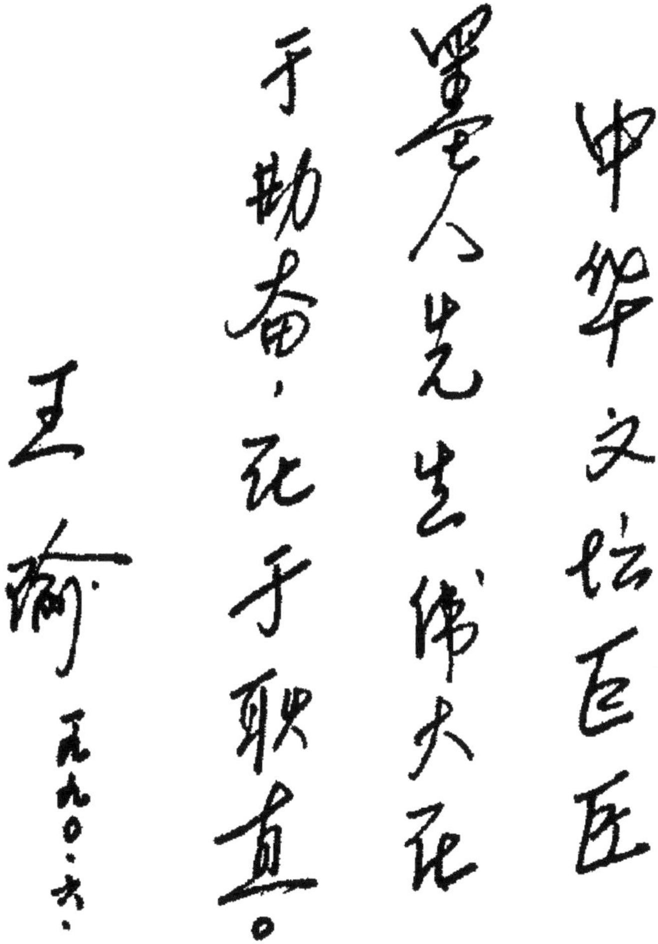

詩人雁翼題「得人難，得心更難，而你是最幸運者。」

得人難，得心更難，而你是最幸運者

雁翼

一九九〇.六.廿一

第二輯　作家與作品

老舍、舒乙父子

余生也晚，兩岸又隔絕四十年，沒有機會認識前輩作家老舍，但有幸認識他的公子舒乙。這次我應邀赴大陸作四十天的文學之旅，第一站就是北京，而我又送了一批拙作給中國現代文學館，該館還舉行了一個贈書儀式，舒乙先生正是中國現代文學館的副館長，他也出面接待，而且還送了我一本他編寫的「老舍之死」。隨後他又出席了在河北飯店舉行的我與北京作家的座談會，還參加了七十賤辰慶生宴。

從大陸回台北之後，剛處理好私人信件，接著又忙著校對新生報付排的拙作「紅塵」的全文版初樣，一百多萬字的電腦排版初樣錯誤又多，而我鑑於大陸版「紅塵」前五十四章以十七天的時間匆匆趕印出來的樣書錯誤太多，因此我格外小心校對，而且決定親校三次，作到一字不錯，十全十美的地步，因此「大陸文學之旅」的動筆時間也就順延下來，「老舍之死」及其他有關文字，直到今天才讀完，才動筆寫他們父子兩位。

兩岸隔絕四十年，雙方的情況彼此都缺少正確的了解，甚至以訛傳訛，老舍的死，在文革之後台北就有各種不同的傳說，那都是根據二手資料或「小道消息」而來的。現在我根據老舍公子舒乙先生給我的以及大陸其他作家的第一手資料來寫這篇報導文學。

老舍原名舒舍予，北京人，滿族，著名作家。一八九九年二月三日生，一九六六年八月二十四日文革初期因不堪侮辱、迫害，舍身於太平湖，死時遍體鱗傷，享年六十七歲。

舒乙、北京人、滿族、老舍嫡子。一九三五年八月十六日生。一九五九年畢業於蘇聯列寧格勒基洛夫技術大學，回國後曾任高級工程師。一九七八年起從事老舍研究，中國作家協會會員。現任中國現代文學館副館長，著有「老舍」、「散記老舍」等書。

談老舍之前我要先談舒乙。舒乙給我的第一印象是溫文、正直、謙謙君子、誠懇、篤實。除此之外，他在我頭腦裡是一片空白。我也沒有看過老舍的照片，不知道他是什麼樣子？甚至舒乙在我的「大陸文學之旅」的紀念冊上題的「世上最美最善的事往往是最傻最愚的人幹的啊」這句話我也以為是他自己的。直到我打開「老舍之死」這本書，看到老舍的照片，我才驚奇於舒乙不僅長相是他尊翁老舍的「再版」，連他的題詞也是他父親的話，甚至性格也十分像。因為我不僅為了寫作和對中國文化的鑽研而研究過命學，更早在四十多年前就研究過人相學，對於人物性格的判斷，大致能一目了然。老舍有子克紹箕裘，九泉之下，他如有知，亦足自慰矣。

老舍屬於二〇年代作家，他的資格比巴金還老，他的作品在「五四」新文學運動的新文學作家中，最富有中國文化特色，而且富有京味兒，在二十多年前台灣流行存在主義，意識流作品的洋派作家眼中，一定會罵他土，罵他落伍，但他二十幾歲時就到英國留學，以讀英文小說作爲學習英文的一個途徑，他實在是學習西洋文學的前輩，但他寫出的作品都是最中國的；另外如林語堂、梁實秋，他們英文造詣和對西洋文學的了解，也決不會在他們的徒子徒孫之下，但他們的作品也都是十分中國的。這說明了一個事實：中國人中，只有眞正的西洋文學高手，才能寫出眞正的中國文學作品，他們決不會以洋文來唬自己的同胞，也不會以中文去唬洋人。

老舍是一位重要的作家，也是一位受中外敬重的作家，他的作品究竟如何？一九八六年八月二十三日北京文學編輯部與光明日報文藝部曾聯合邀請部分在北京的作家、評論家舉行了老舍創作討論會，出席的有：

端木蕻良、朱寨、吳祖光、李淸泉、汪曾祺、瑪拉沁夫、劉紹棠、蘇淑陽、劉錫誠、劉麟、邵榮昌、李陀、陳世崇、王行之、陳建功、舒乙等。

從那次討論會的發言記錄看，我以爲端木蕻良和吳祖光兩位的看法最深入也最中肯。

端木蕻良說：

「老舍先生的作品，我基本上都讀了，老舍先生的創作是多方面的，即對中國文學有很多的了解，對中國傳統的東西也很熟悉，但從來不炫耀這一點……他的作品，一看就是中國人講中國話，中國語言是世界最豐富的語言，老舍先生把這點吃透了，他從不用現成語，而是用北京話拐彎抹角地說，可又淸楚、明白，直來直去。另外，他非常重視文法……他旣重視文法，又沒被框住，値得我們好好學習。……

老舍先生也有失敗的地方，比如，有一種文學，魯迅叫做『遵命文學』。老舍先生解放後就寫了不少『遵命文學』。當然這裡也有好作品，像『龍鬚溝』，可是很多是不成的。」

端木蕻良是小說家，是內行人說內行話，而且說得很公道。老舍創作的法寶是會運用中國語言和中國文字的優點，加上他是老北京，他也充分運用了那些豐富的文學資源，這些都構成了他成爲一位道地的中國作家的特色。這種先天和後天的雙重優勢，使他顯得與衆不同。

這次我的大陸文學之旅，出席各地作家座談會，有人問到我的文學創作觀點時，我就將我五十年來的看法說出來，其中有兩點不妨引用一下：

「文字、語言是文學創作的重要工具，工欲善其事，必先利其器，駕馭文字語言能力的高低，是決定作品成敗的關鍵。

要想成爲世界性的作家，必先成爲自己民族的作家。凡是能突破時空的文學作品，必然有它的立足點，絕非無根的浮萍，好高騖遠縱能譁衆取寵於時，絕難立於永久不敗之地。」

以上這兩段文字，包括在一九九〇年五月十七日上海文匯報發表的「墨人文學創作觀」中。

端木蕻良推崇老舍的一番話，也正指出了老舍在這方面的優點。

此外，吳祖光也指出老舍是一位愛國主義的作家，但在一九五七年以後，他的作品中有言不由衷的地方。老舍批判過吳祖光，也向吳祖光透露了不被信任的內心苦悶。

這是作家的悲哀，尤其是愛國作家的悲哀。

但是老舍最悲哀的是他的公子舒乙寫的「父親最後的兩天」文中的被侮辱毒打和投太平湖自殺的情形了。

「父親頭朝東，腳朝西，仰天而躺，頭挨著青草和小土路，他沒有穿外衣制服，他的肚子裡沒有水，經過一整天的日晒，衣服鞋襪早已乾了。他沒有戴眼鏡，眼睛是浮腫的。貼身的衣褲已經凌亂，顯然受過法醫的檢驗和擺佈。他的頭上、脖子上、胸口上、手臂上已經乾涸的大塊血斑，還有大片大片的青紫色的瘀血，他遍體鱗傷。……」

另外還有一件令人痛惜的事：

「就在父親被遺棄，甚至連骨灰也一起被遺棄的同時，國外……準備授予他一項威望很高的文學獎授給了另一位健在的傑出文學家，依然是一位亞洲人。……」

讀者應該知道這是什麼獎了。雖然一位成功的作家並不在乎什麼獎，但對於整個中國來說，兩岸政府爲了在奧運、亞運拿到一塊金牌，不知道投下了多少人力、財力、物力、時間，而在文學上並沒有任何投資，是作家個人投入一生的心血，而又能爲中國人爭光的事，爲什麼還要用自己的手徹底毀滅這樣的作家呢？這不僅是老舍個人的悲哀，也是整個中華民族的悲哀。

我們民族的悲劇還在上演，尤其是文化和文學方面的悲劇，但沒有誰注意關心這方面的問題：一方面是青年人不認識繁體字，不能讀中國繁體字的書；一方面是提倡幼兒學ABC。兩種結果都會造成中華文化文學的[redacted]。我說這種話一定有很多人不願意聽，但作爲一個中國人，我不能昧著良心不講。

原載一九九〇年八月二十七日台北市大成報

二〇〇七年二十二日重讀

胡風、梅志夫婦

「五四」以後，抗戰以前的中國文壇，魯迅的影響力，可以說比他同時的任何作家都大，他的創作雖然不多，膾炙人口的也只有中短篇《阿Q正傳》。《阿Q正傳》是諷刺小說，有人認爲他是襲取西班牙小說家塞萬提斯的長篇「唐·吉訶德」之意而寫的。但塞萬提斯是細琢細描，表現的是西班牙人的諷刺幽默。而魯迅的《阿Q正傳》則是「一針見血」。中國文字語言本來比西方語文精鍊，魯迅又具有紹興師爺的刀筆，他以最少的中國文字，塑造了可笑而又可悲的阿Q這個人物，魯迅的諷刺近乎冷酷，和塞萬提斯不同，和曹雪芹更不同。曹雪芹諷刺賈雨村這個官僚，仍不失溫柔敦厚；幽默劉姥姥，更使人笑中含淚，淚中帶笑。魯迅不然，他是「打落水狗」的，即使是創作，他也下筆很重，缺少中國人的溫柔敦厚傳統特質，缺少中國文字的含蓄委婉特性。他的作品劍拔弩張，文字針針見血，而且見血封喉。尤其是他以雜文見長，篇篇都是匕首。但是在他那個時代，中國積弱已久，積弊已深，年輕人歡喜猛藥，所以他也成了文壇的偶像。但如果從創作觀點來看，《阿Q正傳》雖然是一個很成功的中短篇，但不能算是偉大的創作，魯迅的《阿Q正傳》不但不能與曹雪芹的「紅樓夢」同日而語，也無法與吳敬梓的《儒林外史》相提並論，文學創作可不像寫雜文隨筆那麼簡單。這是我對魯迅的一貫看法。他的《阿Q正傳》也不是師承塞萬提斯的「唐・吉訶德」的。正如笑笑生的「金瓶梅」雖然公然襲取了《水滸傳》裡的西門慶、潘金蓮的故事作引子，但《金瓶梅》是笑笑生的創作；《紅樓夢》也多少受了《金瓶梅》的影響，但《紅樓夢》是《紅樓夢》，它是中國小說史上最偉大的創作。因此，《阿Q正傳》是魯迅的創作，可以肯定。他文壇偶像地位的建立是雜文，他吃了幾十年的冷豬肉也是靠雜文。在文學創作上他的貢獻並不大，不過比胡適要高，胡適的《嘗試集》是不能和《阿Q正傳》相比的。胡適對新舊說不上貢獻，對傳統文化則有很大的破壞力。

寫胡風我為什麼要提魯迅？因為胡風是魯迅最賞識的後進，胡風也極尊崇魯迅。魯迅去世後，胡風頗有繼承衣缽之勢，但兩人的文風、筆力不同。胡風只是在以文學作為鬥爭武器的理念上師承魯迅，在表達能力、方式和效果上卻不如魯迅。魯迅的文字如兩面開口的匕首，篇篇見血，句句傷人。胡風的文字冗長拖沓，不能善用中國文字語言的優點，反而受西化的拖累。兩人的思維方式也不一樣。魯迅是充分運用了中國人的智慧、中國文字語言的優點，攻擊病態的中國社會；胡風則是用馬、列、毛思想邏輯，歐化文字，長篇大論向他所要進攻的對象正面進攻。明眼人一看，就知道他的思想淵源。教條的影響，多於獨出心裁。再則他的氣質、個性也和魯迅不同，他是一位相當陽性的人，並不陰狠。但他那枝筆，在魯迅死後，還是發揮了刀劍一般的功能，照理他不該自一九五五年起就以胡風集團反革命罪名關到一九七九年一月十四日才釋放，而且受盡折磨，幾乎成了神經病人。這和他的個性多少有點關係。艾青在我告辭時突然失聲痛哭的心情，我寫這篇文章時才完全體會了解。他受了多大折磨？我可以意會，但他未能言傳。

胡風在一九七九年一月十四日獲釋前，甚至一九八五年六月八日去世前，不但台灣文藝界人士不清楚他的情形，甚至大陸方面的同行，也多不知道他的死活。這次我的大陸文學之旅，預料可以會見不少詩人作家，但沒有把他計算在內，也沒有計畫蒐集他的資料。

想不到在北京時有位先生送了一本「在高牆內」給我，作者還在扉頁上簽了名，兩個字我只認出一個字，名字很陌生，我不知道是那一位作家？代送的人說：「這是胡風太太送的，她年紀大了，身體不好，不能親自送來。」

因爲送書的人多，我沒有時間翻閱，更沒有時間去看她，直到現在我撰寫這一系列文章時，我不能不一本本地看，但時間一久，連代她送書的那一位作家是誰？我都忘了，眞抱歉。

以前我不知道胡風的太太是誰？更不知道她也是一位作家，因爲在大陸時我雖然寫了十來年，但我也是和現在一樣，從不攀龍附鳳，胡風那時是文壇炙手可熱的大紅人，和我這種年齡的青年詩人作家，投入胡風門下登龍的不少，大陸變色，反右之後都打入胡風集團，戴上了反革命帽子，吃了不少苦頭。我因爲是個不求上進的笨人，也幸而逃過[illegible]。

胡風太太的筆名是梅志，原名屠玘華，江蘇武進人。一九一四年生，中國作家協會駐會作家。現已離休，一九三二年六月，十八歲，即參加左聯從事宣傳工作，爲左聯盟員，一九三三年十二月與胡風結婚，一九三四年起發表散文、小說、童話詩集，一九四二年出版第一本童話詩集《小麵人求仙記》，一九四九年以後繼續從事兒童文學創作，又出版了童話詩集《小紅帽脫險記》、《小青蛙苦鬥記》。一九五五年與胡風同時被捕，一九六六年陪胡風去四川，先在苗溪茶場，後在大竹縣第三監獄陪胡風坐牢，至一九七九年一月胡風獲釋。一九八〇年平反後，出版了《梅志童話詩集》，發表了大量童謠、散文及回憶錄。她送我的《在高牆內》是她的回憶胡風失去自由的二十四年生活的第三部，第一部是《往事如煙》、第二部是《伴囚記》，共三十萬字。

胡風一九〇二年生，本名張光人，後來在大竹縣第三監獄時被改名爲張光仁。是最早被打成反革命的作家之一，而他的那些朋友都打成「胡風集團」，姚文元是以打胡風起家的。

胡風原先是關在秦城監獄的，秦城監獄是關政治犯重犯的牢獄，胡風一關就是十年。然後發配到四川苗溪茶場。一九六七年十一月，又被拉走，關進四川大竹縣第三監獄。但是他太太梅志卻不知道他被帶到什麼地方去了？從此斷絕音訊。直到一九七二年底，胡風已經七十歲，受了重大折磨，健康很差，才把她從苗溪茶場第二勞改隊調到大竹縣第三監獄照顧胡風。

可是只隔了五年，這位妻子幾乎不認識自己的丈夫。

「那黑棉衣轉過了頭，偷偷地瞄了我一眼……簡直認不出他了：他站了起來，佝僂著背，看去比我都矮了：幹部們又是一番囑咐，他只是雙手垂直地聽著，他們走了，他仍在階上垂手而立、：一向挺腰桿、軒昂豁達、壓不倒、摧不垮的我的親人，怎麼會變成這個樣兒？我眞不相信面前這人就是他。」

但這就是胡風，他已經判了無期徒刑。

胡風的改變不僅是外形矮了，他的精神已經崩潰了，他跪在太太面前哭著說：

「我快要死了！我對不起你呀！你知道他們定了我什麼罪？滔天大罪呀！什麼重罪都加在我身上了，我承擔不了啊……」

因此，她為他們分別後作的第一頓飯：一盌掛麵裡加了一個蛋，端給他吃，叫他趁熱快吃，他卻膽怯地說：

「我不敢吃，這不是我吃的東西，將來會關我的。」

他全身的衣服已經破爛：毛衣的袖子完全沒有了。……「雙手塞在衣袖裡，縮著頭，過去兩顆閃閃放光的眼睛現在只是搭拉著，連瞳仁都不見！這副形象可真像是從那個破廟裡走出來的可憐的老乞丐……」

她給他戴帽子他也不敢戴，他說犯人不能戴幹部帽，要將帽檐剪掉……睡覺時不敢脫衣服，半夜裡一下就坐了起來，兩眼發直，嘴歪扭著，全身哆嗦。……

「……平日除吃飯外，他就一個人端坐在書桌旁，苦思冥想，有時想一天，有時想兩三天。然後開始寫交代材料。寫完了，就匆匆走出小門，交到辦公室去，這樣似乎是安心了，但仍是端坐在桌旁，再想再寫。……」

他成天活在恐懼中，窗外有人咳嗽，他就說：「這就是給我的啓示，要我趕快交代是我放了毒，讓他們感冒咳嗽的。」

「……這時，我聽到了啓示，告訴我，我已經不是作家胡風，而是人家加給我的什麼『國特』、『叛徒』、『殺人犯』等等，還有種種我無法想到的罪行。我眞害怕，到批鬥會上會被坐飛機、會被打死的。如眞死了倒好，就怕死不掉，活受罪。沒別的辦法了，不如早死了好！我就在一次幫伙房洗菜時檢到一塊磚頭，用力向腦頂砸去，但願腦殼破裂而死。不料，這頭還硬得很呢！」

結果他沒死，只留下一條疤。

他在求生不得，求死不能的情況下，在長期的恐懼中已經精神分裂。

「……到廚房去拿了一個菜盌，用它接自己的尿，說是空中傳話告訴他他的尿能治百病，他不但自己喝了還要強迫我喝。我不同意，他就很生氣，罵我不知好歹。到後來，還將尿裝在熱水瓶裡說準備去北京送人。……」

這不是精神分裂是什麼？

胡風在二十四年的監獄生活中，反反覆覆寫交代材料不知道寫了多少？他不但自己交心，凡是他所認識的人，乃至片紙隻字，雞毛蒜皮的事他都要交代。而他又不會寫應用文，一寫交代材料最少一、兩萬字，有時多至一、二十萬字，眞是積習難改。幹部也不喜歡他這種材料，可以說他是一個書呆。他以馬列理論毛思想運用在文學理論上，曾經叱吒文壇，一呼百諾，結果也毀了他自己。歷來天眞的愛國文人，在中國政治風暴中總是祭品。老舍、胡風、艾青……不過是我們比較熟悉的當代作家、詩人，也最爲不幸。

胡太太梅志女士送我這本「在高牆內」，使我深入了解胡風先生二十四年的非人生活，了解那個制度，同時也知道她是一位優秀踏實的童話女作家。使我這趟文學之旅更有意義，希望下次我去北京時能夠看到她。

任何一位眞正的詩人作家，都有一顆善良的正直的心，眞正與魔鬼沆瀣一氣，同惡相濟的畢竟是少數。以郭沫若來說，他的才氣，新舊文學修養，尤其是書法，在當代中國文壇更少有其匹。我在西安、敦煌等地看到他的題字不少，眞是天才功力兼而有之。他不但不像老舍、胡風、艾青一樣受苦受難，反而大紅大紫，但是一談起他的爲人，不論內行外行，對於他的善變，出爾反爾，大多不齒。可見公道仍在人心。詩人作家要想不再作祭品，不是向誰輸誠、向誰交心、向誰學習，而是要有一個保障言論自由、保障人性尊嚴的良好制度，沒有這個制度，自然會產生暴君，產生無數的幫兇了。遭殃的也不止於作家詩人！也不會止於一場浩劫！老舍、胡風、艾青……的悲慘命運，對全中國人都是一個痛苦的教訓，値得深思。

一九九〇年九月二一日大成報

九十高齡的冰心

少年時讀冰心女士的「寄小讀者」、「春水」、「繁心」，完全沒有想到作者是何許人？也不想去打聽。因爲我原是四書、五經、水滸、三國、紅樓、東周列國演義、七俠五義、和絕律詩的讀者。但我接觸新文學作品、新文學作家，她應是第一人。那時自然更沒有想到自己也會走上這條路，也沒有想到兩岸隔絕四十年，我還能和她見面。因爲她已經九十歲，我也七十歲，她生於一九〇〇年，整整大我二十歲。她如此高壽十分難得。「人生七十古來稀」，當年我從來沒有想到我會活到七十歲，更沒有想到北京許多作家共聚一堂，慶賀七十賤辰。人生不可預料的事太多太多，一切吉、凶、禍、福、窮、通、壽、夭，都只有看各人的造化了。

冰心女士因爲年齡太大，加之一九八〇年時她以八十高齡去日本訪問，回來後因輕度腦血栓住院，不幸跌跤骨折，行動不便，不大見客，雁翼先生事先告訴她，說我要去看她，她約好時間，去她府上見面。

她住在北京西郊中央民族學院和平樓二樓，這是一座公寓式的宿舍，周圍環境雖然不像臺北公寓這樣密集、嘈雜，但房屋本身品質不如臺北公寓，面積大概也只有二十來坪。我們到達時是下午兩點多鐘，她的小姐去她臥室通報，她隨即坐著似乎是特製的輪椅從臥室推了出來。她兩眼炯炯有神，笑容慈祥親切，聽力也很好。她的小會客室兼書房也小，大概只有六坪左右，我們一行五、六個人擠得滿滿的。

這位長輩態度從容嫻靜，口齒清楚，思想細密，沒有一點耄耋之年的老人的遲鈍痴呆現象，她的一對大耳朵是得享盛名高壽的特徵，她活一百歲應該沒有問題。

中國一向是「政治掛帥」的國家，像她這樣一位恬淡嫻雅的女作家，還是沒有辦法不捲入政治風暴。據「臧克家抒情散文選」內「冰心同志，祝你健康」一文中說，遠在抗戰時期的重慶，一次政治性的簽名運動，「文化界時局進言」，有三百多位文化人簽名，也請她簽了名，雖然她是叫一個十一、二歲的小女孩代筆的，第二天就在新華日報登出來了。原來這篇「時局進言」是郭沫若親自起草的，其後果可以想像。

一九五六年開始，她在北京作家協會書記處工作，始終謙虛，與人無爭。她寫了不少散文，和兒童文學作品，她說她不會寫長文，只寫點小東西。

文革期間，大陸作家多稱爲十年浩劫，她說了一句「讀語錄就像讀聖經」的話而挨批鬥，（本來作協十幾位負責人就頂著各種罪名）一個人挨批鬥，還要許多人列隊低頭彎腰作陪，她被暴力推倒過，但他比老舍幸運多了。這時他們集中在王府井大街文聯大樓裡，與外界幾乎絕緣了，會客要報告，來信要登記，大家一起勞動，一起挨鬥挨批，午間有一個多小時休息。別人躺在桌上休息，她用手帕蒙著臉，坐在椅上閉目養神。空閑時她還爲別人編織手套。她不激動、不氣餒，總是保持平靜樂觀。她是個外表文靜，內心堅毅的人。

一九六九年，她下放到湖北咸寧幹校，勝利後我在咸寧這個小地方住過兩年，那裡沒有什麼像樣的房屋，所謂「幹校」是文革期間整人的地方，當然不會好。她在幹校的工作是種菜。幸好她在咸寧幹校耽的時間不久，便轉到她丈夫吳文藻先生單位的幹校去了。吳文藻先生本來是外交官，一九八五年才去世。

冰心現在和女兒住在一起，生活起居由女兒小心照顧。大陸作家現在仍然有很多人用毛筆寫字，毛筆字也多半寫得很有功力，尤其是周而復，更是傑出的書法家，他的琵琶行帖，天才功力兼而有之，自成一家。但是冰心前輩很少寫毛筆字，她用簽字筆在我的「大陸文學之旅」紀念冊上寫了「月是故鄉明」這句詩送我。字如其人，秀外慧中。

冰心前輩是傳統的中國女性，傳統文人。恬淡、文靜、智慧內斂，不露鋒芒，不忮不求，心中自有是非，表面文弱，內心卻無比堅毅，是一位最有定力的女作家，現代中國年輕女性很少這種典型。

原載一九九〇年八月二十九日台灣新生報。

湖畔詩人汪靜之

杭州有一位年紀大的詩人汪靜之，生於一九〇二年，實足年齡是八十八歲，他對我說是八十九歲，這是中國年齡。他比臧克家還大三歲，但臧克家一直沒有停筆，作品比他多，名氣比他大，不過他起步比臧早，一九二二年他就由亞東圖書館出版了愛情詩集「蕙的風」，連銷五版，受魯迅、周作人、胡適等人讚賞。他是二十年代的詩人。

他出生於安徽績溪八都東村，和胡適是績溪同鄉。績溪雖然不是大縣，但文風頗盛，抗戰初期我曾在該縣城內小住。但那時我沒有到過胡家，也不認識汪靜之先生。他不但和胡適是朋友，這次我到杭州，他還親口向我講了他自己的愛情生活，和也許從來沒有人知道的胡適的秘辛。他是一位坦坦蕩蕩、老而彌堅、老尚天眞，也許可以稱爲情聖的老詩人。在愛情方面，他和胡適是大大不同的。這點留到後面再談。

汪靜之自一九二二年出版了詩集「蕙的風」之後，一九二七年又由開明書店出版了第二本詩集「寂寞的國」。這兩本詩集在一九五七年由人民文學出版社篩選後又合成一冊出版，一九五八年由作家出版社出版了「詩二十一首」。他也出版過三本小說，一是一九二六年開明書店出版的「耶穌的吩咐」，二是一九二七年亞東圖書館出版的「翠英及其夫的故事」，三是一九二九年大江書鋪出版的「父與女」。此外是研究理論性質的「李杜研究」（一九二七年商務印書館）、「詩歌原理」（一九二七年商務印書館）、「作家的條件」（一九三七年商務印書館）、以及編選的「文章模範」（一九三三年神州國光社出版、三冊）、「愛國詩選」（一九三八年，商務印書館，四冊）、「愛國文選」（一九四〇年商務印書館出版、四冊）。他結集出版的書只有這些。因為他在一九二二年便和應修人、潘漠華、馮雪峰三人成立湖畔詩社，所以一般稱他為湖畔詩人。

西湖是一個充滿詩情畫意的地方，汪靜之似乎也和西湖結下了不解之緣。年輕時他和女友在湖畔徜徉，寫了不少情詩；晚年也隱居湖濱，現在雖然已近九十高齡，有時還步行環湖一周，以消永晝。

他年輕時離鄉背井去杭州求學，因為自己追求很久的一位女神在杭州女子師範讀書，這位女神原是他的十二歲去世的未婚妻的姑母，她叫曹珮聲（誠英）。但她早已訂婚，而且是他的長輩，他寫了很多情書情詩給她，她卻一次一次地退回。這和他生得矮小也有關係。但她對他很好。他到杭州求學時期，她還將她的女友介紹給他，她將女友分為第一美人、第二美人……她卻自比梅花。第一美人艷於桃李，冷若冰霜，他只是暗戀，沒有勇氣求愛，作他終身伴侶的是第二美人符綠漪。

他的愛情詩究竟如何？我們千萬不能以現在的眼光看，因為那是「五、四」時期的作品。距今已經六七十年了。但我們從詩中可以看出他高尚的情操。如：

聰明貞靜的姑娘，
你肯不肯和我初戀？
我的相思和你家的桃花，
一齊紅到了你的窗前。

我已聽到了「不愛你」三個字，
這樣婉妙的聲音——
你不愛我也不要緊，
這聲音夠我陶醉一生。

不過即使以詩言詩，汪靜之的愛情詩，比胡適之的「嘗試集」要有韻味得多。但是汪靜之告訴我，胡適有一首最好的情詩，沒有收進「嘗試集」裡，他不知道是什麼原因？也許胡適矯情，他很惋惜。我問他記不記得？但他已經記不清楚那首詩了。我也很惋惜。

汪靜之先生雖然已經八十九歲了，可是身體很好。他陪我到太子灣，蘇東坡紀念館回來，吃晚飯時我們坐在一塊，邊吃邊談，他頭腦清晰，興致很高，還像少年人一樣天眞、坦率，談起他八個愛人的愛情生活，滔滔不絕。他的那位女神曹珮聲，結婚後丈夫以她不能生育爲藉口（也對他們兩人正常的交往，產生了疑團），娶了小太太，因此離異，時年二十歲。一直到一九七六年過世（她生於一九〇二年，與汪同年），都未再婚。汪先生說，在一九二五年到一九四九年期間，她住虎跑泉煙霞洞，與胡適維持了二十多年的同居關係。一九四九年胡適離開大陸，後來又來台灣，自然不能再續前緣。而汪靜之說，一九四九年以後，他曾和曹珮聲同床三個月，但清清白白。

「那怎麼可能？」別人笑問。

「她睡那一頭，她要我睡這一頭，我就睡這一頭。」汪笑瞇瞇地說：「我聽她的。」

「這簡直是柳下惠，情聖！」我也笑著對他說。

他還是笑瞇瞇，沒有以情聖自居。

飯後，我們送他回家，他的房子是向房管局租的，六塊五角錢一個月，他六十三歲退休，每月退休金連津貼二六〇元。

「我二十七歲起當教授，那時月薪就是二六〇元，要是合算現在的人民幣，我一個月應該拿七千元。」他說。

他的夫人已經過世，現在有一位和他夫人關係密切的女伴照顧，他的房屋是不過二十坪的公寓。

「文革時你有沒有吃苦？」我問。

「我躲起來了，他們不知道我這個人，我是明哲保身。解放前我不反國民黨，解放後我不反共產黨，所以平安無事。」他笑著說。

這眞是異數，在大陸沒有坐過十年八年牢，沒有勞改的詩人作家實在太少太少，以他的年齡和資歷來講，他是躲也躲不掉的，他居然平安無事，現在還能飽餐健步，到太子灣、西子湖邊走走，和我這個初次見面的人，大談他的平生韻事，無拘無束，臉上還看不出皺紋呢！眞是「鶴髮童顏」。其所以如此，可能和他的「家教」、「庭訓」有關。他送我的影印「汪靜之簡介」資料有一段是這樣的：

「父母從小教我：『人家罵你不回口，人家打你不回手，趕快逃走。人家彼此爭吵，不要挿嘴，不要管人家誰是誰非。人家互相打架，你繞著走，趕快避開，不要站著看打架，防著人家誤傷了你。』父母的教誨，我一生奉行。」

這種「庭訓」，姑不論合不合適，但他居然因此逃過了這場中國歷史上少有其匹的大劫！莫非和他的造化有關？他一生，有那麼多韻事，而又壽而康，與西湖結不解緣，這不比毛澤東之流福氣好多了嗎？

一九九〇年十月一日大成報

老尚天真的臧克家

大陸新詩人當中，年齡最大，資格最老的，要算冰心和汪靜之，然後是臧克家和艾青了。臧克家今年八十五歲，艾青八十歲。他們兩位都是我要探望的老詩人。

臧先生住趙堂子胡同，我到達時，他夫人鄭曼女士開門迎接，她滿頭銀絲，面團團，一臉福相，氣色紅潤，身體健康。臧先生隨即笑著出來歡迎。他們住的是四合院，房屋不大，庭院卻不小，而且種滿了花。我可以看出來我到時鄭曼女士正在澆花。這座庭院她經營得很好，架上的葡萄正在結實纍纍。我也喜歡種花，我很喜歡他們這種環境。臧先生笑口常開，他聽我贊賞他的居住環境，他高興地對我說：

「十多年前我花一萬塊錢買的，現在要值六、七萬了。」

其實六七萬人民幣不過三十多萬台幣，還是很便宜。

臧先生自己對我說他今年八十六了，這是中國年齡，他整整大我十五歲。可是人瘦，精神很好，行動敏捷，更難得的是笑口常開，一見如故，眞是一位天眞的老詩人。

三開間的房屋，客廳裏掛滿了當代作家、畫家的書畫，中堂條幅是他八十大壽時劉海粟送的壽字，劉寫這個壽字時已經九十歲了。臧先生高興地指點著那些字畫講給我聽，整個房屋充滿書香氣氛。

臧先生自己的毛筆字也很好，他隨即去書房在紀念冊上題了「兩岸存知己，親切若比鄰」兩句詩送我。這是就王勃的名句改寫的，改得很恰當、貼切。我們雖是初次晤談，眞是十分親切，沒有半句客套。

他送了好幾本書給我，但從北京櫜寄到我手裏時只有以下四本：《臧克家詩選》、《臧克家舊體詩稿》、《克家論詩》、《臧克家抒情散文選》。

他從一九二九年開始發表新詩，六十年來從未停筆，至今共出版詩、散文、小說、文學評論五十六部，其中長短詩集三十三部，重要的有《臧克家詩選》、《烙印》、《罪惡的黑手》、《自己的寫照》、《古樹的花朵》、《泥土的歌》、《生命的零度》、《凱旋》等。散文集有《詩與生活》、《臧克家抒情散文選》；文學評論集有《學詩斷想》、《臧克家古典詩文欣賞集》、《臧克家文集》六卷。他的文學觀是：

「文學作品應該表現時代精神、人民生活。力主現實主義。」

大家都知道他是新詩人。但他原來是青島大學（山東大學前身）中文系畢業生。聞一多和王統照都是他的老師，他走上新文學這條道路和這兩位老師有關，聞一多的影響更大。在他的新詩作品中，重要的作品應該都在《臧克家詩選》裏面。這本詩選共分五輯，全書共二百一十八首。前後共五十五年，但一九六三至一九七五有十二年空白，這期間有十年文革，他不會一首詩也沒有寫，但確是一首詩也沒有選。什麼原因？他在《五十五年一卷詩》增訂本小序中沒有說明。不過我風聞他在文革期間聲譽受了一點損傷。在任何朝代，任何國度，凡是「政治掛帥」的情況下，詩人作家總是不幸的。詩人作家愛國家、愛民族是天經地義的事，但除此大前提之外，不宜捲入任何實際政治糾紛，尤其不應捲入個人權位鬥爭。詩人作家固不應狂妄，但詩人作家應有自知之明，一位成功的詩人作家的生命是不朽的，誰都知道杜甫是一位愛國詩人，但杜甫並沒有得到任何政治利益，卻受盡了苦難，然而杜甫是不朽的。政治人物的生命多如朝露，何必在他們身上浪費筆墨？

臧先生的詩選中抒情的少，這很可能和那個「政治掛帥」的大環境有關。詩以抒情為主，不能淪為任何工具，否則便不足觀。詩人不能自私自利，但在創作上一定要表現「自我」，作品一旦失去自我，無異失去生命。

在臧先生這本詩選中，我還是比較喜歡他在一九四六年八月四日在上海寫的那首〈星星〉：

我愛聽／人把星／叫作星星。
夜空是另一個世界，／星星是它的子民，／誰也不排擠誰，／彼此密密地挨近。
它們是那麼渺小，／渺小得沒有名字，／它們用自己的光圈，／告訴自己的存在。
仰起臉來，／向著那白茫茫的銀河，／一、二、三，你數／呵，它們是那麼多，那麼多……

這倒是一首純粹的詩，而且寓意甚深。像臧先生這樣老資格的詩人，更應該以「自己的光圈，告訴自己的存在。」

一九七〇年代初，臧先生開始寫舊詩。他在〈自道甘苦學舊詩〉序文中開始就說：

「我愛新詩，更愛古典詩歌。我寫新詩，也寫舊體詩。我是一個兩面派。……」

他是唸中文系的，寫舊詩應該是順理成章的事。他的「舊體詩稿」自一九七三年起至一九八六年止，共收集了一〇六首，絕句多，律詩少，酬贈的多，抒情的少，這又犯了寫舊詩的大忌。全唐詩四萬八千九百多首，詩人兩千兩百餘家，酬贈的好詩實在不成比例。臧先生是前輩詩人，我對他沒有一點不敬之意，我很喜歡他的天眞、不矜持、不矯飾。但他的舊詩訓練顯然不足。因爲舊詩的要求比新詩嚴格得太多，舊詩的語言、平仄，一點也不能馬虎。臧先生的作品不但是平仄失調的不少，語言的運用也不成熟，這就大大地影響了作品的境界和意象美，如〈早出工〉這首五絕：

夜闌哨急鳴，秋收早出工。摩肩不識面，但聞報數聲。

這最簡單的五言絕句，從命題到遣詞造句，都不是舊詩的語言，不合舊詩章法；而更不應該犯的錯誤是「工」是一東韻，「聲」是八庚韻，絕律詩怎麼可以這樣亂來？臧先生這首五絕，對舊詩實在是很大的破壞。大陸上的青年人現在連正體字都不認識，他們自然更不知道什麼是絕律詩了。甚至連台灣的青年人也不懂古典詩詞，如果他們將「早出工」當作中國古典詩，那如何得了？因爲臧先生不是普通人，影響很大。

他比較好的一首是〈贈李健吾同志〉五絕：

腳步階前落，笑聲已入門。狂飆天外至，萬里無纖雲。

這首詩的語言雖然還不夠圓熟，但將李健吾的性格形象刻畫出來了。不過「門」是十三元韻，「雲」是十二文韻，這也是犯規犯忌的。

舊詩不比新詩，不能隨便寫，即使平仄中規中矩，選韻恰當，如果境界不高，亦不足觀。詩的境界繫乎個人的氣質和人生哲學修養，也不是中規中矩就可以辦到的。

大陸前輩作家中，魯迅、郭沫若、田漢、老舍的舊詩是寫得相當好的。八十歲以下的周而復的舊詩也寫得很夠水準。七十歲以下的作家有沒有人會寫舊詩，我就不大清楚了。不過新詩人當中恐怕已經沒有人會寫了。臧先生是中文系出身的，尚且如此，可能是寫新詩太久了。

臧先生的小說我沒有讀過，他的散文倒是比較耐讀的，他在《臧克家抒情散文選》代序中開頭就說。

「老來意興忽顛倒，多寫散文少寫詩。」

代序第四段開頭又說：

「一般人知道我是寫詩的，其實，六十年來，我創作的產量，詩與散文平分秋色。」

我也希望臧先生的散文是大豐收的。

我和臧先生的初次見面十分愉快，他的天眞、平易近人，我十分欣賞。他送我出來時故意趕在前面，作出小跑的樣子，我更印象深刻。一位寫作六十年不輟的詩人作家，我們應該尊敬。雖然他在大陸是部級專業作家，地位待遇都高，是我這個在台灣自生自滅的同行所望塵莫及的，但我衷心祝福他老而彌堅，寫出更多更好的作品來。

附註：據陪我去的人告訴我，大陸專業作家也分等級，像臧克家、艾青這些老詩人作家，是部級待遇，一切費用都比照部長支給，還有一級作家、教授副教授級作家。總之，一當上專業作家，即使一字不寫，工資照拿，生活絕無問題。

一九九〇年九月七日中華日報

斷臂傷心詩人艾青

五月十五日，和雁翼、王瑜小姐一行六、七人，去北京協和醫院外賓樓看斷臂住院的艾青。毫無疑問，他是「五、四」以來一位重要的詩人。以前我沒有和他見過面。

艾青是浙江金華人，民前一年（一九一〇年）生，今年八十整壽，大我十歲。

他於一九二九年赴法習畫，一九三二年回國，他並沒有走上畫家這條路卻專心寫詩。他和胡風他們十分接近，胡風是搞理論的，在文壇有舉足輕重的地位，尤其是抗戰時期，作品一經胡風品題，自然身價百倍，雖然胡的文學理論不是純文學的，他是以文學理論方式夾帶政治謀略。

抗戰時期，艾青已經是一位大紅大紫的大詩人了。臧克家長他五歲，但他和臧克家正並駕齊驅，如日中天。

艾青的第一本詩集是一九三六年出版的「大堰河」，這時正是抗戰前夕。「大堰河」奠定了他在詩壇的地位。以後他寫了「他死在第二次」、「黎明的通知」、「北方」、「曠野」、「火把」、「吹號者」、「向太陽」等詩。他在重慶新華日報發表的長詩「吳滿有」是一個農民樣板，他寫作的態度很認眞，他說寫好之後一次又一次唸給吳滿有聽，直到吳聽懂了，滿意了，他才定稿，那首詩寫得很平實，很口語化，完全符合毛的文藝講話要求，也產生了詩的效果。

艾青是現實主義的詩人，文字平實，並不華麗，但言之有物，而具形象美。

像他這樣一位爲工農服務而有成效的詩人，由於寫了幾則寓言諷刺中共文藝教條主義，而被打成右派。其實被打成右派的作家、詩人、知識份子，頭上都加了一頂帽子，何止艾青。所以在一九五七年，他和丁玲等都流放到北大荒勞動改造。凡是流放到北大荒的，都是「重犯」，我有一位同學流放到北大荒十七年，直到現在還沒有平反。艾青和丁玲居然也流放到北大荒餵豬、墾荒、令人有些難以理解。

一九六二年，艾青又流放新疆，一九六七年又關進「牛棚」。一九七八年才釋放。他整整過了二十一年的囚禁流放的生活。這對於艾青的創作生命，實在比肉體折磨更殘酷。二十一年的囚徒罪犯的生活，正是他四十六歲到六十七歲的創作顚峰年齡，這是詩人作家智慧最成熟，創造力最旺盛的年齡，過了這一臨界點，必然走下坡，面臨有心無力的窘境，甚至結束一生，老舍就是六十七歲時結束了寶貴的生命的。

一九七八年艾青獲釋後，從八月到十二月，以四、五個月的時間，寫了一首兩百七十八行的長詩「光的禮讚」。三十年來，艾青詩的風格並未改變，還是很平實穩健，還是現實主義者，而在思想上卻有明顯的轉變。「吳滿有」是忠實地爲農民服務的作品，「光的禮讚」卻是知識份子的抗議，人性的吶喊，良知的覺醒。

這首詩一開頭他就寫著：

每個人的一生
不論聰明還是愚蠢
不論幸福還是不幸
只要他一離開母體
就睜著眼睛追求光明

這是開宗明義，基本原則的確立。強調人性，強調天賦人權，尤其是他過了二十一年的暗無天日的生活，他的痛苦經驗不是我們所能想像的，他對於抹殺人性的暴君的痛恨和對光明的渴望，也不是我們所能體會的。因此在第四節他就展開筆伐：

但是有人害怕光
有人對光滿懷仇恨
因爲光所發出的針芒

刺痛了他們自私的眼睛

歷史上所有的暴君
各個朝代的奸臣
一切貪婪無厭的人
爲了偷竊財富、壟斷財富
千方百計把光監禁
因爲光能使人覺醒

凡是壓迫人的人
都希望別人愚蠢
愚蠢到不會計算
一加一等於幾也鬧不清

他們要的是奴隸
只會說話的工具

他們只要馴服的牲口
他們害怕有意志的人

他們要把火撲滅
在無邊的黑暗裏
在岩石所砌的城堡裏
永遠維持血腥的統治

他們佔有權力的寶座
一手是勛章、一手是皮鞭
一邊是金錢、一邊是鎖鍊
進行著可恥的政治交易
完了就舉行妖魔的舞會
和血淋淋人肉的歡宴

艾青這些詩句是對「暴君」、「奸臣」和整個制度的抗議、撻伐。二十一年的囚禁流放生活，使他徹底覺醒了：

我們從千萬次的蒙蔽中覺醒

我們從千萬種愚弄中學得了聰明

這是我未會見艾青以前所知道的艾青。在協和醫院探望艾青時，印證了他的詩格和人格是一致的。他是一位表裡如一的詩人。和他見面握手時，我覺得他的性格更加強烈，感情更加豐富，善惡愛憎更加分明，像他這樣的詩人，自然更要比別人多吃一些苦頭，多受一些折磨。正如老舍那樣的小說家，必然會投湖自殺一樣。不過，如果老舍幸而未死，他寫出的決不止艾青這兩百七十八行的詩，而會是一部血淚交織的長篇巨著。

艾青和冰心一樣，都是坐在椅子上和我見面的。不過他們兩人的表情完全不同，冰心面部平靜中帶點興奮喜悅。艾青的方面大臉上表情沈重。以他的體型來看，他是屬於強壯型的詩人，像慷慨悲歌的燕趙之士，不像南方金華人。他左手握手有力，而且時間很長。他跌斷的是右手臂，特別女護士說他的骨頭碎了，執筆都很困難，但他還是慢慢地在紀念冊上題著：

海（漏「內」字）存知己

天涯若比鄰

墨人詩人存念

艾青八十斷臂人題

一九九〇夏日

我爲什麼要這樣寫出來？因爲他的手發抖，字不好認。他一面寫，護士一面在旁邊插嘴，他不時把護士的話頂回去，而且不大客氣。從這些小地方更可以看出來，他是一位毫不含糊、方方正正的詩人。他剛題完時，護士就搶著說：「我從來沒有看見他寫過這麼多的字！」

我十分感謝他的盛情，大家都說這是最值得紀念的題詞。告辭時我說台灣的朋友都很關心他，我會將他的情況向台灣讀者報導。眞沒有想到，我一抽出手來起立時，他突然失聲痛哭！雁翼也連忙背轉身去偷偷擦眼淚。大家楞了一會沒有走開。但是我們不能不走，我走到房門口時，回頭看他，他滿眼淚水沈痛地坐在椅子上望著我們離開。

這是我會見的八十歲的斷臂傷心的詩人艾青。

他是位感情豐富、性格強烈、是非分明的眞正的中國詩人。他生活在這樣的時代，那樣的環境，不僅是他個人的不幸，他和老舍、胡風一樣，代表中國詩人作家的大不幸！民族的大不幸！

一九九〇年九月十日大成報

墨之註：我和名詩人艾青是第一次見面，他是一位性情中人，和我一見如故。二〇〇五年早年之夜，現住南昌市的譚鐵山先生來信說艾青編的《詩選》上中選我一首《四月的新詩》，一九四九年來台之前那十年作品我喪失殆盡，自然也就沒有那首詩。我現正編《墨人作品全集》出，即使能出版也是不全之全。艾青去世後能安葬在北京八寶山要人公墓，也算殊榮了。舍我詩人作家貌似藝人述聞，與我同年的黃鐘詩人黃仲琮筆名羊令野，死後骨灰……，有誰又知。

二〇〇六年十二月十九日於北投

河北詩人‧作家

我的「大陸文學之旅」的第一次作家座談會是五月十四日下午與河北省詩人、作家在北京河北飯店舉行的，出席的有韋野、堯山壁、郭秋良、戴硯田、雁翼、鐵凝、龔富忠、李志寅等。韋野是河北省散文學會會長，堯山壁是中國作家協會河北分會主席、散文百家主編，鐵凝是中國作家協會理事、河北省文聯副主席，雁翼是世界華文詩人協會會長、黃河文化實業公司總裁。他們有的是從石家莊、保定、承德等地趕到北京我住的飯店出席會議的。其中鐵凝是最年輕的唯一女作家。他們的籍貫都是河北省。

河北省的詩人、作家當然不止這些，據他們告訴我，河北產生了許多優秀的詩人、作家。如小說家田濤、詩人田間，我是知道的。小說家孫犁、詩人郭小川，我就不知道了。另外他們還告訴我一個事實：河北青年作家成長得很快，原因是工作生活都有保障。像鐵凝，今年才三十二歲，她就可以專心寫作，不必為生活工作分心。堯山壁二十五歲就是專業作家，有固定待遇。這是台灣作家所求之不得的。大陸的「專業作家」不同於台灣的「職業作家」（台灣也很少職業作家，大多是業餘作業。）大陸的「專業作家」都有固定待遇。有聲望、受全國肯定的作家，多是「部級作家」，如詩人艾青、臧克家等都是，他們的工資、醫療、出國旅費等等，都是比照部長支給；此外還有特級作家、一級作家、教授級作家、副教授級作家，收入比一般人高多了，寫稿時還可以拿稿費，即使長年一字不寫，待遇照支，一文不少。所以作家的地位很高，受人尊敬。他們堂而皇之的將詩人、作家頭銜印在名片上。不像台灣這個「金錢掛帥」的社會，表面上喊文化復興、文化建設，用得著作家的時候，口頭上還恭維一下，骨子裡完全不是那麼一回事。因爲不論比官階、比鈔票，詩人、作家都是官位最低，鈔票最少的。詩人、作家的地位自然高不起來。自愛的，少與官方接觸的詩人、作家，還不至於自取其辱，有求於他們的，就很難維持住那一點點人格尊嚴了。有不少朋友就和我講過這樣的話：「他們看我們和叫化子差不多。」兩岸詩人、作家經濟地位、社會地位之所以如此懸殊、差異，我個人的淺見是：台灣的「經濟奇蹟」是純經濟的，缺少文化內涵，自然沒有書香氣；連中國固有文化原來的那一點點書卷氣，也被「經濟奇蹟」，衝得煙消雲散了！詩人、作家，一向背負著歷史文化包袱的拖累，變成了豬八戒照鏡子，裡外都不是人。反之，大陸大致還是一個農業社會，而且是在極權控制之下，而那些大權在握的人，又最懂得筆桿與槍桿交互運用的效果，他們以此取得政權，也以此維持政權，他們還保持著這種傳統。而台灣則一直不知道過去在大陸是怎樣失敗的？老作家雖然知道，但作家人微言輕，不受重視。過去當局只迷信槍桿，後來又偏重經濟。而文化、文學，充其量只是作作花瓶而已。台灣文學之所以有今天的成績，十之七八是由於作家個人的努力。今天台灣文學之所以日益商業化，不能歸咎於作家的墮落，而是整個社會自上至下缺少文化文學走向，以賺錢爲目的的風氣造成的。

作家是很可憐的，即使他們有心把作品變成商品，這種商品也不可能造成一位像工商界一樣的大亨，充其量只是物質生活好一點而已，但斷送了文學生命。我敢斷言，台灣作家中絕不可能產生王永慶、蔡萬霖一樣的大亨。因爲台灣市場太小，商品文學外銷也有先天上的困難。大陸雖然是一個廣大的市場，但大陸是有政策的，他們的商場高手可能沒有台灣多，但在文化文學方面，卻是內行領導內行。如文化部長茅盾、王蒙、及現任代部長賀敬之，人人都是作家，無一外行。作家協會、文聯負責人，全是作家，因此，文學的防衛力和免疫力是相當强的。大陸不重視商品文學，「作家」的頭銜不容易魚目混珠。不像台灣，在文學方面外力可以長驅直入，金錢也可以介入。雖有選擇的自由，卻無選擇的能力。文革以後，大陸各界人士，只要有機會出國，多半想辦法投奔自由。唯獨作家，出國的不少，如謝冰心、沈從文、巴金、艾青……都出過國，可是卻無一人投奔自由。以前我想不出是什麼道理？照理作家是最愛自由的，為什麼他們受過迫害還要回去？這次我與大陸各地第一流作家座談之後，我才恍然大悟。像巴金，他是大陸唯一不拿政府工資靠自己的稿費版稅生活的作家，他也勞改過他也不滿，可是他還是住在上海。因為他活得像個作家，活著受全國上下尊敬，其他的就不必說了。

河北作家的一席話，河北作家的謙虛、真誠，打開了隔絕四十年的第一扇文學大門。現在我將與他們幾位面對面的印象，以及他們送我的作品和親筆填寫的基本資料，分別介紹。

此系列文字自一九九〇年十月十五日起至二十四日止載於臺北市大成報

墨人兄：

鈔票細菌很多，但這種鈔票細菌是全世界最有吸引力的細菌，作家也沒有免疫力。根據二〇〇六年報紙報導，這一年有一位作家一年的版稅就有一千四百萬人民幣，第十位最少的也有七百多萬人民幣。我祝福大陸所有的作家，人人都富可敵國，希望作品的文學價值亦可傲視全世界。

二〇〇六年十二月二十二日上午九時二十分於北投

重禮

詩壇重鎮雁翼

雁翼，原名顏鴻林，一九二七年農曆五月十一日出生於河北館陶。一九四九年春發表第一組抒情詩迄今，共出版短詩集『大巴山早晨』、『在雲彩上面』、『勝利的紅星』、『黑山之歌』、『黃河帆影』、『紅百合花』、『展翅高飛』、『唱給地球』、『唱給祖國』、『雪山紅日』、『抒情詩草』、『白楊頌』、『畫的長廊』、『淚浪集』、『奴隸頌』（詩畫集）、『時代的紀實』、『紅海行』、『南國的樹』、『白楊林風情』、『拾到的抒情詩』、『雁翼兒童詩選』、『獻給上海的玫瑰』、『雪地征鴻』、『雁翼抒情詩選』、『愛的思索』、『雁翼詩選』、『雁翼的詩』、『獻給城市的無花果』；長詩集『風暴中的母親』、『金色的鳳凰』、『彩橋』、『東平湖鳥聲』、『桔林曲』、『紫燕傳』；詩論集『詩的信仰』、『詩與美的隨筆』；小說散文集『我的戰友』、『彩色的土地』、『作家的童年』、『子夜燈影』、『沒有聲音的歌』、『黃河紅帆』、『范蠡與西施』、『愛的誘惑』；話劇集『風雪劍』；電影：『黃河少年』、『燈』、『元帥與士兵』、『十月風雲』、『山城雪』、『古城軼事』等。此外他還主編了一些詩刊和詩選，獲各種作品獎十三次。

長詩《東平湖鳥聲》、《愛的思索》，短詩《在雲彩下面》《給燕子》、《倘若》等四十八首及散文分別譯爲韓、俄、英、法、德、日、印尼文在國外出版。

從以上五十二種著作目錄及相關事實中，我們不難發現雁翼是一位精力旺盛，才氣縱橫，受國內外肯定的詩人作家。不過基本上他還是一位詩人，一切都從詩出發，始終鍾情於詩的人。他還有一項與古今中外詩人作家不同的特殊經歷，即：十歲從軍。這是他親口告訴我的。至於十歲結婚則是他在「沒有聲音的歌」跋中寫的，這也只在苦難的古老的中國才會有這種特殊情形。他的生活經驗非常豐富，足跡幾遍全中國，也曾遠至歐洲，他是一位在生活中打滾的詩人，不是生活在象牙塔中的詩人。

新詩本來是沒有一定形式的，他的詩更不拘形式。有些幾十行一首的詩，從頭到尾都不分段；有些分段的詩，又歡喜用一、二、三……數字來劃分；有的詩句子比較短，有些詩句子又相當長；他是一位不受形式拘束的詩人。但他不走偏鋒，不標新立異，他遵守詩的創作規律，而且更懂規律，文字的組合十分協調和諧，自然產生詩的節奏韻律美，但又絕非陳腔濫調的韻文。他敢於大膽創造，敢以各種生活題材寫詩，敢於呈現自然。他眼光遠大，胸襟寬廣，天地皆詩。他的筆縱橫馳騁，情懷浪漫，卻操守很嚴，格調也很高，而又溫柔敦厚，絕無狂妄囂張之氣，所以能成大器。

由於「詩言志」，由於雁翼敢於呈現自己，因此我們在他的作品當中，很容易看出他的人格的反映，也可以看出他的詩的風格。而最具有「夫子自道」性質的一首詩是他一九八二年二月二十日在上海寫的：「我是一堵牆」：

我是一堵泥土疊成的牆，立著，
任人用謠言的塗料，
管他們用紅，用黑，
我自己並不想反駁。
因爲我有我自己的顏色。
並且，有著自己的職責。
——夏擋烈日，
——冬擋風雪。
就是被眾手推倒吧，
泥土仍然是泥土，
不會改變質地，
不會改變性格，
照樣營養著綠色的禾苗，
渴盼著金色的果。
因爲，我知道，謠言塗抹的我的外表，
定會被時間的風雨剝落。

在這首詩裡他將他的人格完全呈現出來。他將自己定位為泥土疊成的牆，而這堵牆又是「夏擋烈日，冬擋風雪」，這完全是一種無我的奉獻。「不會改變質地」，也「不會改變性格」。事實上他也是這樣的人，沒有雙重人格，他熱情而不輕浮，平實而不誇張，自己種樹別人乘蔭的時候多，但他無怨無悔，仍然辛勤開拓，繼續向前。他心中充滿愛，沒有恨。在「杭州的三行詩」最後兩段中他是這樣寫的：

杭州呵，傳說故事和神話，
疊築的城池——
人和神都喜歡住的地方。

但不要爭奪，不要打仗，
歷史知道，人敗了神也會死亡，
神死了人也會覺得荒涼。

他十歲從軍，打過不少仗。一九四六年九月十三日大揚湖戰役中，曾經負傷，他知道戰爭會帶給人類多大的痛苦創傷。

他心中充滿了愛，所以他「不要爭奪，不要打仗。」這是眞正的詩人的心。因此，他對於詩的執著亦無可取代。他對於詩的體認自然十分深刻。他在「雁翼詩選」代序「詩個性的思索」中，有不少極爲中肯的見解：

……詩人是抒情詩裡唯一的主人翁。抒情詩是詩人直接向世界說話，向世界講敘自己心靈活動的文學樣式。

什麼樣靈魂的詩人就寫出什麼樣生命的詩。

詩人最大的失誤是不敢或不願在詩中赤裸裸地暴露自己。

你忠於詩，詩才忠於你。

你騙詩幾分，詩也騙你幾分。

詩的最高技巧表現是描繪好詩人自己心靈感受人生的眞實。

詩人最大的不幸和悲劇是，爲了作品適應氣候而存活，把自己眞實的感情和心靈從詩行裡刪去了，結果是，詩作品形式的活了，但一如紙紮的花一樣沒有生命。

氣象學家和詩人是兩種絕不相同的職業。

在詩藝術領域裡，詩人面前沒有路，等待他去走出自己的路。

長江吸取了許許多多小河的水，但它不是把自己變成小河，而是鑄造自己浩瀚的身型。

他也反對模仿。在文中他引用了他故鄉邯鄲一座「學步橋」的寓言故事，說一個燕國人來趙國學走路的步態，結果是趙國人的步態沒有學會，卻把自己的步態忘記了，只好爬著回到燕國。他以這則寓言故事啓示詩人不要學步，也是十分中肯的。其實，用之於文學藝術任何部門，莫不恰當，何止於詩？

至於他對詩的本身的詮釋，他在「在北京拾到的」組詩中「詩的自白」裡有明確的宣示：

我不是火，
不能給你光和熱；
同時，我也不是黑暗，
不能把你的光輝襯托。
我不是水，
不能濕潤你乾裂的唇，
我不是花，
不能點綴你寂寞的生活。
我是什麼，我是什麼？
像夢沒有形，像空氣沒有顏色，
我只是想像中的銀幕，
任你用生命的光影投射。
但倘若你心裏的火已經熄滅，
不要責怪銀幕的荒漠！

這就是他心中的「詩」，他一直把他「生命的光影」投射在「想像中的銀幕」上。他心中有太多的愛，包括對國家、民族、母親、朋友，以及男女之愛。在他的作品中，我發覺他是一位不幸的愛情飢渴者，受難者。他不是一位濫於愛情的浪漫詩人，他有他的情操，也可以說他是一位純情者，情與慾分得很清楚，更不是以慾當情的人。這在現實社會就註定會發生愛情的悲劇，因為月老常常錯點鴛鴦譜，而男女兩個異體要恰當地定位在一個最適合的結合點上，都是難上加難。為什麼人間有這麼多悲劇？文學家有永遠寫不完的悲劇？詩人以詩直接表達，小說家以小說借他人酒杯澆自己心中的塊壘，就是愛情與婚姻的錯位造成的。

雁翼的詩作裡，愛情詩不少，但都相當含蓄、深沉，哀而不傷。如「我曾扮演過悲劇」、「她來看我」，讀後會有一種無奈的感覺。畢竟詩人作家都不是造物者，他們是揹著十字架的凡人，又沒有進天國的打算。這個結是自有人類以來都解不開的。因此，詩人只好寫詩，小說家只好寫小說，而又沒有多少讀者真能體會出來。這也是詩人作家的另一悲哀。不管他們享有多少虛榮盛譽，實際上他們多無所獲。

以年齡和作品的質量來講，雁翼都可以視為大陸詩壇的重鎮。因為比他老一輩的詩人已經不多，而且都到了垂暮之年。他雖然已經六十出頭，但創作力仍然旺盛，不亞於年輕的詩人，而且對於詩運的推動和文學交流不遺餘力。他現任世界華文詩人協會會長。

作品源於生活的韋野

韋野，河北曲周人，一九三一年生，冀南藝術學校畢業。一九五二年起，從事新聞工作三十餘年，曾任記者、編輯、文藝部主任、雜文報總編輯、專業技術職稱：高級記者。現任河北省文化廳長，中國作家協會會員、河北省散文學會會長。著有詩集「故鄉的月季」（河北人民出版社）、散文集「春影集」（百花文藝出版社）、「酒花集」（花山文藝出版社）、「雪桃集」（中國文聯出版公司）、評論集「文林漫議」、大型話劇「五月榴花」等。

由於長期的記者生活，見多識廣，生活經驗豐富，他的作品沒有無病呻吟的毛病。

他的散文集《春影集》收集了「南盤江畔」、「春城登山記」、「都江堰漫憶」、「遙望金沙江」。「石林賦」、「攀枝花開」、「草堂遐思」、「海夜、日出、夕陽」、「古橋感懷」、「象牙瓷雜憶」、「臙脂米」、「鴛鴦鳥」、「石榴花紅」、「玫瑰花的友誼」、「美穗子的照片」、「夜丁香開花的時辰」、「寒光凜然」、「蓮蓬山抒情」、「白洋淀素描」等三十篇。有描寫邊疆與內地風貌的，有抒情寄懷記事的。大都言之有物，而非向壁虛構。

『酒花集』收集了「史詩的一頁」、「酒花的喜劇」、「神奇的夢想」、「小鳥春秋」、「水中的花朵」、「蛇跡漫筆」、「多樓賦」「少林風骨」、「南陽拾憶」、「銅雀春深序」、「彭城見聞」、「月是故鄉明」、「古城之戀」、「海河情思」、「舅舅的禮品」、「遠方的親人」、「她來到山鄉以後」、「老院長」、「軍生」、「懷舊」、「丑角之憶」、「畫與捕雕」、「玉堂春雜說」、「醉馬草」、「風電之花」、「散文創作斷想」等二十六篇。

『雪桃集』收集了「蜜的天使」、「牛淚」、「長城夢影」、「雪桃春色」、「太行白雲」、「桑乾訪問記」「冰洲石」、「奇峰異想曲」、「六月雪」、「漫話玉堂春」「憶戈壁墳場」、「榮國府遐思」、「袈裟庇蔭的境界」、「綠原上的帳房」、「拜師記盛」、「悼士濟」、「起飛的鳳蝶」、「香椿的懷念」、「歷史的心影—訪敘利亞散記」、「憶古都大馬士革」、「花園式的國都—訪羅馬尼亞散記」、「散文之花在廣泛開放」等二十三篇。這個集子裡的作品寫作時間最近，多在一九八五至八七年間。

在以上三本散文集中，可以發現一個共同特點，即文字質樸，感情純眞，毫無矯揉做作，眞是文如其人。尤其可貴的是作者富有惻隱之心，在『牛淚』這篇文中，寫他參觀康保縣一座現代化肉食品加工廠屠牛的情形充分表現出來：

「當我低頭離開那最大的屠宰車間窗口時，忽然看見從側面趕來幾頭黃牛，腳步緩慢地蠕動著，頭不搖尾不動，毫無生氣，爲首的一隻毛色蒼黃的母牛，雙眼直楞楞地瞪著，淚水濕了兩腮的皮毛，還仍然無聲地流著，流著。白眼圈紅了，黑眼珠呆呆地凝視著充滿血腥味的地面。

我眞想走過去掏出手帕，給牠擦一擦那太多的眼淚……」。

這不是文字遊戲，這是仁者之心。台灣有不少散文高手，文字華麗，如空中樓閣，卻少見這種有血有肉的作品，這正是兩岸文學的差異。

韋野先生除了散文之外，也寫了不少詩。詩彷彿是文學靑年的入門之路，韋野也不例外，但結集的只有一本。在《故鄉的月季》中收集了「五峰山」等四十多首。

他的詩和大陸多數詩人一樣，走的也是現實主義的路子。但散文的句法多，詩的語言少，詩和散文不同，詩有獨特的語言，不用詩的語言就很難產生詩的意象美。

韋野先生因爲職業的關係，他的生活經驗相當豐富，這是作家的創作資源，因此也形成了他自己的文學觀：

「生活永遠是文學的母親。」

他在「散文創作斷想」中也說：

「我感到文學創作是一種生活，是活生生的富有生命光彩的生活，而不是受教程式的概念定義駕馭的條文。……」

由此可見他對生活的重視。事實上也是沒有生活就沒有文學。但作爲一個作家，除了應該重視生活經驗重視眞實世界之外，同時也應該擴展內心世界與想像空間。如此相輔相成作品才能多釆多姿。

詩壇中堅堯山壁

堯山壁，一九三九年農曆六月十六日生，河北隆堯縣南汪店村人。一九六二年畢業於河北大學中文系。十五歲開始發表作品，二十五歲由基層調爲河北省文聯專業作家。四十六歲當選河北作家協會主席。長期從事詩歌創作，兼寫劇本，近年以散文與文學理論爲主。出版有詩集『山水新歌』、『渡江曲』、『金翅歌』、『峰煙、青山』、『春的雕像』、『倒淌河』、『我的北方』等；散文集『母親的河』、『訪問手記』、『山水風流』；評論集『嚶鳴集』、劇本『掏雞』、『小白菜』等。

堯山壁出生只有十四天，他父親就死於抗日戰爭，從小孤苦，與寡母相依爲命，大學中文系畢業後又從事基層工作，所以在生活體驗和文學修養方面，都奠定了他的創作基礎。

他的詩集『我的北方』，是他近年的一本選集，共分「心中的瀑布」、「山憶」、「生活的舢板」、「遠去的駝鈴」、「綠色的旋律」五輯，共八十首。其中「山旺化石」是五首組詩，實際上是八十四首。

他的詩很重視節奏、韻律，文字的組合也很恰當，所以每一首詩都很協調和諧，主題也不含糊，絕不會讓人猜謎。而且每一首詩都言之有物，絕非夢話、囈語。他寫的都是現實人生，不是天國神話，也不是地獄鬼話。正如杜甫詩多屬憂國憂時，民生疾苦之作一樣，如「春望」：

國破山河在，城春草木深，感時花濺淚，恨別鳥驚心；
烽火連三月，家書抵萬金。白頭搔更短，渾欲不勝簪。

又如杜荀鶴的「山中寡婦」寫民生疾苦不但足與老杜寫戰亂的詩媲美，簡直可以抵得上一部好的長篇小說：

夫因兵亂守蓬茅，麻苧衣衫鬢髮焦。
桑柘廢來猶納稅，田園荒後尚徵苗；
時挑野菜和根煮，旋斫生柴帶葉燒。
任是深山更深處，也應無計避徵徭！

由於個人遭遇和生活體驗不同，因此我們不能要求杜甫、杜荀鶴也寫杜牧的「遣懷」這樣的詩：

落魄江湖載酒行，楚腰腸斷掌中輕。
十年一覺揚州夢，贏得青樓薄倖名。

同樣的道理，我們也不能要求大陸詩人堯山壁，寫出台灣某些詩人一樣令人如墮五里霧中的現代詩。因爲兩岸隔絕四十年，在文學方面也不是息息相通的。生存環境與條件自然不相同，何況文學作品更是因人而異，不能求同。

《我的北方》這本集子裡的「鳥巢」、「炊煙」、「老槐樹下」、「七月草原」、「蝴蝶」、「百靈鳥」、「小灤河懷古」、「對山松」、「山旺化石」組詩五首，都是好詩。

《鳥巢》是寫清朝西陵陵寢殿宇上住的鳥群。這首詩不但節奏韻律和諧，還表現了一些人生哲理：

歡天喜地的鳥兒們，
不理會一個封建王朝。
金碧輝煌的陵寢，
卻做了鳥的巢。

這是這首十六行詩的起頭第一段。起頭好，因此結尾一段四行的呼應尤妙：

我讚美陵寢上的小鳥，
千萬個自由的符號。
活躍了，渺小的偉大，
死去了，偉大的渺小。

從這首詩裡我們可以發現他駕馭文字的能力很高，運用詩的語言技巧十分純熟。他不受西方影響，沒有不中不西的語言，純用中國文字、語言，走出中國新詩的道路，自己的道路，這是一個非常可喜的現象。

『炊煙』也寫出了「山村特殊的語言」和「十年浩劫」、「家家煙囪都吐著憤懣」以及近年的「炊煙」，「不像」新婚的新郎「喝醉酒的身段：」。這是一首反映社會現象的寫實詩，但他用的是詩的語言，「喝醉酒的身段……」絕不是散文語言，散文語言不能產生詩的美感。

『老槐樹下』開頭兩段就勾勒出了農業社會古意盎然的形象：

幾把蒲扇，一壺香茶，
老槐樹撐開了大傘，
莊户人家的涼亭，大廈。

月光如水，
從枝葉間瀉下，
潑一幅寫意的水墨畫。

這首詩很能使生活在工商業社會的台灣詩人發思古之幽情，尤其是我們這種年齡從大陸渡海來台的人，都很熟悉那個廣大的農業社會。不管是「老槐樹下」也好，老楊樹下也好，那是中國人的生活，絕不是今天的電影、電視劇裡面晚上朋友們在豪華的客廳聊天舉高腳杯喝洋酒的場面。其實台灣社會還沒有普遍到這種地步，那種裝模作樣，領導洋化看了有些令人噁心。

『七月草原』是寫塞外錫林郭勒七月間草長馬騰的景象，這和「草長鶯飛」的江南春天風光是不同的：

七月雨，點點滴滴，
液化著積蓄一冬的力，
草兒發瘋地生長，
要漲滿短的無霜期。

風兒歡快地追趕馬啼，
把世上一切色彩收集，

……………

這種景象不是鶯飛草長的江南所有，更不是台灣所有，七月的江南已入盛夏，台灣更開始進入颱風季了。祖宗遺留我們後人這一片廣大土地，足夠詩人作家的彩筆馳騁，何必要小器到侷限於什麼鹽份地帶呢？去大陸看看走走吧，塞外也好，西北也好，東北也好，文學資源都很豐富，取之不盡，用之不竭。睜大眼睛，敞開胸襟，再創造一個中國的文學盛唐世紀，不要再捧著金飯盌討飯了！

台灣養鳥的風氣很盛，但無論畫眉、百靈、雲雀，江南很多，但百靈鳥卻以生長草原者馳名。堯山壁的「百靈鳥」也是寫實之作：

地上唱歌，

地上做窩，
連身上的羽毛，
也都是大地的顏色。

不學雲雀嚮往藍天，
不像燕子追逐暖和，
你執著地追求
像牧民一樣忠實地生活。
……

百靈鳥的生態、習性，這首詩裡都交代很清楚。

而「小灤河懷古」，雖然只有短短的四段、十六行，卻是一首氣魄很大的懷古之作，幾可直追南宋詞人汪元量的「鶯啼序（重過金陵）」。

木蘭圍場一望無際，
還響著二百多年前的馬蹄，
小灤河彎成一張弓，
在誇耀康熙大帝的臂力。

把橫斷山摟在懷裏，
把興安嶺摟在懷裏，
把天山摟在懷裏，
把岡底斯山摟在懷裏。

然後，他隆起筋腱，
與北方的大熊較力，
把野心推後了三千里，
把寒流推後了三千里。

比李廣還長的手臂，
不光有射虎的力氣，
他還比成吉思汗，
多拿起了一枝毛筆。

這首詩的文字語言十分簡練，卻表現了中國詩人和中華民族的無限魄力，這比毛某「沁園春」的個人英雄主義、帝王思想可愛多了。我們需要的是堯山壁這樣擁抱整個中華民族、中華文化的詩人。

「對山松」有詞的句法、詞的優美。這是台灣新詩人所不取、所要斬斷的傳統詩詞尾巴。但那些反對的人實在不瞭解傳統詩詞是中國文學的精華。堯山壁是中國文學系出身的，他瞭解，而且他運用上了。盲目崇拜西洋有害無益。新詩不能自絕於中國傳統詩詞，應該多向傳統詩詞吸收營養。如何運用？如何創新？那就存乎一心了。新詩的根本問題不在形式，而在語言的創造、意象的更新、音節的和諧。

《山旺化石》組詩五首，首首都好。他賦予化石以新的生命，新的意象。如「山東鳥化石」：

飛越一千五百萬年長空，
搧動你有力的翅膀，
今天款款降落，
帶來了什麼吉祥？

歡迎你來做窩吧，
在新中國繁茂的枝葉上，
聽到一種古老的歌唱。

又如《蝌蚪化石》：

一千五百萬年，
彷彿也是一刹那，
頑皮的小蝌蚪，
還沒有甩掉尾巴。

斷言它的一生，
再也變不成蛙，
離開了水和游泳，
也就不再進化。

堯山壁不是一位飛揚跋扈，目中無人的狂人。他是一位十分篤實，才華內斂，沈靜謙虛，富有中國倫理觀念的詩人。他不但孝順，對前輩詩人田間、張志民，尊之爲師，對於才氣縱橫的郭小川，他不但毫不嫉妒，不想打倒他，字裡行間更是由衷的尊敬。這和此地的一些急於出頭的詩人是大不相同的。不但堯山壁如此，我發現很多大陸詩人作家，大都重視「文學倫理」、敬老尊賢，沒有搶著「接棒」的心理。他們多具有中國傳統詩人作家溫柔敦厚的氣質。不但作品很少西化，作者亦復如此。他們都很有「中國味」，也許有些泥土氣，可是絕無「洋」癲瘋。

堯山壁不但是一位成熟穩健篤實的詩人，以他的年齡和詩來說，可以稱爲大陸詩壇的中堅。他的散文也好，質樸中自見才華。「母親的河」中收集了三十八篇散文，如「母親的河」、「父親」、「悼田間師」、「去到郭小川的故鄉」等，都眞情感人。

他的文學觀是：

「文學是人學。詩，力與美的和諧。中國文學並不比西方遜色。文學傳統是奔流的江河。」

有這樣的文學理念，所以才能創作出他那樣的文學作品。一點也不偶然。他只要能堅持這樣的文學理念，以後一定會寫出更多更成功的作品。

戴硯田的「摔倒」

戴硯田，筆名路拾，五十七歲，河北省昌黎縣人。一九五〇年起在報刊發表散文、詩作。著有詩集「春的兒女」、「渴慕」，散文集「愛的期待」、散文詩集「星光星光」。一九八三年加入中國作家協會。現任河北作協常務理事。世界華文詩人協會理事。

「渴慕」是一九九〇年一月廣州花城出版社出版的近作。分「帆影」、「有一隻眼睛」兩輯，共八十六首。

他的詩大多平淡，說明多於描寫，缺少感染力量。屬於沒有什麼毛病，也沒有什麼特色的詩。他似乎缺少「語不驚人死不休」的鍥而不捨的創作精神，和創作的突然暴發力，這種突然暴發力往往是神來之筆。詩人作家都很需要這種神來之筆，直扣讀者心弦，而產生共鳴。

在這個集子裡比較突出是「短牆」、「晚歸」、「摔倒」這幾首短詩。尤其是「摔倒」這八行短詩，將作者自己完全突顯出來，最後一句「橫空而出」，氣勢力量都足。這首詩編在集子的最後，可以算是壓卷之作。

摔倒

就是摔倒在地
也要摔出一個優美的姿勢。
不是敗將的狼狽，
而是勇者的進擊；
不要笑，準備好，
看我支肘將頭顱抬起。
一座傲骨嶙峋的岩巒，
橫空出世！

「岩巒」如能改爲「岩石」更好。一字之易，不但音韻更加鏗鏘，「岩石」也比「岩巒」更易「橫空而出」。但願作者在人生的道路上能「橫空而出」，在創作的道路上也能「橫空而出」。

郭秋良的『康熙皇帝』

郭秋良，筆名燕迅，河北衡水市人，今年五十四歲（一九三六年生）。一九五七年二十一歲時出版了第一本書，二十八歲開始在大報刊發表散文。近年潛心於中國歷史題材的長篇小說創作。已出版「康熙皇帝」、「康熙皇帝演義」、歷史文化著作「避暑山莊史話」、「歷史小說我見」、「民族文化與文學創作」、及以著名皇家古典園林避暑山莊與康熙、乾隆皇帝狩獵的木蘭圍場爲題材的散文作品「山莊湖色」、「木蘭月」、「彩虹下的森林」、「東方美神」。另有散文集「熱河冷豔」、「虞美人」、中篇小說「燕山群星」等。

現爲中國作家協會會員、中國散文學會理事、河北作家協會主席團委員、中國大衆文學會理事。河北作家都很質樸，郭秋良看來更加質樸無華。座談時他講話不多，他送了我一本歷史小說「康熙皇帝」。

康熙皇帝雖是滿人入主中華，但他文治武功多有建樹，不失爲一位英明的皇帝。單以他命詞臣輯編全唐詩四萬八千九百餘首，二千五百餘人，釐爲九百卷一事而言，就是一大文化建設，眞可謂集全唐詩之大成，起全唐詩人於地下。如果不是一位心中有「文化」的皇帝，怎麼會作這種「不急之務」？上有好爲者，下必有甚焉者矣。一位滿人皇帝能如此弘揚中華文化，那就是一位好皇帝了。但是郭秋良先生不是從這一觀點來寫康熙皇帝，來歌功頌德，他是寫少年的康熙和老年的輔政鰲拜的權力鬥爭的。

未看「康熙皇帝」之前，我對這本書沒有多大興趣，對郭秋良先生也沒有什麼信心。因爲某歷史小說作家的「歷史小說」，多半將歷史和人物都糟蹋了，甚至汙染了，如「李清照」即其一例。當年很多作家都爲李清照憤憤不平，對作者不齒。

歷史小說好寫也不好寫。好寫的是有現成的材料，在故事、人物方面不必挖空心思自己編造；不好寫的是要忠於史實，作者自己發揮的空間較小。能忠於史實，而又在人物、故事方面適當地加工，使它成爲一部活的小說，而不只是死的歷史，這樣才能算是「歷史小說」。如「三國演義」、「水滸傳」，那就是最好的歷史小說了。要寫出這樣的歷史小說，作者除了必須具備史識之外，那還要有一枝生花的妙筆，二者缺一不可。

郭秋良先生在史料的蒐集方面自然相當容易，對故宮的實地參觀了解也不是難事，這是他在先天上的有利條件。他的課題是在故事情節方面如何佈局、穿插；在人物性格方面如何加工、粉飾了。這是一個小說家的天職。

作者在故事佈局、情節穿插方面，都作得很好。

前面的楔子是一個浪漫的滿族神話，作者藉著這個「神話」把滿族歷史交代清楚，然後是滿人入關，直到康熙八歲即位，由索尼、蘇克薩哈、遏必隆、鰲拜四人輔政。鰲拜專權，圈換土地，私心自用，與立志革新進取，想使中華繁榮強盛的康熙，展開一場權力鬥爭，亦展開這本歷史小說的序幕。

正文共分九章，第一章以鰲拜爪牙緝捕正白旗牛祿（八旗中下級官吏）塔思拉，鰲拜在府邸將他剖腹挖心魔死開始。這位塔思拉是一位很好的引線，因爲他的女兒蘇麻喇姑是慈寧宮的貞容（女官），她不但侍候康熙祖母太皇太后吉特氏，而這位太皇太后又非等閒之輩，她就是親勸洪承疇降清成功、底定滿清兩百多年江山的既美麗又深謀遠慮的女人；而蘇麻喇姑不但容貌出眾、身材窈窕、賢淑聰慧、溫婉體貼，而且她教康熙習字，耳鬢廝磨，康熙又對她情有獨鍾的少女。她對康熙更是忠心耿耿。這一父一女的穿針引線，故事的發展就十分自然而且在權力鬥爭之中還有人性的另一面，是一個可取的手法。

第三章寫康熙微服私訪，在一桿圈地的三角旗邊，發現一個羸瘦的女孩正守候在地老鼠洞邊，兩眼盯看一個男孩用破桶往洞裡灌水，逼出地老鼠，好抓住吃，抓到了又交給白髮蒼蒼、病魔纏身的爺爺，老人扒下鼠皮又遞給小女孩讓她吃，女孩餓極了，大口大口地嚼起來吃。老人向天喊叫：

「天哪，你怎麼不打雷啊？快打雷把鰲拜老賊劈死吧！」還喃喃地說：「這遍地的地老鼠，一個一個都是鰲拜啊……」

康熙「啪」的一聲，一條皮鞭抽在一隻地老鼠身上，地老鼠頓時斃命……。

這氣氛和氣勢，作者製造得很好，一方面表示民不聊生，一方面表示康熙決心要除掉鰲拜，將故事推到一個重要關鍵，然後一波波上升，一直到康熙親政，除掉鰲拜。但結尾還有餘音，一是因爲太皇太后爲了除掉鰲拜，以輔政索尼的孫女作爲康熙皇后，這是政治婚姻；而將蘇麻喇姑又指配給康熙侍衛班領索額圖爲妻，這又是太皇太后的政治手段。但蘇麻喇姑對康熙忠貞不二（康熙曾私幸她），請准削髮爲尼，她向康熙告辭時，兩人的傷心無奈，令人低徊扼腕，但康熙隨即被平南王吳三桂陰謀造反的密報轉移了注意力。兒女情長又不敵江山萬里的政治權力。這種結局合情合理，而有餘音。因爲胸懷社稷、雄才大略的康熙，不是風花雪月、幾曾識干戈、揮淚對宮娥的李後主。

在人物方面，寫歷史小說只能算是「加工」、「塗脂抹粉」，不能算是創造；無中生有的純小說人物，才能算是創造。尤其是康熙、鰲拜，這種眞實的人物，模型俱在，不能太離譜，只能修飾、加工。不過郭秋良先生在這方面表現得不錯，心理、性格的刻劃方面，頗具功力。

在第四章第四節寫康熙發現侍衛那倫是鰲拜的「坐探」，他不但不和索額圖一般見識，逮那倫治罪，反而要索額圖去御膳房傳口諭，做幾樣餑餑，要索額圖送給那倫，說是他的賞賜。索額圖說：

「皇上，那倫在宮中充當鰲拜的坐探，不治罪也就可以了，怎麼還賞他？……」

「去吧，日後你就明白了。」康熙說。

那倫日後果爲康熙效命。作者寫康熙的心機深沉，此處輕輕一點，性格就托出來了。此外他也寫過康熙的鷹嘴鼻，有這種鼻子的人，絕不厚道，所以後來鰲拜要殺另一位輔正蘇克薩哈，他未極力阻止，也順水推舟，借刀殺人。

第六章第四節寫康熙英明，禮賢下士，下訪漢儒侯萬昆的謙虛、大度、也很不錯。

寫康熙為了掩鰲拜耳目，混淆鰲拜視聽，故意在聞知鰲拜前來名為請安，實則觀察虛實時，匆促與索額圖以鬥蟋蟀作障眼法。當鰲拜走到康熙身旁，說：

「奴才恭請聖安。」

康熙似乎沒有聽見，他仍望著罐內，對索額圖說：

「我就不信，你的金頭老虎能鬥過我的無敵將軍──看，無敵將軍上去了，鰲拜，你來看呀！」

鰲拜說：「奴才有事奏知皇上。」

康熙說：「我這不是正鬥蛐蛐哪！」說著又把鼠鬚探子伸進蛐蛐罐裡。

鰲拜只好走了，但康熙興猶未盡，假戲真做起來。當索額圖的金頭老虎把康熙的無敵將軍的一隻腿咬了下來，康熙的嘴臉又不同了。

康熙勃然大怒，伸手就到罐內去捉金頭老虎，金頭老虎鳴叫著蹦出了蛐蛐罐。康熙三撲兩撲抓住了它，一下揪斷它兩條大腿，又將它摔死在地上。

索額圖愕然地望著康熙說：「這──」

康熙憤憤地說：「它敢勝了我的無敵將軍，不要命啦！」

「可這是遊戲啊！」

康熙紅著臉說：「遊戲，你怎麼不叫你的蛐蛐輸了？你怎麼不讓著點兒！你還比我大兩歲哪！」

以上這兩段文字心理描寫很好，把康熙的性格和盤托出，使康熙原形畢露了。雖然康熙這個人物不是向壁虛構的，作者能寫到這種地步，也就深知小說三昧了。

康熙這位皇上主角，作者寫得相當成功，鰲拜的專橫跋扈；太皇太后的精明老練深沈；蘇麻喇姑的秀外慧中、溫婉、柔順、忠貞；以及其他相關人物，都寫得不差。

「康熙皇帝」這部十七萬字的歷史小說自然不能與「三國演義」、「水滸傳」那種皇皇巨著相比，但是一部相當成功的歷史小說，如果作者能著眼於整個愛新覺羅王朝和對中華民族歷史文化的深遠影響，以康熙爲中心，放開來寫，不限於「宮廷除奸」，那就不難寫出一部大歷史小說了。他的「康熙皇帝演義」我沒有看過，不知道是不是一部大歷史小說？

我覺得郭秋良是一位成熟的作家，大陸上這幾十年的大動亂，他都親眼目擊過，是過來人，他不妨多費點時間精力，冷靜客觀地站在全中國人的立場上，創作出一部大長篇小說來。縱然客觀環境有不少顧慮，但不必急著發表出版，留它十年二十年再看。一是他還在壯年，可以等；二是他有固定收入，不必靠稿費生活。文學的生命總比個人的生命長，也比政治生命長。以康熙這樣英明的皇帝來說，愛新覺羅王朝也不過維持兩百多年，而同屬八旗子弟，既無功名，後來又衣食不周的曹雪芹（他的祖父曹寅是助康熙擒拿鰲拜的現場指揮），卻以一部『紅樓夢』永垂不朽，流芳萬世。作家個人的這種全心全力投入是値得的。我不僅期望郭秋良如此，也希望大陸上所有有能力有信心的作家，也有這種抱負。文學、文化才是源遠流長的，而創作又比寫歷史小說更有意義。如果天假我以年，七十歲以後我還願意再出發，出了《紅塵》，再入紅塵，為再創作鋪路。

原載一九九〇年臺北市大成報

二〇〇〇年[illegible]於北投
[illegible]

[redacted]鐵凝的「玫瑰門」

鐵凝，一九五七年生於北京，祖籍河北趙縣。一九七五年高中畢業於保定市，同年六月赴河北博野縣插隊。一九七九年調保定地區文聯「花山」編輯部任小說編輯，一九八四年調河北省文聯從事專業創作。一九八二年加入中國作家協會。現任中國作協[redacted]主席。

一九七五年開始發表作品，迄今發表中短篇小說七十餘篇，及電影文學劇本、散文、報告文學約一百五十餘萬字。其短篇小說「哦，香雪」獲一九八二年全國優秀短篇小說獎及首屆青年文學創作獎；「沒有紐扣的紅襯衫」、「六月的話題」分別獲一九八四年全國優秀中短篇小說獎；「麥秸垜」獲一九八六—一九八七年「中短篇小說選刊」優秀作品獎。第一本短篇小說集「夜路」是一九八〇年出版，中篇兒童文學「紅屋頂」是一九八四年出版。「沒有紐扣的紅襯衫」台北新地出版社亦會出版，長篇小說「玫瑰門」於一九八八年七月完稿，一九八九年由北京作家出版社出版，這是她的第一部長篇小說，共三十六萬四千字。[redacted]

鐵凝是我在北京兩次作家座談會中遇見的最年輕的小說家，她送我的大作就是[redacted]玫瑰門》精裝本。以印刷水準來說，在大陸應該算是「高檔」的。

我寫完《郭秋良的康熙皇帝》之後，就開始讀她的《玫瑰門》，一接觸我就覺得這是一本與「康熙皇帝」完全不同的小說，不只是時代背景不同，語言文字結構、表現方法也完全不同。郭秋良用的是道地的中國文字語言結構，而且帶點京腔京味。鐵凝用的雖是中國文字，但在文字和語言結構方面卻是十分西化的，而且其表現方法又是意識流，存在主義的翻版，顯然她是受了吳爾芙、沙特、卡謬的流風深重的影響，這很容易使我想起十幾二十年前台灣文壇一些年輕作者的那個調調，那股狄斯可霹靂舞般的旋風。但「飄風不終朝」，那股吳爾芙、沙特、卡謬的旋風，在台灣也老早消聲匿跡了。

我以最大的耐心來讀《玫瑰門》，[redacted]每天一起來就感到很大的壓力，原因是她好意送我這本精裝書，我又千里迢迢地親自把它帶回台北，沒有隨其他書籍托運，我希望在大陸年輕的一代作家中淘金，所以我特別仔細地閱讀，用紅筆作記號。因為她的文字語言結構很西化，我又想跟著她的意識流動抓住一些要點，[redacted]。

[redacted]我看完《玫瑰門》一一五頁，[redacted]翻閱最後一頁結尾，女主角蘇眉（眉眉）生了一個女兒，她想給女兒「起」一（應為取）名狗狗，因為她嫁給美國人的妹妹蘇瑋，她丈夫尼爾花了八百美金替蘇瑋買了一頭德國純種母狗，蘇瑋給牠作了絕育手術，作者想給自己女兒取名狗狗，可能寓意諷刺。

據我瞭解，《玫瑰門》的時代背景是文革十年[redacted]。本書一開頭就寫蘇瑋嫁了一個美國人尼爾，蘇瑋隨夫回國，蘇眉趕來送行，一直把妹妹送上飛機才回來。第二章就展開蘇眉（眉眉）的父親被[redacted]

剃陰陽頭，被侮辱……她母親把她送到外婆司猗紋家寄養的故事。作者用了很多筆墨寫揹了資產階級包袱的司猗紋，爲了「站出來」，爭取「紅袖章」，自動獻出財產，以及不男不女，神經兮兮的司猗紋的小姑「姑爸」和司猗紋之間的矛盾，再加上司猗紋的兒子莊坦、媳婦竹西和眉眉這個寄人籬下的小女孩的尷尬處境。

《玫瑰門》的人物不多，故事也相當單純，主題顯然是對文革的諷刺抗議。

大陸作家一談起文革都稱「十年浩劫」，大家心裡都很不滿。他們和我說話時一點也不忌諱。有一位相當有名的老小說家，住在北京，卻沒有讓他和我見面。我偶然問起他時，朋友只輕描淡寫地對我說：

「文革時大家對他的印象不好，現在也沒有多少人理他。你不必和他見面。」

我回台北以後，武漢市文聯副主席洪洋先生卻寫信告訴我，說十月下旬要給他在武漢舉行創作六十年的學術討論會，他向洪洋先生多次提出要請我出席，我因爲要趕寫《大陸文學之旅》，不能參加，十分抱歉。文革的悲劇，大陸作家受害最多最深。因此批判文革的作品都相當尖銳、大膽、《玫瑰門》還是相當謹慎小心。

鐵凝的年齡正是當時戴紅袖章的「革命小將」年齡，她對於那個時代自然熟悉，她選擇這類的題材不錯，問題是文字語言結構，表現方法也取法乎下，因此怎麼看都找不出中國文學作品的面貌，嗅不到中國文學作品的韻味。如果是用英文或法文寫，可能好些，但她用的却是中文和中國語言。任何語文都有它的特性和優點以及民族屬性、文化屬性，中國文字語言更是世界第一流的，尤其是京腔京調更加優美，因爲北京不但具有中國五千年歷史文化的傳統，更是幾百年的首都，所以它的文化資源特別豐富，只要聽聽北京人講話，就是一大享受，它比中國任何地方的語言都有韻味，都好聽，而鐵凝生於北京，卻未能運用中國文字語言的雙重優勢，反而用那種不中不西十分累贅的西化語文結構，我眞替她十分可惜，我隨便舉出一一一頁的一段文字爲例：

大人拚命地要求孩子別撒謊多半是怕自己受孩子騙；孩子有時候不撒謊是沒料到不撒謊會給他帶來怎樣的惡果。當你站在「紅衛」副食店喪失了記憶耽誤了「好多年」的時候，你首先想到告訴婆婆你跑了好多好多商店。說這是一個謊還不如說是對你那常人所不知的「記憶空白」的遮擋那原本就用不著公諸於眾。

你在肯定撒謊吧蘇眉。

像這樣的語言文字結構全書皆是，很多比這更難令人捉摸，更不精確的文句比比皆是，該打標點的地方也不打標點，而人稱顚顚倒倒，時間錯亂，再加上冗長的獨白囈語，眞使人頭暈腦脹。因此看這種小說[redacted]特別吃力[redacted]。我虐待了自己幾天，實在沒有勇氣繼續讀下去。這種情形二十年前就在台灣文壇發生過。想不到二十年後重現於大陸！這實在是文字和精力的無效運用。台灣青年人走了一段冤枉路，大陸青年人又在重複。我相信鐵凝不會是吳爾芙、沙特、卡謬的嫡傳弟子，也許是三傳四傳，十之七八可能是台灣傳過去的。因為第二天我和北京市的作家管樺（小說家、畫家、北京市作家協會主席）、古繼堂（評論家、中國社會科學院文學研究所副研究員）、陶嘉善（詩人、華聲報社副主編）、程樹榛（小說家、人民文學主編）、鄧友梅（小說家、中國作家協會理事、主席團委員、市作協常務理事）、從維熙（小說家、中國作家出版社社長、總編輯）、張志民（詩人、「詩刊」主編」）、趙大年（小說家）、王志遠（佛學家、北京幽州書院副院長、老舍研究會常務理事兼副秘書長）、孟偉哉（小說家、中國文聯秘書長）、楊犁（中國現代文學館館長）、舒乙（老舍公子、作家、中國現代文學館副館長）、劉麟（中國現代文學館副館長）等座談時，大都一致肯定中國歷史、文化、文學源遠流長，根基深厚的優越性和價值，對於受台灣現代詩影響的大陸「朦朧詩」更不苟同，友梅先生還當場活靈活現地唸了幾句現代「朦朧詩」而引起哄堂大笑，可見兩岸成熟的詩人作家看法一致。只是台灣「旋風」早已過去，大陸在文學標新立異方面已經落後台灣二十年。不過他們說大陸「朦朧詩」也再朦朧不下去了。而我更遺憾的是現在看到的不論作品和人都沒有北京味的老作家老舍。

鐵凝的《玫瑰門》是我看到的第一部這一類的青年人求新的長篇。畢竟她太年輕，年輕人總以為新的就是好的，其實這種小說早已不新了。郭秋良就能運用中國文字語言的優點，老舍更是道地的中國作家，他的作品更有「京味兒」。正如三十年代小說家端木蕻良先生於一九八六年八月二十三日在北京舉行的老舍創作討論會上所說：「……老舍先生的創作是多方面的，他既對中國文學有很多的了解，對中國傳統的東西也很熟悉，但從來不炫耀這一點。他的作品，一看就是中國人講中國話，中國語言是世界最豐富的語言，老舍先生把這點吃透了，他從不用現成語，而是用北京話拐彎抹角地說，可又清楚、明白，直來直去。另外他非常重視文法，他既重視文法，又沒被框住，值得我們好好學習……」。

端木蕻良本身是位三十年代的小說家，所以他講的都是內行話，這番話不但值得鐵凝小姐深思，同樣值得台灣詩人小說家深思。

鐵凝小姐是一位走運的青年作家，看來也是一位有思想智慧的人，我是就書論書。希望她不要見怪。她其他的作品我沒有看過，究竟如何？我不敢「以偏概全」。

文字、語言，是文學創作的工具。「工欲善其事，必先利其器」。凡文字語言能直指人心，穿透人心的作品，必然是好作品；反之則否。不論怎樣標新立異，不論用什麼「主義」，如不能巧妙地運用文字語言，都是徒然，充其量騙騙外行，哄哄自己而已。作家應該追求的是「文學價值」，不是「市場行情」。反其道而行者，最好經商。

原載一九九〇年臺北市大成報

要注：鐵凝已是中國作家協會主席。

二〇〇七年[illegible]月[illegible]日夜 重讀 劉

[illegible]

深得小說三昧的鄧友梅

鄧友梅，一九三一年出生於天津，原籍山東平原縣，久居北京。一九四二年從軍。五十年代開始創作，一九五七年劃爲右派。粉碎四人幫後重新執筆。著作有「在懸岩上」、「我們的軍長」、「話說陶然亭」、「尋找畫兒韓」、「追趕隊伍的女兵們」、「那五」、「烟壺」、「四海居軼話」等中篇小說。曾獲「處女地」小說獎，全國優秀短篇小說獎，全國優秀中篇小說獎。現任中國作家協會主席團委員、理事，北京市作家協會常務理事。

鄧先生是出席北京作家和我的座談會又參加晚上七十賤辰慶生會的重要作家之一。在座談時我就發現他豪爽、敢言，他即席口占的幾句「朦朧詩」，引起哄堂大笑。我便知道他是一位肯定中國文化、中國文學，反對盲目崇洋的作家。我也看出他是一位有自信、有原則而不模稜兩可的人，具有這種氣質的人，會是眞正成功的人，即使失敗，也光明磊落。

原先我對他一無所知，是詩人還是小說家？我都不清楚。直到我回台北以後，拜讀他送我的「鄧友梅集」，「追趕隊伍的女兵們」還沒有看完，我便對他另眼相看，我認爲我總算遇到了一位道地的中國小說家。

「鄧友梅集」收集了「追趕隊伍的女兵們」、「別了，瀨戶內海」、「那五」、「烟壺」四個中篇小說，由福州海峽文藝出版社出版。

作者在書後「一點探索」一文中，談到他的創作觀點。如果去掉「馬克思主義的世界觀、歷史觀」和「無產階級的觀點」這兩個死硬的框框，大致上都是中肯的。在大陸上那種創作環境裡，作者不能取下這兩個緊箍咒，是情有可原的。他說的「在生活中，各階層、各行業的人實際上摻合，生活在一個統一體中。……」以及「把小說當小說寫，不當『政府公報』和『學習文件』寫。……」這種創作觀是正確的。一切文學作品，必須基於人性。凡是成功的文學作品，都是能精確地表現人性的作品。文學一淪爲[redacted]教條，必然失敗。至於在小說創作的手段方面，他說「就是用北京口語，寫北京人的生活。」這點也是很正確的。小說的語言不是詩的語言，但小說也是語言的藝術，一部成功的小說，就是語言運用的成功，而北京語言又是全中國最優美的語言，而作者用北京口語寫「那五」和「烟壺」就運用得很好，作者久居北京，他利用了他的先天優勢，這是「高招」，所以我特別欣賞。而在「追趕隊伍的女兵們」和「別了，瀨戶內海！」這兩個中篇中，語言的運用也很成功。曹雪芹在《紅樓夢》裡的語言，是提煉了的北京各階層的語言，而且多貴族語言，所以雅的多；而劉姥姥的語言又不失村味，這就是學問，就是小說大家。鄧友梅先生，在現代小說家中，是極少數極少數能得此中三味的人。和一些自以爲「前衛」、「西化」的作者運用西方語言寫中國小說，弄成不中不西，非驢非馬，相去不可以道里計。

鄧先生不僅在語言運用方面成功，在故事布局結構，人物創造方面也相當成功。

「追趕隊伍的女兵們」是寫高憶嚴、俞潔、高杮兒三位女孩子在華東戰場上的戰鬥生活故事。這是一篇富有意識形態主觀的小說，正如台灣作家早年所寫的戰鬥小說主題一樣。但由於作者的生活體驗深，寫作技巧相當成熟，因此八股味也相對降低了不少。作者不但在故事結構的經營方面頗多巧思，人物性格描寫方面亦見功力，語言亦多有特性，因此三人各不相同。這是一個不錯的中篇。

「別了，瀨戶內海！」是以倒敘的手法寫日本人在中國東北征用勞工來日本本土一家工廠碳酸鎂車間做工的故事。

作者曾經去過日本，他處理這種題材顯然作過一番調查準備工作，寫華人陸虎子、宋玉珂、孫巨等在工廠碳酸鎂車間工作情形和興亞寮華工宿舍生活情形以及舍長日人山崎的作威作福，雜工日女渡也千代子的忍氣吞聲，在故事結構、情節穿插、人物描寫方面，都很不錯。

而眞正好的還是「用北京口語，寫北京的生活」的「那五」和「烟壺」。這兩個以清末落魄的旗人王孫公子爲主角的中篇小說，不但表現了北京的民風、習俗、人情、眾生相，對那五、烏世保這些人物寫得也很深入，同時也可看出一個小說家不可缺少的世故。且引「烟壺」中兩件小事爲例：

　　烏世保想和壽明商量自己找個落腳之處，這時壽明的女人在外屋說話了。以前烏世保拿大，從未到壽明家來過，這是第一次見壽明女人。她有六十出頭了。可嗓音還挺脆生。就如她招呼女兒，說：

「招弟呀，快把這旗袍拿去當了去。當了錢買二十大錢兒肉餡，三大錢菜碼兒，咱們給烏大爺作炸醬麵吃！」

烏世保一聽，連忙站起來告辭。壽明臉都紅了，小聲說：

「咱們一快出去，我請你上門框胡同！」

烏世保說：

「別，你靴掖子裡也不大寬成吧？」

壽明說：

「別聽老娘們哭窮，那是她逐客呢。我這位賢內助五行缺金，就認識錢，咱惹不起躲得起。」

管家說：

「聶師傅，放心吧，咱九爺是難爲人的主子嗎？」作了一個眼色，叫聶小軒退下。到了外邊，他小聲說：「您放心吧，那畫稿我看過，你一手捏著卵子都能畫下來。」管家在帳房取了三百兩銀子。讓聶小軒打了手印，到門口交給聶小軒說：「你數數，可別少了。」

聶小軒一數，二百九十五兩，心中打個轉，又提出個五兩的錁子放在管家的手裡說：「多了一塊，你收去吧。」

上面這兩件小事，包涵了多大的人情世故？而作者運用北京口語又是多麼圓熟？

作者對烟壺畫家聶小軒的女兒柳娘，雖然著筆不多，却寫得很好。聶小軒原已將畫烟壺的絕技傳給烏世保，又決定將女兒柳娘許配他，因此問他：

「……世保，我問你，你是不是至今還覺著憑手藝吃飯下賤，不願把這裡當作安身立家之處呢？」

烏世保說：

「從今以後，再要三心二意，天地不容。」

聶小軒說：

「好，那你就把這兒當作家！」

烏世保跪了一跪說：

「師徒如父子，我就當您的兒子吧。」

柳娘笑了笑說：

「慢著，這個家我作一半主呢？您不問問我願意不願意？」

烏世保說：

「師妹，你還能不收留我嗎？」

柳娘說：

「不一定，我得再看看，看你能長點出息不！」

寫柳娘俏皮刁鑽，這幾句話即見端倪，後來在急難中她又快刀斬亂麻地自主迅速辦理和烏世保的婚姻大事。聶小軒說：

「拜天地，上車，這兩件大事兒你自主就辦了？」

柳娘說：

「您病著，那一位比棒槌多兩耳朵，我不自己辦誰辦？」

這幾句話又顯示了柳娘的能幹。

「那五」、「烟壺」這兩個中篇和馬克思是沒有血緣關係的，鄧友梅是「把小說當小說寫」，所以寫得很好。如果以後他能解開緊箍咒，放心放手寫他的小說，我相信他會有更大的成就。作一位道地的中國作家，寫出道地的中國小說。

北京是中國幾百年的帝都，文化根基深厚，文學語言資源豐富，住在北京的作家有福，如果能夠善為運用，必能產生震爍古今中外的中國文學。我看這個時機是快要成熟了。兩岸作家共同努力吧！

原載八十年三月二十三日青年日報副刊

墨人注：一九九〇以後至二〇〇五年，我一直不知道鄧先生的消息，何以「冠蓋滿京華，斯人獨憔悴」？一位有深度的小說家是難得一見的，如果他自甘從此在文壇消失，那是中國文學的損失。

二〇〇六年一月二十六日於北投

亦詩亦哲的黎煥頤

黎煥頤，貴州遵義人，一九三一年生。中國作家協會會員，上海「文學報」副主編、「中國詩人」主編。著有詩集「遲來的愛情」、「春天的對話」、「起飛」、「在歷史的風雪線上」、「午夜的風」、「愛在荒原」等。曾流放青藏高原，西北沙漠二十年以上。

我和雁翼及電視小組一行從北京坐火車到上海時，他到車站迎接。他給我的第一印象是：外表很像孔德成先生。頭髮禿了一半，滿臉風霜，神情嚴肅，不像詩人，倒像一位哲學家。我原以爲他比我的年紀還大，想不到他還小我十一歲。這是他流放青藏高原的昂貴代價。

他送了我兩本詩集，一本是「午夜的風」、一本是「在歷史的風雪線上」。

他不是一位夸夸而談的詩人，在我與上海作家的座談會上他似乎也沒有發言。他是一位很有思想深度而又宜於深談的詩人，可惜我沒有時間和他個別深談。

當我讀完他的兩本詩集之後，我發現他的中國文學造詣很深，尤其是傳統詩的造詣。從他在我的大陸文學之旅的紀念冊上題的「海內何妨存異己，人間難得是眞情。」兩句詩中可以概見。

黎煥頤先生是我所見到的兩岸極少數很有思想深度的詩人，他不但外貌像一位哲人，他的詩也十分沈潛、穩健、而他的文字亦十分簡鍊，遒勁，如「潼關」這首詩，開始兩句就是：「關外，是千里中原。關內，是八百里秦川。」不但氣勢雄渾，文字更無懈可擊。幾乎他所有的作品，都具有這種文字功力。因此，他的詩首首可讀，好詩的比例很高。這是十分難得的。這除了得力於他的文字功力深厚之外，應歸功於他生活的充實，思想的深沈，因此，他的詩絕非無病呻吟，沒有爲賦新詩強說愁的毛病。他在「午夜的風」這本詩集的「后記」裡的一段話對於他的爲人和作詩有最恰當的詮釋：

作爲一個詩人，除開對詩的修養、詩的藝術的追求之外，竊以爲如何作人，比如何作詩，更爲重要。詩品有三大忌：一忌無病呻吟。二忌裝腔作勢。三忌言之無物。同樣，人品也有三忌：一忌虛僞氣。二忌行幫氣。三忌銅臭氣。去此三忌，詩品人品、詩格人格，庶幾乎近矣！

黎先生的詩品和人品，的確無此三忌。而他的這一番話，尤其值得台灣詩壇警惕！反省！深思！

他的「午夜的風」詩集，是一九八八年由上海文藝出版社出版，共收集了「題在歷史的懸崖上」、「問青藏高原的山」、「潼關」、「沐浴節禮讚」、「上海風情」、「過台灣海峽」等五十首。大都是短詩。只有最後一首「呵，芬芳的露珠」較長。在詩的分行方面，也是以少勝多，如「我捧起桃李的胭脂」：

桃花凝脂。
杏花凝脂。
我喜歡在桃李樹下，
聽瀟瀟的春雨。
其至淋濕了衣服，
我仍舊依依……

從這首詩文字的組合和分行看來，亦可發現他的文字精鍊，音節韻律和諧，而又意象清新。絕無台灣「現代詩」、大陸「朦朧詩」那種晦澀，不知所云，顛顛倒倒，令人嘔吐的毛病。由於大陸如黎煥頤先生這類六十歲上下年齡層次的詩人多，而他們又繼承了中國詩詞的傳統，對中國詩詞有相當深厚的造詣，因此新詩在大陸就不完全是「橫的移植」，而有「縱的繼承」，再開新運。所以那些沒有繼承中國詩詞優良傳統的年輕的「朦朧詩人」，便如同曇花一現，不像台灣糾纏了一、二十年之久，再回歸正途。

黎先生的另一本詩集「在歷史的風雪線上」，共收集了四十二首詩，分爲「原上草」和「日月山」兩輯。這一集裡的好詩更多。我引兩首爲例：

過羊卓雍湖

修長，翠綠。
宛如絕代佳人，
幽居空谷。

溫存而不嫵媚，
綽約而有風骨。
不假胭脂，超塵脫俗，
在群山之間，脫巾獨步……

我沈醉了，完全被她俘虜。
雖然我，不是好色之徒。……

假如你問：
我醉到什麼程度？

我醉得，忘了太湖，
忘了西湖，就像魚兒一樣
在它水底出沒……

哎！要不是魚鷗亂飛，
野鶩亂舞，
我眞會忘卻此時此地
我是在五千公尺的高處！

這是一首抒情的作品，是作者流放在青藏高原的生活經歷。生長在台灣的詩人是不識太湖，不識西湖，更不知五千公尺高處還有羊卓雍湖的。

另一首「日月山」是他流放在青藏高原期間寫的。從這首詩中我們可以看出作者命運的轉變，在那個大苦難中作者的感受，二十年的流放青藏高原，使他體會出「信仰」被「拐騙」，「歷史的左轉彎」，造成了他命運的「分界線」。

日月山

日月山——
青藏高原的第一關。
關內關外，關東關西。
各有不同的地平線。

關外二十年，
關內二十年；

四十年歲月，
被日月山分成兩半！

一半是革命的青春，天眞爛漫。
一半是流放的生活，荒沙苦泉。

一半屬於火熱的愛情，
一半屬於冰冷的鎖鍊。

唯其爛漫天眞，
所以信仰才被拐騙！

唯其苦泉荒沙，
所以才識透人間的變幻！

眞是這樣嗎，日月山
你是我一生命運的分界線？

不！我命運的分界線，
是在歷史的左轉彎……。

他這首詩，不僅道出他個人的悲劇原因，也是大陸上所有詩人作家的共同惡運。老舍之死，胡風、艾青……等等，都是二十年以上的流刑。黎煥頤先生雖然遠比那些文壇前輩年輕，但以他的詩品，人品和風骨看來，他是自然會遭受同樣流刑的。他這首「日月山」的代價實在太大了！

但他認爲作人比作詩重要。他在「午夜的風」後記中所說的詩品、人品三大忌的話，的確是語重心長的話，而他的作品、人品則絕無此三大忌，其詩其人，均令人肅然起敬。

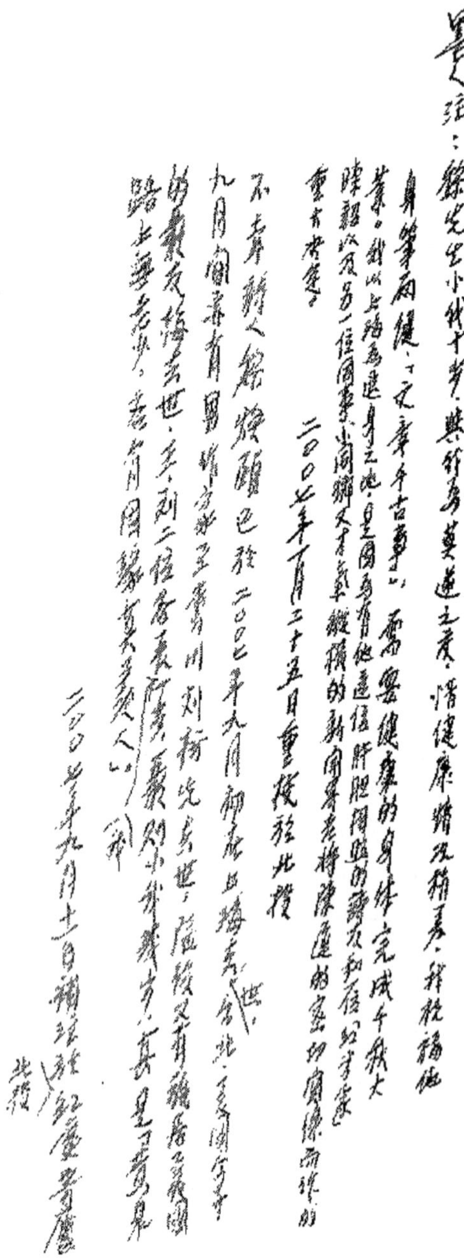

署人注：徐先生小我十歲，與我為莫逆之交，惜健康精力稍差，拜託福佑
身筆兩健，文章千古事也，需要健康的身體完成千秋大
業。我以上海為避身之地，是因為有你這位肝膽相照的詩友和在「紅學家」
陳詔以及另一位同事、小説翻譯家[illegible]的新聞界老將陳遼的密切關係而[illegible]的
雲台者矣。

二〇〇七年一月二十五日[illegible]於北[illegible]

不幸詩人徐煥頤已於二〇〇七年九月初在上海去世，令我[illegible]
九月間看見有關報刊[illegible]川劉楷先生去世，隨後又有[illegible]
的噩耗[illegible]去世。其劉二位[illegible]則小說[illegible]
路上要先走。[illegible]人。

二〇〇七年九月十七日補注於[illegible]

羅洛的「烟水亭」

羅洛，本名羅澤浦，四川成都人，現年六十三歲。中國大百科全書出版社副總編輯，中國作家協會上海分會副主席。一九四五年開始發表作品。主要作品有詩集「春天來了」（一九五三）、「雨後」（一九八三），「陽光與霧」、（一九八三）、「海之歌」（一九八四），「山水情思」（一九九○）；羅文集「人與生活」（一九五一）；評論集「詩的隨想錄」（一九八四）；譯詩集「法國現代詩選」（一九八四）、「魏爾倫詩選」（一九八七），「薩福抒情詩集」（一九八九）等。

在「十年浩劫」中，羅洛顯然停筆了。他在絲綢之路和青藏高原上，生活了二十六年，他雖然沒有說明是什麼原因？但從艾青、胡風等都有二十年以上的勞改、牢獄生活看來，他也絕不會是去旅遊的。他從一九五三年出版「雨後」，一直到一九八三年才再出版詩集，這中間有三十年的空白，這也不會是沒有原因的，對他個人來說是一個很大的損失。他在一九七九年「文革」結束後，他才恢復寫作，而在一九八一到一九八三不到三、五年時間，卻出版了三本詩集，可見他的創作力是相當旺盛的。

我五月下旬到上海，與上海作家座談時，他也是出席的作家之一，他送了我一本「海之歌」詩集「海之歌」分為「綠」、「人生」、「梔子花開」、「在絲路上」、「青藏行」五輯，共四十六首。

羅洛先生對中國傳統詩有相當素養。這可以從他送我的「海之歌」的扉頁上的五絕題句看出來：

相逢申江畔，閒話文與詩。
青山永不老，天涯共此時。

由於他並未像台灣不少新詩作者與傳統詩一刀兩斷，因此他的新詩在節奏和律韻方面相當和諧，駕馭文字的能力游刃有餘。他的作品呈現出清新、明朗、質樸、凝鍊的特色。不過五輯作品以第一輯「綠」的抒情寫景短詩最令人喜愛，而一些比較長的詩，也像一般詩人一樣，難免散文化。這是所有長詩都難避免的毛病，中國傳統詩詞亦復如此，唐宋大家亦不例外。新詩因為使用的文字本來就沒有傳統詩詞那麼簡鍊，長詩的弱點也就更為明顯。

羅洛先生的短詩是很出色的，我尤其喜歡「九江烟水亭」這首十二行短詩，他靈活地將歷史人物和地理特徵交織其中，予以詩化，是很高明的手法。「烟水亭」是九江名勝古蹟，建於城內甘棠湖中，是三國時周瑜練水師的司令台，唐朝大詩人白居易，曾經貶到江州作過司馬，他傳誦千古的「琵琶行」，就是在潯陽作的。江州、潯陽都是九江古名。我是九江人，九江、廬山當然我比外地人熟，最近三年內我曾返鄉兩次，也兩上廬山。羅洛先生雖然是成都人，但他以一個過客身份，寫出這樣的詩來，可以直追前賢李白、白居易了。其詩如下：

我來晚了，沒有看見
初升旭日沖破滿湖烟雲
不，我來早了，沒有看見
湖心明月依傍着浸月亭
且在湖邊小坐，看水波縱橫
磨礪著雙劍峰犀利的倒影
耳邊似聞金鼓，彷彿公瑾
正登台點校東吳猛將精兵

回頭望壁間畫中，潯陽江頭
多情江州司馬，淚濕青襟
有誰借石作硯，柳作筆，飽蘸湖水
譜一曲新翻琵琶聲，掃卻往昔愁雲

這首詩妙在將烟水亭的古蹟浸月亭、點將台、廬山名勝雙劍峰，再加上江州司馬白居易，天衣無縫地融爲一體，成爲一首完美的好詩。在寫古蹟名勝的新詩作品中，我還沒有看到第二首。這首「九江烟水亭」，可視爲典範之作。

墨人註：羅[illegible]先生亦是少數兼擅新詩舊詩與古典的詩人，且通詩文，爲不可多得的上駟之材。惜天不假年，中途去世，是文壇的一大損失。

二〇〇七年四月二十日於北投

翺翔者胡豐傳

胡豐傳，浙江永康縣人。生於農家，十七歲選飛入伍，二十一歲畢業於海軍航空飛行學校，三十一歲退伍。任杭州西湖雜誌社編輯多年。一九八八年發起創辦「西湖詩報」，任主編。中國作家協會浙江分會會員，詩創會主任，杭州市作協理事。從事詩創作二十餘年，「翺翔者的歌」是他的選集，共選作品一百首。

他早期的作品，節奏韻律都很和諧，但意象不足。一九八〇年以後的作品，突飛猛進，彌補了早期的弱點，不但文字更加洗鍊，在意象方面且多創建。他不是一位全憑靈感創作的詩人，他的詩多半經過醞釀、修改的過程再正式推出。

「翺翔者的歌」分爲「盜火者的自白」、「翺翔者的歌」、「西湖女神」三輯，而以第一輯裡的好詩較多。這一輯裡的「導游」，無論文字的組合、分行、分段、音節、韻律、意象，都很不錯。

正是山重水複之時

我仍癡迷地跟隨你
去領略山的風采
水的韻致
我曾卻步於危岩
驚悸於深谷
懾足於荆叢
而你還悠悠然導引我
一步步從盤曲小徑
直抵金頂

臨風俯瞰，忽見一隻金絲雀
正從幽谷的綠雲深處
騰空而起，銜歌而去

這首詩完全用的是詩的語言，沒有一點散文味。因此表現了詩的優美。
「西湖女神」這一輯裡好詩也相當多，「西湖戀曲」就是一首抒情寫景的好詩：

玻璃，沒有你光潤，
藍緞，不如你輕柔，
一葉葉扁舟，
載去人間幾許閒愁……

山不能背走，欲行又止。
湖不能背走，欲別還留。
待到日暮人不知，
折取一枝西湖柳……

第一段寫西湖之美恰到好處。第二段想把西湖山水背走，卻不能背走，因此「欲行又止」、「欲別還留」。妙的是「待到日暮人不知」偷偷地「折取一枝西湖柳……」

無疑的，這是一首寫景、抒情的絕妙好詩。

另外「烟雨樓」也是一首好詩：

不管晴天雨天
你總是烟滿樓，雨滿樓，

我極目天涯，
思索了很久，很久：
是不是自古以來，
地球就沒有風平浪靜的時候？
是不是盤古開天，
苦雨寒雪從來就無止無休？
是不是烟烟雨雨，
就是千百年眞實的氣候。

「南朝四百八十寺，
多少樓台烟雨中。」
感謝先哲般的詩人，
兩行詩句

寫盡了江南風物，
點透了歷史春秋。

我曾經向陪我遊湖的詩人們說過，如詩如畫的西湖，應該是出詩人美女的地方。也許是我來的時候不是鶯飛草長的三月？也許是我無緣？我還沒有遇見王清惠、章麗貞、袁正真、金德淑、連妙淑、黃靜淑、陶明淑、柳華淑、楊慧淑、華清淑、梅順淑、吳昭淑、周容淑、吳淑眞那樣的南宋女詞人。新詩中的汪元量那更是苛求了。

以海為床的董培倫

董培倫，山東諸城人，一九五八年服役海軍，一九七八年退役，落籍杭州。中國作協浙江分會會員，詩歌創作會副主任，廣播電台文學編輯。著有詩集「沈默的約會」。

「沈默的約會」分爲兩輯，「沈默的約會」這一輯四十二首都是情詩，「藍色的海疆」四十二首幾乎全是海洋詩。

他的詩很注重節奏、韻律的和諧，對於意象的營造、雕塑、功力稍嫌不足，因此說明多於表現。詩的文字迴旋空間有限，以最少的文字產生最多的意象才是好詩。當然這不是一件容易的事，是值得每一位詩人努力以赴的。但董先生在創作過程中倒沒有誤入岐途，他是沿著大陸新詩一條平穩的軌道發展，只是進度慢一點，沒有奇峰突起的驚人之筆。下面兩首短詩是他近年寫的比較好的作品，不止於說明，而有相當好的表現。

你是……

你是天上的彩虹，

迷醉了我的兩眼。
當我昂頭向你走去，
你卻化作淡淡的雲烟；

你是水中的皎月，
乘著波浪的小船。
當我低頭向你走去，
你卻化作金光萬點……

航行在藍天碧海間

海平線是個走不出的圓
伸手即可觸摸的距離
就是踏不上它的邊緣
假若你在海平線上看我
我是你眼中流動的光點

我眞擔心地球會打噴嚏
或者輕輕聳一聳柔肩
那樣，翠綠欲滴的海水
將從它身上突然滑落
連同我如醉的航船

後面這首詩只有水兵詩人才會產生的聯想，他二十年的海上生活沒有虛度。「生活經驗」不但對於一個小說家十分重要，對詩人同樣重要。

三十年代作家徐遲

徐遲，原名商壽，筆名龍八、史綱、唐琅等，浙江省吳興縣南潯鎮人。一九一四年十月十五日生。東吳大學外文系畢業。著有詩集「二十歲人」、「最強音」、「戰爭和平進步」、「美麗神奇豐富」、「共和國之歌」；散文集「狂歡之夜」、「我們時代的人」、「慶功宴」、「哥德巴赫猜想」、「結晶」、「愉快和不愉快的」、「徐遲散文選」、「文藝和現代化」等。但他卻以報告文學家馳名，尤以「哥德巴赫猜想」深受重視與好評。他也是一位翻譯家、評論家。

徐遲是三十年代的作家，「九一八」事變時他赴東北前線抗日，在北平受阻，借讀燕京大學，受業於冰心門下，在冰心的啓發誘導之下，開始了他的文學生涯。從翻譯和評介外國文學起步。由於受到歐美現代派文學作品影響，寫了一些晦澀難懂的現代詩，一九三四年他出版的第一本詩集「二十歲人」以及編好的第二本詩集「明麗之歌」因抗日戰爭而未出版者，都是晦澀難懂的現代派作品。比起徐遲來，台灣現代派詩人和現代詩，已經晚了二十多年，何新之有？而在一九三九年，徐遲就寫了「和現代派告別」。一九四一年他的第三本詩集「最強音」，則採取對生活現象直接描述的手法，主題明朗，語言樸實，從現代派大轉彎為現實主義者。

抗戰時期，徐遲在重慶進一步批判並捨棄現代派，與起「希臘熱」，研讀翻譯希臘史詩及歐美文學作品，而且也像其他作家一樣：向左轉。

一九四六年三月，他從重慶回到上海，九月回故鄉，在南潯中學執教。

一九四九年他擔任英文編輯工作。一九五〇年南北韓戰爭爆發，他兩次赴戰場，撰寫通訊特寫、詩歌，這是他正式從事報告文學寫作的起步。

以後他以記者身分，先後到鞍山、武漢、包頭、瀋陽、重慶、昆明、蘭州、玉門、柴達木盆地，西寧等地採訪，他的作品，也大都是報告文學。

一九六〇年，他到長江水利委員會綜合治理和開發規劃辦公室任文藝刊物「萬里長江」編輯部主任，定居武漢。文革期間，他下放到漢水河畔的「五七幹校」勞改。從一九六六年至一九七六年他「噤若寒蟬」，十年時間沒有發表過一篇作品，這是他在「哥德巴赫猜想」一書的後記裡自己說的。

文革以後，他已年過花甲，又從武漢到江漢油田，從昆明到大戈壁，從大慶油田到太湖之濱，寫了「石油頭」、「地質之光」等報告文學，其中「哥德巴赫猜想」與「地質之光」兩篇，均獲得優秀報告文學獎。

徐遲的興趣廣泛，除了文學之外，也愛音樂美術，因為他是學外文的，他受西方文學的影響相當多，知識也相當淵博，但在抗戰期間，他的思想轉變很大，對他的後半生影響也大，他將許多年的時間精力耗在報告文學方面，在我看來是一大損失，最少是得不償失。因爲報告文學不能算是純文學創作，徐遲是一位勤奮的作家，有創作實力，而他卻像一位記者一樣到處採訪，像工人一樣在工地生活，爲他人作嫁，沒有將時間精力潛心於創作，無異是一種浪費。

徐遲也是一位誠摯的作家，而且有詩人的天眞，他雖已七十六歲，聽力又不好，但我到武昌之後，第二天他就到洛珈山飯店和我談了一個上午。他是我在大陸四十天文學之旅和我單獨面談最多的一位三十年代作家。我們談的問題都很深入，從大陸作家社會活動太多，最近五年來商業化通俗文學洪流氾濫，以及簡體字對中國傳統文化尤其是古典文學的不利後果，我們都同樣擔心。前年我去大陸探親就發現這個問題，而且在一篇文章中特別提過。想不到使用簡體字寫作的他和我有同樣的看法。

「現在年輕人都不認識繁體字，他們怎麽能閱讀中國古籍？閱讀古典文學作品？這樣中國文化、中國文學不是要斷層了嗎？這問題實在太嚴重了！」我對他說，而且將我前年在北京打電報到武漢，譯電小姐說他不認識我的繁體字，我只好請那位陪我的工程師改寫電報稿的故事告訴他。

「這是一個嚴重問題。」他點頭同意。

「你可以寫寫文章反映一下。」我說。

「我不便，最好你寫。」他面有難色。

「我已經寫過，回台北以後我還會再寫，但是我的文章這邊未必能看到？」我說。

他也瞭解這個問題，但是文字改革是政策問題，他無能爲力，我也無能爲力，畢竟他只是靠邊站的作家，我更是兩不沾邊的人，不過我還是對他說：

「秦始皇統一中國就是先統一文字。文字不統一，不但文化、文學會斷層，也會造成分裂，如果中國古籍、古典文學甚至台灣當代文學作品只有少數知識份子、專家能看，中國文化就會滅。」

「這是最可怕的後果，文化一滅亡，那就是眞正的亡國。」他點頭同意。

隨後他又談到王永明先生設計的中文電腦，他就用這種電腦寫作，原先只能輸入簡體字，現在改進了，可以輸入繁體字，用光在屏幕上寫，一張軟盤可以裝十七萬字。而且可以多拷貝，如果作品不能發表，多拷貝幾份也好保存，不致散失，這倒是作家的恩物。他問我有沒有使用電腦？我說沒有。我還不知道台灣作家有沒有使用電腦寫作的？他告訴我現在用電腦寫一部長篇小說，我問他是什麼題目？什麼題材？他說：

「題目是『江南小鎭』，是一部自傳體的小說。」

「寫了多少字？」

「已經發表了十六萬字，在巴金主編的『收穫』雙月刊發表，已經完成三十萬字。」

「全部有多少字？」

「大約五六十萬字。」

「時代背景如何？」

「到一九四九年我二十四歲爲止，這是可以發表的。」

顯然，一九四九年以後，他有顧慮，這是中國作家的悲哀，我深有同感，「黃河」出版我的「紅塵」，也只出到五十四章，大陸作家看到的就到此為止。五十五章到六十二章，什麼時候能見天日？大陸讀者什麼時候能看到？只有天知道。不過我相信《紅塵》的壽命會比我長[illegible]。好在台灣全文本的「紅塵」在今年春節後已經出版，了卻我一樁大心事，以後死活也就不在乎了。(註)

徐遲先生能在晚年寫部長篇小說《江南小鎮》是一件可喜的事，我真為他高興。長篇小說畢竟是文學重鎮，中國這麼一個歷史文化悠久，地大人多的國家，如果沒有足以超越世界文學的大長篇小說，實在說不過去。不過我希望徐先生能秉著中國人的良知，作家的良知，冷靜客觀地寫，為全中國人說話，不要只為某一階級服務。文學是精神事業，是良心的宣示，文學是屬於全人類的。作家如果將自己侷限於某一個利益階層，黨派階層，那是一個大損失。當然中國作家要突破這些框框，解除這些緊箍咒，是要付出慘重的代價的，不是每一位作家都有這種道德勇氣，也不是每一位作家都是能做[illegible]大陸上三十年代的作家死的死，老的老，活著的也已停筆，徐先生還能鼓其餘勇寫長篇，所以我對他的期望也就高了。不幸的是徐遲回故鄉南潯後跳樓自殺了。我在報紙上看到這條新聞，難過了很久。他瘦高微駝的身影一直烙在我的心中。

原載八十年三月三日青年日報副刊

墨人註：一百九十萬字的[illegible]大長篇〔紅塵〕[illegible]

[illegible]

二〇〇四年西方文學藝術重鎮巴黎還出版了[illegible]，[illegible]小的出版風氣。

[illegible]文長篇小說真［正］進入西方世界先河。

[illegible]

三十年代作家徐遲

洪洋的「不擬公開的談話」

洪洋，一九三二年九月三十日出生於武昌。起初寫詩，五十年代詩歌產量最多。出版有詩集「海洋之歌」、「歡呼吧揚子江」、「歌聲滿宇宙」三本，小說集「在遙遠的海上」、「初航」、「火中鳳凰」三本；一九七八年出版第一部長篇小說「長江的黎明」、一九八五年出版中篇小說集「工程師的戀愛史」；一九八七年出版散文報告文學「不擬公開的談話」。美國新聞周刊曾介紹「長江的黎明」。他現任中國作家協會湖北分會副主席，湖北文聯副主席。中國散文詩學會副會長兼湖北分會會長

洪洋是我認識最早的一位大陸作家。戊辰年我返鄉探親，先到武漢探視內弟、姨妹、舍侄，他們都在武昌大學園區任教。我事先通知他們是純探親，不與任何方面接觸。但我到武漢之後，他們似乎有點爲難，我侄兒兜著圈子對我說，教育界想請我吃飯，大家見見面，交換一下兩岸教育方面的意見，我不答應，他更爲難，只好勉强答應。而那天中午開車來接我的竟是統戰部長，我有點不悅，我侄兒悄悄對我說，到機場接我的車子也是統戰部派的，學校的車子不夠用。我以爲是到餐廳，又知道他們公私難分的情形，也就算了。想不到統戰部長一直把車子開到一個大院子裡，像一個機關，絕不是

餐廳。我問那位張姓部長：

「請問這是什麼地方？」

「政協。」他滿臉堆笑地回頭回答。

「不是去餐廳嗎？到這兒幹什麼？」我反問。

「政協主席想見見你，大家隨便談談，然後一道去餐廳。」他笑著準備領我下車。

「對不起，我不便同官方接觸。」我坐著紋風不動。

「張先生，政協是民間組織，不是官方。」

「你說不是官方，我看是官方。我有些不便。」我在台北都不攀龍附鳳，到武漢更犯不著。所以我的口氣和態度都很堅定。

「張先生，想不到你很固執？」他望著我苦笑。

「不是固執，這是原則。」我大聲對他說：「你們既然希望我常回來，我希望你不要弄巧成拙。」

他看我坐在後座紋風不動，無可奈何地搖搖頭笑笑。盼咐司機倒車，把車子開到餐廳。

今年六月我的文學之旅到甘肅，甘肅省長在張掖等我，要和我見面，邀請我的主人以為我不會反對，一口答應下來。她當作一個好消息告訴我，但她早知道我這次是純「文學之旅」，只和詩人作家見面，只談文學。我考慮之後，還是婉謝了，她十分為難，一夜沒有睡好，甚至落淚。

另一位蘭州某報胡姓總編輯，安排我在武威參觀和蘭州的座談會，我事先也特別向他說明我的原則。結果他爲了求表現，要武威市長來插花。我當著市長和大家的面義正辭嚴地教訓了他一頓，他一聲都不敢吭，市長也不好意思。但市長諒解我堅持的原則，和他被導演了一次，他尊重我的意思，交代下面照我的要求辦。

我不是不通人情，但我絕不破壞我的作人原則。也惟有堅持原則，才能得到別人的尊重和諒解。

當年那位張部長將我送到餐廳不久，政協主席也到了。據我侄兒介紹，到的多是教育界人士。但張部長特別介紹了作家洪洋，他是湖北作家，文聯副主席。人很開朗，熱忱。由於是同行的關係，共同語言比較多，他又坐在我身邊，因此席間我們兩人談的也多。坐在旁邊的部長、主席插不上嘴，其間張部長曾笑著打趣：

「你們兩位到底是作家，倒有不少話談。」

今年六月初我到武漢，是洪洋先生出面接待。他先和中南財經大學教授，評論家古遠清先生到碼頭接船，等了很久。他爲了怕誤事，先一天還打長途電話到九江市和我聯系，他是一位很有領導才幹的作家。

洪洋不但有一般作家少有的處理事務的能力，他也有一枝健筆，新舊文學素養都很不錯，而更難得的是他是一位有思想深度的作家，這是我和他在三年內兩次接觸中以及在他的作品中所得到印象。作家最忌膚淺，淺碟子是盛不了多少東西的。

戊辰年我們初次見面時，他就送了我一本大作「不擬公開的談話」、回台北後瀏覽了一下，沒有細看，這次我特別將那篇「不擬公開的談話」重讀一遍，其中有些地方很值得在這裡提出來談談。

這篇文章是洪洋從日記中節錄出來的。記的是一九八〇年春節正月初二他和徐遲一道乘船去南京、上海蒐集查閱寫作資料。洪洋要寫的是清末現代化洋務運動招商局的造船史，徐遲要寫的是「孫中山傳」。他們兩人在旅途中的談話紀錄。作者雖然覺得這些話不便公開，但還是公開了，而且以它作爲書名，並由中國文聯出版公司於一九八七年二月出版。其中有些話是同樣值得我們反省和思考的，尤其是作家。記得姜貴潦倒台北，住在成功湖旅館時，我們兩人天天見面聊天，有很多話比洪洋和徐遲的談話更一針見血，但是我們都不形之於文字，因爲當時的情況和現在不同，良心話也會惹上麻煩。姜貴是一位世故極深的人，我又從來不寫日記，我們兩人談過了也就算了，比一縷輕烟散得還快。如果當時我們兩人有一人肯寫日記，現在整理出來就句句可以公開，不會有什麼麻煩。如果姜貴未死，他也一定可以寫出更好的作品。但洪洋、徐遲兩人在十年前能夠那樣談話，倒是我沒有想到的。

他們談到十九世紀六十年代的洋務運動，也就是現代化運動，洪洋說了一段相當重要的話：

「我在構思這部歷史小說時，常常有一種強烈的現實感。我們的報紙上天天講現代化，生活中遇到的許多事情往往是一種樣子……爲什麼營業員的面孔那麼冷漠？爲什麼工人們消極怠工？爲什麼我們的工廠大多是高消耗、高成本，低效率、低利潤？難道只是人們的「思想覺悟」太低嗎？否！此中大有深意啊！」

十年後的今天，大陸的情形還是如此。這裡面有一個死結，洪洋沒有講出來，那就是違反人性和經濟原理的不合理的[redacted]制度。[redacted]制度不改、經濟死結自然解不開、蘇聯、東歐是最現實的例子。

談到寫作資料時，徐遲有點激動地說：

「應該每年給作家一筆外匯買書。」

洪洋說：

「對！需要買什麼書，就要能夠買什麼書。」

徐遲說：

「我想看紐約時報星期文學增刊、新聞周刊、經濟學家……但是，能看到嗎？在這樣情況下，我們是不能工作的。現在寫點東西，也是在胡弄人。三十年來，我根本沒有讀過書！有些領導人，哪裡知道我們是怎麼讀書的？反正他自己也從不讀書。」

這是一九八〇年二月二十一日洪洋日記的片斷。第二天的日記又有一些重要的對話。

洪洋說：

「我們現在的問題成千累萬，歸根結蒂是一個經濟問題！經濟如此落後，拿什麼去反對封建影響？」

徐遲說「『政治工作是一切經濟工作的生命線』這句話，應該顛倒過來：經濟工作是一切政治工作的生命線……」

過了一會，徐遲又說：

「這次回去後，我就關起門來，寫我的長篇。什麼左、右、前、後，我全不管啦！」

二月二十三日洪洋日記是有關文學與政治的談話，洪洋說：

「三十多年來，我們主要地是搞了政治的文學，即一切從政治需要出發，從政策之傳（可能漏一「達」字或「播」字。墨人註）出發。上乘者，能以較豐富的形象銓釋之；下乘者，則流爲赤裸裸的說教。」

徐遲說：

「歷史上留下的優秀作品，都大部分是『文學的政治』。如『紅樓夢』，首先是文學。正因爲它是最感人的文學，它又是最强烈的政治。」沈吟了一下他又說：「事實上，『文學的政治』裡的政治，常常遠大於『政治的文學』裡的政治！」

徐遲是學西洋文學的，又是三十年代的老作家，他的話大致是不差的。但我要補充强調一下：

「政治的文學」必然毀滅文學！那只是披着文學外衣的政治。嚴格說來不能算是文學。

「文學的政治」這個說法並不精確，文學包羅萬象，不限於政治。舉凡哲學、美術、音樂、甚至科學，只要作家本身具備這些素養，他都可以圓滿地表現出來。「紅樓夢」作者曹雪芹，以賈寶玉來反對科舉，罵賈雨村是祿蠹，以至賈府抄家，固然是政治，但跛道人的「好了歌」，卻是哲學，賈寶玉中舉後隨一僧一道飄然而去，更是人生哲學。曹雪芹替元春算命，談琴、棋、書、畫，乃至開藥方，亦與政治思想的意識形態無關。只有[redacted]文學一被政治御用，文學自然死亡，自然毀滅。也就無所謂「政治的文學」了。

這個道理，也可以從洪洋一九八〇年三月三日的日記中得到部分解答。這天飯後，他的兩人談到人物塑造問題，徐遲忽然有點激動地問洪洋：

「十七年來，究竟創造了一個工人形象沒有？」

他們歷數周立波的「鐵水奔流」、艾蕪的「百煉成鋼」，和草明的「乘風破浪」等作品，認爲此中仍無屹立的人物。艾蕪是三十年代的作家，抗戰時期，他的短篇小說是很有份量的，他可以算得上是一位優秀的小說家。而周立波和草明，他們兩人也都認爲很優秀。但徐遲還是感歎地說：

「眞難啊！這麼多人，搞了這麼多年，有幾個站得住的人物形象？」

何以如此？因爲那些作家都是寫「政治的文學」，不是寫「文學的文學」。文學如果不歸於文學，不還原爲文學，任何作家都會失敗。

由於他們兩位都是很有深度的作家，人物塑造又是一門大學問，是小說成敗的關鍵，我不能不提出來。但我也只能點到爲止。我畢竟在台灣寫作是提心吊膽的

丁丑年一月二十三日半夜

柔性詩人曾卓

曾卓，湖北漢口人。台灣讀者對他可能十分陌生，但他的詩齡卻在五十年以上。他寫詩起步甚早，他送我的一九八八年三月出版的「曾卓抒情詩選」的第一首詩「生活」是一九三六年七月寫的。抗戰初期，他即在詩壇嶄露頭角，與綠原、彭燕郊等，都是詩壇新星，雖然他的風格和氣概與綠原、彭燕郊不同。

我六月初到武漢市與湖北作家舉行座談時，曾卓、田野、碧野、徐遲、洪洋、古遠清、劉富道、映泉、張志遠等詩人作家都出席了。徐遲這位高齡七十六歲的老作家，更先到旅館與我談了一上午，下午再參加座談會。高齡七十四歲的小說家碧野，也是比我年長的作家，曾卓、田野的年齡則和我最接近，其餘的都比我小多了。洪洋先生在我前年回鄉探親時，就在一次宴會上相識，他是湖北作協文聯副主席，這次就是由他安排接待。

曾卓、田野、碧野、徐遲幾位，我們以前雖未見面，但眞是一見如故，因爲我們有太多的共同語言。曾卓除了送了我一本「曾卓抒情詩選」外，還送了我一張照片，背面還題了「相見恨晚」四字，他這番盛意，也特別表現了他的詩人氣質。

我未去武漢前，就聽朋友說過他顯得特別蒼老，滿頭白髮。一見面果然不差，看來比他的年齡最少多出十歲以上。徐遲也沒他顯得那麼蒼老，碧野更比他健壯多了。我的精神體力，他更難比。對於這位神交而初次見面的詩人朋友，眞有難言的感慨。這次沒有同湖北詩人，也是曾卓的好友綠原見面，稍感美中不足，聽說他在湖南湘潭教書。

「曾卓抒情詩選」一共九十八首，是他一九三六到一九八六整整五十年的抒情詩選，分爲「青春」、「凝望」、「有贈」、「海的夢」五輯。在他的創作過程中，自一九四四年起，他有十多年沒有寫詩，那是因爲他對過去的詩「大都有一種厭惡的情緒，又無力寫出更好的詩。」（見牛漢「曾卓和他的詩」代序）這是任何詩人作家，對於自己早期的作品都可能有的一種情緒。不過一九四四年以前的作品他還是選了二十三首。但就我個人來看，我認爲他一九七〇年關進「牛棚」以後的短詩，如「無題」（一九七〇）、「海的向往」（一九七三）、「火與風」（一九七〇）、「我有兩支歌」（一九七五）、「生命」（一九七五）、「感激」（一九七一）、「無言的歌」（一九七一）等，是比較突出的。

曾卓的詩，都表現一種柔柔的、淡淡的情思。牛漢說他是一位「鍾情」的人，永遠張開雙臂。可謂詩如其人。他絕不是一位陽剛的人，看不出他有什麼火氣。艾青的詩雖然表面上看不出怎麼陽剛，但剛氣內斂，而他的人卻十分陽剛。曾卓不然。他最陽剛的詩要算是一九七〇年在單人「牛棚」中寫的「無題」了：

我不是拿破侖
卻也有我的厄爾巴——
一座小小的板壁房就是我的孤島
外面：人的喧囂，海的波濤

我渴望沖破黑暗
在濃霧中揚帆遠出
去將我的「百日」尋找
我倒下了，但動搖了一個封建王朝

附註：厄爾巴是拿破侖流放的孤島

這算是他的最大的不滿，最嚴重的抗議。而「海的向往」則是他對大海的廣闊的空間的嚮往，和對風暴和巨浪的渴望，但結果還是「海一樣深的寂寞」和無奈：

從退潮的沙灘上
我拾回了一只海螺
想用它代替丟失的蘆笛

吹奏一支海的歌

平靜的日子使我煩憂
渴望著風暴和巨浪
我的心裡充滿了鄉愁
——大海呵，我的故鄉

我沒有能吹響
那有著波濤氣息的海螺
它擱淺在我的案頭
我們相互默默地訴說
海的向往和海一樣深的寂寞

從這首詩我可完全瞭解曾卓的心情。詩人都太天眞，曾卓尤其善良天眞，當他的烏托邦破滅，乃至失去自由之後，那種無奈是不難理解的。

「我有兩支歌」，又是他的心理的另一種詮釋：

我口中的歌

就是我心中的歌。

我的口中有時停止歌唱，

我心中的歌聲永遠嘹亮……

我不認爲曾卓是阿Q，我以爲這是所有受難的詩人、哲人能夠活下去的一大原因。

我們這個年齡層次的人是最不幸的中國人，作爲一個詩人作家尤其不幸。曾卓如果生在太平盛世，朗朗乾坤，那他可以琴棋書畫，湖畔行吟，最不濟也可以如陶淵明一樣採菊東籬下，悠然見南山。他是這一型的詩人，不是「火中取栗」的詩人。不幸的是，我們這一代的詩人作家又偏生在一個「刀口舐血」的時代。那些都關進過「牛棚」的自然更加悲哀。

火的雕像顧艷

顧艷，浙江海寧人，現居杭州市。一九五七年生，大學畢業。浙江作家協會會員。著有詩集「火的雕像」。是屬於第四代的大陸少數女詩人之一。

「火的雕像」共收集六十二首抒情詩。她不是朱淑眞、李清照、宋宮人連妙淑、黃靜淑……那一類的女詩人詞人。她是現代女性，她敢於坦露情思，但亦非熱情如火。她的詩明快而不忸怩作態，不過仍有幾許女性的婉約溫柔。

她的詩大都清新可讀，她有自己的風格，似乎很少受到別人的影響。雖然我一到杭州就聽到她的流言，但我再看她的詩集時，我覺得她還是她。也許我所見不周？我也未見其人。就詩談詩，我不妨引她幾首作品，讀者也許可以發現，她的作品和台灣女詩人的作品也是不大相同的。

白堤

白堤因四月來臨
而香花一片

我的心靈因你到來
而一陣狂歡
我不是一朵害羞的
花，無須任何
遮掩

我爽朗的笑聲與你
低沈的男中音，流在一起
潺潺會合，在
西子湖中

從來是自由生長
沒有相約
相思的帆，就這樣
悄悄進入
新的港灣

斷章

我的眼睛，注視
飛鳥掠過的
影子
滲透的痛苦，倘若
粉碎最後一個流言
我的頭，便枕在
你的臂彎

癡念

思念在這裡聚集
織一個比柳絲、桃花
更美麗的花環
不要忘記
昨夜的思念沒有結束
長椅留下你的空位

我還在湖畔等你

這幾首都是情詩，都是屬於她自己的，她的詩都是這種風格，看不出別人的影子。

高原詩人聞頻

聞頻，原名焦文平。祖籍河南扶溝縣，一九四〇年十二月十三日生於陝西。一九六三年畢業於西北大學中文系。曾任中學語文教師，縣劇團編劇。現任中國作家協會陝西分會詩歌工作組組長，延河文學月刊副主編。

我們一行到達西安時，是由聞頻先生接待的，他處事很有條理，認眞負責，不辭煩瑣辛勞，結果十分圓滿。詩人多半缺少處理事務工作的經驗和能力，聞頻先生卻是一位能手。

在西安時，他送了我一本「魂繫高原」詩集。回台北後不久，又收到他新出版的詩集「紅罌粟」，這是他的第五本詩集，以前出版過「黃河情」、「秋風的歌」，及散文詩集「死海」。他是一位創作勤奮的詩人。我在臨別的那天，才知道他的筆觸還伸向另一藝術天地——國畫。

由於他是中文系出身，他的中國文學素養在新詩中自然表現出來。

他的「魂繫高原」連組詩在內共七十首。「紅罌粟」有八十多首。在我讀完這兩本詩集之後，我認爲他最好的作品都在「魂繫高原」第一輯「深深的小山坳」裡。這一輯裡共有二十六首作品，由於這些作品具有黃土高原的特色，和作者迥異於台灣詩人的創作風格，使我一口氣讀完了它們，這是我很少有的讀詩經驗，而且是一種少有的愉悅經驗，以前讀詩，多是很勉强地讀下去，甚至怎樣勉强自己也讀不下去，那是一種痛苦的經驗。我不知道是我的程度太低，詩人眞的是站在高山上，使我高不可仰？還是作品本身就有問題？聞頻先生的「深深的山坳」這些詩，和我就沒有一點距離，雖然我不是生長在黃土高原的，沒有西北黃土高原的生活經驗和情感，但聞頻先生的詩將我和黃土高原拉近了，而且對黃土高原的人物和土地產生了親切感。這就是文學的魅力，詩的魅力。什麼是「鄉土文學」？是不是那些將自己生活的土地、自己的生活圈，和外面的人與世界隔絕起來，獨立起來，自己關起門來囈語，關起門來作皇帝的作品就是「鄉土文學」？我不了解。但聞頻先生的詩卻是道地的「鄉土文學」。因爲是黃土高原的「鄉土文學」，所以也是道地的「中國文學」。從西方移植過來的新詩，能這樣在中國文學的土地上生根，還未多見。

「深深的山坳」裡的「這裡的山」、「初春，在杏花枝頭微笑」、「四月」、「大青河，在川道裡走着」、「通向山坳的一條小道」、「嶮畔上，戴紅裹兜的孩子」、「胸花」、「顫悠悠的草垜」、「山窩窩裡，沒有地平線」、「深山裡的女人」……都是好詩。如：

初春，站在杏花枝頭微笑
笑杏花的嫵媚狂熱
笑荒原的舒心爽朗自豪

唯有山女子
那心裡深藏的秘密，只有
二月裡的杏花知道

這是「初春，在杏花枝頭微笑」的最後一段，這首詩寫陝北高原的初春，就和台灣初春的風情景象不同，和杏花春雨草長鶯飛的江南也不一樣。而作者運用的又完全是詩的語言，不是散文語言，而駕馭文字的能力，運用語言的技巧，又很高明。一開頭他就這樣寫：

初春，站在杏花枝頭
笑紅了，陜北高原冷清的山幻
綠了水靈靈的春草

「站」字用得傳神極了，不但把「初春」人格化了，也把「初春」寫活了。「水靈靈」的「春草」，用得又是多麼巧妙？和台灣新詩比較，同樣是新詩，同樣是移自西洋，但聞頻寫出了中國風格，中國文學韻味的新詩，絕不是英國詩、法國詩的翻版，更沒有拾西洋詩人的牙慧，他倒是繼承了中國傳統詩的優良傳統，而推陳出新。我在「全唐詩尋幽探微」和「全唐宋詞尋幽探微」兩本拙作裡，一再建議我們的新詩作者，要多讀中國傳統詩詞，不可和傳統詩詞一刀兩斷，這樣才能推陳出新。想不到大陸和台灣隔絕了四十年，台灣新詩始終沒有完全跳出西洋詩的框框，走出自己的道路，而陜西詩人聞頻竟走出來了，這實在使我驚喜。我和大陸作家詩人舉行許多次的座談會中，竟沒有一位作家詩人挾西洋文學、作家、詩人以自重，而人人對中國文化，中國文學具有十足的自信心、自尊心，和我這位在台灣一向肯定中國文化，中國文學的異數，居然不謀而合，自然水乳交融，他們對我的文學創作觀點完全認同。上海文匯報還將我那天在座談會上所談的「文學創作觀」一字不易地刊登出來。何以如此？我在聞頻的詩中又得到一個答案、一個印證。我在『紅樓夢的寫作技巧』（民國五十五年一月商務初版）這本拙著裡就對那時台灣文壇的「意識流」、「存在主義」熱的作家、詩人們說過我們在文學上也是「抱著金飯盌討飯。」現在已經證明「意識流」已經「不流」了，「存在主義」已經「不存在」了。但在當時也只我一個人敢以『紅樓夢的寫作技巧』來捋「虎鬚」。想不到大陸那麼多作家居然和我的看法相同。我始終認為文學不是趕時髦、趕流行、文學是立足在自己的文化根基上，作家詩人不能作無根的浮萍。沒有定見、定力的作家詩人就是沒有「根」，因此風吹兩邊倒，還自以為前衛時髦。

聞頻不然。他走的是自己的路，更是中國黃土高原的路。他的「四月」開頭第一段和「初春，在杏花枝頭微笑」是同樣的風格，也有同樣的優點：

四月，駕著大朵大朵的雪
落在荒原。綠了
霓虹燈遺忘的山窪人家
依舊是秦漢含雪的梨樹

依舊是隋唐塗粉的桃花
青草，在四月發芽

聞頻的文字語言的運用，實在準確而優美，不但產生了詩的意象美，同時也產生了詩的節奏韻律美，詩的效果也自然提升了許多層次。

爲了讓台灣詩人和讀者，瞭解西北高原的風土人情，瞭解聞頻表現西北高原的寫作技巧，我再引用一首完整的「深山裡的女人」：

深山裡的女人，是指那
桃花送走了青春的，荒坡野窪
荆榛樗條般潑潑辣辣的婆姨們

她們是從鄰近的山溝嫁過來的
一株普普通通的草，把根
從那個山村移到這個山村
臉頰，一天天失去了紅潤
她們把孩子生在土炕上

用自己結婚時的舊衣服
把孩子緊緊裹住，裹住
一顆維繫著她和他的男人的心

她希望坡裡的莊稼今年不要旱
她希望開春不要再向親娘借糧
她希望男人不要喝酒，回來
用磨透的鞋底子打人
她的心，是山溝裡平靜的雲

她沒添置過新衣
她看不慣村裡的年輕人
山裡人穿什麼皮鞋喃
皮鞋，還要半拃長的跟兜
尤其那一對高高聳起的乳房
她瞟一眼都害臊，心裡嘀咕

爾格的姑娘，不嫌丟人

她是深山裡的女人。她
不知道山裡的野花是什麼時候開的
窯裡的有線廣播，天天唸新聞
她不曾留心聽過
她知道孩子哭了要吃奶
就是在村口的碾盤上，她
也會當眾解開衣襟
她，是深山裡的女人

聞頻這首詩將西北高原女人的面目、性格、心理都刻畫出來了，她用的是小說家描寫刻畫人物的手法，而且是一種十分經濟有效的手法，使讀者看出西北高原的女人和別地女人的差異，因此也就突出了人物的特性特色。而他這首詩和「初春，在杏花枝頭微笑」、「四月」兩首又不相同。這就是作者生活體驗深，寫作技巧成熟，所以才能多樣化。生活在象牙塔裡的詩人是辦不到的。

可惜的是「紅罌粟」裡就少有這樣的佳作。我希望他還是穩定地走「初春，在杏花枝頭微笑」，和「四月」……這些詩的創作路線，這是他自己的獨特路線、風格，也是黃土高原路線、風格，作一個成功的高原詩人，就是成功的中國詩人。高原不但不會限制他，反而會成爲他的與眾不同的獨特標幟，「註冊商標」，是別人無法取代的。

行吟詩人高平

高平，山東濟南人，五十八歲。中國作家協會甘肅分會專業作家。自一九四九年起即專業創作。出版詩集有：「珠穆朗瑪」（一九五五）、「拉薩的黎明」（一九五七）、「大雪紛飛」（一九五八）、「川藏公路之家」（一九七八）、「古堡」（一九七九）、「帥星初升」（一九八三）、「冬雷」（一九八四）、「山水情」（一九八九）等。

高平是一位足跡遍全中國的詩人，在西藏時間最久，更曾訪問蘇聯東歐共黨國家。他的「山水情」詩集中收集的「西藏行」、「青海行」、「新疆行」、「甘肅行」、「北京行」、「河北行」、「黑龍江行」、「山東行」、「四川行」、「福建行」、「廣州行」、「海南行」、「國外編」中的一百多首詩，都是八十年代以後的最新作品，是旅遊詩或行吟詩。大陸作家詩人無論在國內、國外訪問、開會、都是公費，一切開支按照他們的級別支付，自己不必花一文錢，這和台灣作家是大異其趣的。因此他們在國內外旅行訪問的機會遠比台灣作家多，台灣作家必須自己掏腰包，因此在見聞方面，大陸詩人作家絕不會比台灣的同行少，尤其是專業作家。

高平的「山水情」內容涵蓋的範圍相當廣，台灣詩人的筆觸還沒有伸展到那麼多地方。相形之下，台灣詩人似乎是在象牙塔裡生活。畢竟台灣太小，台灣更無專業詩人作家，寫作也拿不到「工資」詩更多半拿不到稿費。詩人的經濟能力最差，這是不爭的事實。兩岸對待詩人作家的態度又不一樣，因此自然產生了差異。

高平雖然是專業詩人，但他的筆還是放得開。不過在詩的語言方面，和多數的大陸詩人一樣，比較散文化。他的詩音樂性不算太強，但也注重節奏韻律，思想的層次不低，且引數首短詩佳作如后：

舞蹈

雙腳像駿馬疾馳，
雙臂像雄鷹展翅，
動作毫不費力，
就搬來西藏的天地。

詩是文字的舞蹈，
舞蹈是動作的詩；
它們越是濃縮，
越能流傳不息。

唐古拉

雪峰升得很高
太陽降得很矮
在空中相愛

陽光因積雪而更亮
積雪因陽光而更白
歷千古而無猜

在海拔五千五百米處
我撿得一片小石
上面浮雕着雲海

我用雪水擦淨
裝進大衣口袋
——一個不朽的題材

這是「西藏行」中的兩首。

新疆的風采

很白的博格達
金黃的向日葵
墨綠的鑽天楊
支持三角架
把圓形的藍天撐開

浮雲飄走了
葡萄藤爬歪了
流沙滑倒了
它們原來就站不起來

不是直立的
不屬於新疆的風采

天山小鎮

一個只有炊烟的小鎮，
被大山緊緊地封鎖；
太陽遲升，月亮早落，
每個腳印都與世隔絕。

自從鐵路從峽谷穿過，
一根神經從外部接活；
天山深處又飛出一隻彩蝶，
天山的笑容又添了一個酒窩。

這是「新疆行」中的兩首。

明月出草原

明月出草原，
幾乎碰著了腳尖。

像一盌酒，
灌醉了牛羊；
像一碟水彩，
染黃了我的衣衫。

草原眞是愛打扮，
夜間也戴金耳環；
如果不是我還醒著，
這種美誰能看見？——
雖然在泉水邊，
有一個青年走動的身影，
但他急著等待的
顯然是另一種月圓。

這是「甘肅行」中的一首，這不是河西走廊絲綢之路的景象，顯然是靑甘一帶的自然環境，可惜這次我沒有時間去甘南一行，主人也惋惜沒有時間安排我去麥積山參觀佛敎藝術。

燙髮館

一位待業的姑娘，
思索了一個問題：
人們不喜歡彎曲的道路，
卻愛好頭髮的卷曲。

不能只打扮田野，
也需要打扮自己；
北大荒的婦女，
更有權追求美麗。

她自費到省城去，
學會了燙髮的手藝；
回來開了個燙髮館，
牌子是「個體經濟」。

老領導有點兒犯疑：

這玩意兒會不會姓「資」？
沒料到頭兩個顧客，
竟會是他的妻女。

這已是小小的往事了。
可是我們是否完全告別了，
戰戰兢兢的歲月，
羞羞答答的心理？

這是「黑龍江行」中的一首寫北大荒的詩。北大荒是「充軍」，流放犯人的地方，艾青流放過北大荒，我的一位同學更流放北大荒十七年，現在還沒有平反。高平這首詩是一九八三年八月寫的，那時已經改革開放了，所以北大荒也有「燙髮館」。「待業」、「個體經濟」、「老領導」，都是大陸那種社會制度下的政治術語。從這首詩我們可以看出大陸社會的變遷，作者的筆也是相當開放的。

匈牙利平原

匈牙利平原，
是沒有牆的美術館。
一幅幅彩畫下面，

是翠綠的地毯。

裴多菲的詩作我的嚮導，
我和我的詩一同遊覽。
我們都誕生在平原上，
卻終生攀登無頂的大山。

這是作者訪問匈牙利時所寫的一首，最後一行寓意相當深，有此體認，才不愧爲作家詩人。「訪匈詩抄」共有二十多首。

高平的「山水情」詩集適度地表現了國內外各地風光人文。他是一位專業詩人，也表現了他的專業精神，詩集之外，沒有其他著作。

他主張中國人應寫中國詩，當代中國人應寫當代中國詩。

賀抒玉的《命運變奏曲》

賀抒玉，原名賀鴻鈞，陝西米脂縣人，現年六十一歲，五十年代曾在北京魯迅文學院進修兩年，後任文學編輯三十年。曾任「延河」文學月刊副總編輯，出版有小說集「女友集」、「琴姐集」、「命運變奏曲」，並與其夫李若冰先生合出散文集「愛的渴望」，她認爲寫作是心靈的事業，關注人類的命運是作家的天職。與中國作家協會陝西分會副主席李若冰先生爲夫婦作家，李先生陝西涇陽人，現年六十三歲，延安魯迅藝術文學院畢業，一九五三年開始專業創作，爲一散文作家，出版有「柴達木手記」、「神泉日出」、「李若冰散文選」等多種。

賀抒玉是一位短篇小說作家，她的「命運變奏曲」收集了十五個短篇小說。作爲書名的「命運變奏曲」，可以說是一篇官場現形記。在「政治掛帥」的大環境中，作家的處境、作家的心態，作者都有適當的表達。

作家童子野、紫如夫婦是故事的主角，老同學馬局長，頂頭上司商局長和李省長自然是官場人物，李省長更是核心人物，馬局長、商局長都因爲童子野和新來的李省長曾在一所培養幹部的大學同窗半年，在春節名人茶會上，李省長主動來到童子野面前和他握手，還把他介紹給省委書記，童子野當時手足無措，想不到他卻因爲李省長這一抬舉而「水漲船高」，馬局長、商局長都登門拜訪，故事於焉展開。這種官場故事並不稀奇，但我們從這個短篇裡可以窺見不同社會制度下作家的處境和命運。

童子野是一位劇作家，他有作家不會逢迎，不會作官的通性，但他的經歷和處境卻和台灣作家並不一樣。

他寫了七八個劇本，沒有一個搬上銀幕，只有「時來運轉」得過電視獎，他當了二十年右派，還是驚弓之鳥。馬局長自然和他不同，當馬局長奉承他龍年大喜，也該時來運轉了，他太太紫如卻說：

「啥呀，看看我們這兩間屋子，哪能和你三室一廳相比。知識分子有用的時候，就像我這盆剛開的水仙花一樣，開的時候擺在盆架上，花謝就扔在一邊，再換一盆別的花！」

「紫如，你這張嘴沒有站崗的可不行，這可是右派言論呀！」童子野對這種「攻擊」性兒的語言一直保持著敏感。

「你怎麼還是驚弓之鳥！自古道：背過官誰不罵朝廷；現在是民主化時代，在家裡隨便說幾句話怕什麼——……」老馬接觸過不少改正過的右派的同志，精神狀態比老童好得多。

「眞是的，當了多年右派，還變了左派！」紫如常常善意的揶揄她的丈夫。

以上的對話，表現了大陸作家左右爲難的一般心態。

而馬局長不然，他官運亨通，他幾年不來看童子野這位中學同學，聽說童子野和新來的省長的關係，就來看他，請他領見省長，而童子野還不明白馬局長的心意，問他：

「你找省長啥事？」

馬局長對他直說：

「對老同學不說假話，我想調換個單位。我這單位沒油水，我想到外貿上去！外貿上的一把手年齡過了線，很快要退！你不知道，有的局裏，局長、辦公室主任輪流出國，別說是兩大件，四大件都擄回來了，我住公家的三室一廳有啥用，屋子空空蕩蕩，人比人，難活人呀！」

這位馬局長過去講話都是「規範化的」，沒有聽他講過「出格」的話，這次是原形畢露了。

隨後是童子野的「頂頭上司」商局長登門造訪，商局長也是要他引見李省長，但商局長是欲取之先與之，他先說推薦童子野做省政協委員，童子野是個書呆，不敢應，他太太紫如卻說：「商局長，這事由不得他！領導決定的事！他得服從！」

她遞給老童一個眼色，老童只好表態：

「恭敬不如從命！」

商局長這才把話轉入正題：

「最近省上調整房子，有個精神，照顧專家，你們單位爲你的住房打了報告，局裏已經批了，這個報告還得讓書記或省長再批一下！就有把握了。不然，要房子的報告聽說有一厚沓，報告送上去，也是石沉大海！」

童子野還是不開竅，問：

「住房子的事，還得省長和書記？他們整天那麼忙，還管這些事？」

「管，這是幹部的生活待遇，他們管得很認眞！我和你一同去，你的住房問題我來說，你和李省長是老同學，我出面他好批！」

商局長不愧官場高手，再加上老童的內助又曉以利害，老童也就接受了商局長的安排。

這個短篇的故事很平實，情節也很簡單，沒有什麼心理描寫，更無衝突、高潮，在技巧方面毫不花俏，語言更帶著幾分西北黃土高原的泥土味，但作者表達了不同社會制度下的作家不同的心態和命運，而官僚始終是官僚，異時異地則皆然。他們利用作家、主宰作家。

令我慶幸的是：大陸作家的道德勇氣相當高。他們敢以嚴肅的態度面對現實。賀抒玉只是其中之一。在那種社會制度之下，或以爲大陸作家都是「歌德」派，其實不然，縱然有少數一兩位是歌德派，但不論資格多老，地位多高，他們都是不受尊敬的。大陸作家還保持著中國文人的骨氣，這一點是十分可喜的。在反右和十年文革中，作家幾乎全都打進十八層地獄，大概也和這種傳統的中國文人的峻峋的風骨有關。愈是專制的社會，文人的命運也愈悲慘。在大陸我見的那麼多中年以上的作家，幾乎沒有一位不是打成右派，關進牛棚。西安有一位作家還是硬性攤派成右派的，他是一位好人，因爲上級事先分派了右派名額，這個名額要有人頂，他就頂了，這一頂就關了十幾年，我聽來都覺得荒唐，但這是千眞萬確的事實。我看他那副蒼老的模樣，眞爲中國作家悲。（北京還有一位作家是在槍口下撿回一條命的。）

八十年二月三日青年日報副刊

追求質樸美的李天芳

李天芳，西安人，四十八歲。陝西師範大學畢業後，赴延安從事教育工作十餘年。現爲中國作家協會會員，陝西分會專業作家。二十二歲開始發表作品。著有長篇小說「月亮的環形山」，中短篇小說集「愛的未知數」、散文集「種一片太陽花」、「山連著山」、「延安散記」、散文小說合集「秘密」、及隨筆、短評、報告文學一百五十餘萬字。作品多次在國內獲獎。被海內外選集選入，各級學校列爲統編教材。

西安作家座談會不但出席的作家多，發言也很踴躍，也都覺得時間不夠。李天芳是位女作家，在長方形的座位中，她的座次落後，卻比較接近我，她的發言也在後面，但她的話很有份量，能掌握重點，而且很有條理。有關創作的尺度方面，她的話雖然相當含蓄，但可以體會出來，過去的框框太緊，現在雖然好些，但接觸外面的東西還是不夠，因此眼界不夠開闊。因此我知道她是一位有相當修養和深度的作家，不是泛泛之輩。所以我立即讚賞她一番，她似乎得到鼓勵和安慰。散會後，西安的作家朋友請我吃西安著名的餃子宴。散會後，她和我約定次日夜晚到賓館再和我多談談。但由於蘭州方面安排我去河西走廊四郡參觀多了兩天，香港簽證又快到期，因此臨時改變行程，第二天下午便搭乘西安飛蘭州的客機走了。

回台北後大約有兩個多月，我接到她寄來的二十五開精裝本散文小說合集「秘密」，這本書在大陸上算是「高檔」出版品，而且編得很考究，每篇作品後面都有評論家蕭雲儒的短評，這在兩岸文學著作中我還是第一次看見。

「秘密」收集了二十三篇散文，十六篇短篇小說，共三八七頁，三十二萬五千字。這可以說是李天芳的小說散文選集，具有代表性。

散文部份，我以「趕花」、「打盌盌花」兩篇，抽樣談談。

「趕花」是寫養蜂隊工人，趕著花期到處跑。在陝北高原桃花杏花剛剛謝落，滿山滿川的洋槐樹又開花了，延安山籠罩在馥郁的花香之中。台灣很少看到洋槐樹，洋槐樹的花會香？我不知道。以前在大陸時我生活在江南，沒有聞過槐花香，來台灣後更沒有聞過，讀了這篇散文我才知道槐花香，槐花蜜是上等蜜。

作者因爲在陝北生活很久，對陝北黃土高原的風土人情瞭解甚深，而這篇散文更借養蜂人的口說出蜂的習性：

「這生靈和人一樣，最有心勁，一遇到花時旺盛，就潑命幹活，一趟一趟地出去採密，採滿了送回來，又飛出去。花開不斷，採蜜就不停，直到累死。最繁忙的採花季節，一隻工蜂最多只能活五十天。它那短短的一世，喘口氣都捨不得，那有功夫咬人呀！」

工蜂如此，養蜂隊的工人也是一樣。養蜂工人總結說：

「公社養蜂隊成立十一年了。十一年間，逢年過節，難得和家人一塊團聚。爲啥來着，咱得馬不停蹄地往花開的地方趕，唯恐怕誤了花時。幹咱們這活路，只能人趕花，不能讓花等人！」

作者還引了一位遠遠超過退休年齡，白髮如雪的老工程師的話：

「我的有生之年所剩無幾了，讓每一天，每一刻都獻給黃土高原吧！」

另外還寫了一位受群衆歡迎的文藝工作者，年不過五十，牙齒全部脫落，疾病纏身，寫了一份決心書，貼在醫院牆上：

「我不要休息，我要幹！」

她這篇「趕花」沒有註明寫作年月，顯然是在人民公社解散之前寫的，所以她特別重視群體利益，尤其是結尾還一再强調「社會主義」的觀念。

從這篇散文可以看出來，她的優點是深入生活，瞭解西北高原風土人情，善於運用鄉土語言，文字內容都很質樸，不是無病呻吟，爲賦新詩强說愁。是屬於理性的散文，缺少個人的抒情，這對作者是有相當損失的。而另一位散文女作家卻不大一樣，她如出岫之雲，漫不經心，因此表現了婉約之美

「打盌盌花」是一篇相當不錯的散文，作者借戴了打盌盌花便會打破飯盌，戴了禿子花便會掉頭髮的不正確傳說，諷刺文化大革命把很多大作家的作品打成毒草，作家「一個個被削職流放——將飯盌打得粉碎；一個個被剃了腦袋——比禿頭更難看的那種半陰半陽的頭，更有嚴重者被關進了監獄，

丟了性命。」

因此，她對「那些被不公正地誣爲打盌盌花，禿子花，而實際是帶着露珠的，很美麗的花朵……」作不平之鳴。最後才一吐心聲：

花兒似乎應該競相開放，不必再擔心人們給它加上什麼醜惡的，難聽的名稱。

培花人似乎應該大膽栽培，不必再擔心手中的花朵使他們打碎飯盌，禿了頭髮。

但願我關於打盌盌花的記憶，永遠成爲過去。

她這篇散文也沒有註明寫作日期，很可能是四人幫垮台之後寫的。

從以上兩篇散文看來，李天芳的是一位相當成熟的女作家，文字、語言的運用都很準確，思想也有深度。雖然她的散文是理性的，但並不妨礙她成爲一位傑出的散文作家。如果她能自由自在毫無顧忌地創作，她的成就一定會比現在高。

從以上兩篇散文看來，我們更應該同情、瞭解大陸的同行。我們也不過比他們先走幾步。一旦兩岸作家都能文學歸文學，眞正偉大的文學作品自然會產生。至於李天芳的小說，我以短篇「遠嫁」抽樣談談。

「遠嫁」的女主角麥杏，是從陝北一個偏僻的小山村，嫁到關中一個大平原的一個大村子。這不但是地理上的差異，在生活文化方面亦有若干差異。作者在處理麥杏娘家和婆家的差異方面的對比寫法以及在她心理方面造成的影響，表現得很好。以吃飯來說，在婆家是這樣的：

吃飯的時候，家裡如果有男客，那麼媳婦是絕對不能與公婆丈夫客人同桌同吃。當媳婦的將菜碟兒，辣子碟兒、醬、醋、鹽盤兒擺在炕桌上，將一盤盤煮好的細麵，端給客人，公婆、丈夫，當他們拿起筷子，端起盤以後，她是應該退下去，退到灶火廚房去的。客人吃完飯，撤了桌子，她才可以坐在灶前的草蒲團上吃飯。

而在娘家則是：

……她的媽不論做成什麼飯，稀的酸菜和飯，稠的黃米乾飯，都盛在一個黑亮亮的釉瓷盆裡，端在炕中間，父親母親兄弟姊妹們，你一勺我一盤盛着，隨便地吃。雖然是粗食淡飯，一家人卻吃得香噴噴，熱和和的，那個最小的兄弟，經常把南瓜米粒糊得滿口滿臉，不成個眉眼。她看那個樣就笑，笑一陣放下盤，拿一快黑不啾啾的羊肚毛巾替他揩一揩嘴……

除了這種對比外，其他民情風俗不同的地方作者寫得還多。

麥杏的娘家顯然比婆家落後，也就是陝北比關中落後，而關中又比省城西安落後。但這種落後的情形不是麥杏的親身體驗，而是作者安排了一位本家小叔，開「小四輪」跑省城的慶林親口告訴她的。這座橋樑搭得很不錯。

麥杏本來是一位活潑能幹的姑娘，她又會一手剪紙好手藝，因此她覺得假如她肯將這套手藝拿到那些外國人在西安往來的旅遊點露一露，很可能像陝北剪紙轟動巴黎一樣也會在西安引起轟動，她眞想帶幾個心靈手巧的姑娘去試一試。

作者對麥杏嚮往「現代化」的心理描寫不錯。

「遠嫁」是一篇寓意相當深的短篇，以陝西與關中的差異，又以關中與西安的差異，連環比較。透過麥杏這位女主角，曲曲道出，不著斧鑿痕跡，質樸自然，而無匠氣。結尾還遠遠地有一個聲音在喊她的名字：

「麥杏—麥杏—麥杏—」

她也朝那遠遠的聲音回答：

「哎—哎—哎—！」

這是一個很好的暗示。

麥杏的「現代化」心理也就不言而喻了。

李天芳是一位肯用心的作家，她不寫她不熟悉的事物，她以熟知的陝北關中的民情風俗地理，作爲小說背景，而將她的思想理念溶入小說，十分自然而質樸，因而也產生了西北黃土高原的文學特色，也就是中國文學特色，這是現代中國作家一個正確的創作方向。用不著模仿西洋，抱著金飯盌討飯。李天芳的「有眞意、去粉飾、追求質樸美」是成功的。

在「遠嫁」裡我只有一點質疑，就是作者寫麥杏在地裡鋤草，撿苃苃菜……喜鵲蛋……就我所知，喜鵲最善於在大楊樹上做窩，不會像雲雀一樣在麥地生蛋。是不是關中的喜鵲和長江一帶的喜鵲習性不同？恕我存疑。

李佩芝的散文世界

李佩芝，河北保定人，四十四歲，大學畢業。一九八〇年開始寫作，發表小說、詩歌數十篇。一九八五年後以寫散文爲主，三次獲「散文」月刊與「散文選刊」全國優秀作品獎，很多散文被「新華文摘」、「讀者文摘」等多種刊物轉載。現爲陝西作協會員、陝西散文協會理事、全國散文協會會員，出版有散文集「別是滋味」、「失落的仙邸」。發表作品共有百餘萬字。對文學充滿信心，對自己充滿信心。

西安是我國的古都，中國最強盛的漢唐就是以西安爲都城的，那時稱爲長安，長安實在名副其實，長治久安。我嚮往西安已久，這次能訪問這個古都，與當地作家座談，參觀許多古蹟文物，眞是不虛此行。

李佩芝是出席座談會的作家之一。開會時雖然各位都報了一下大名，但我實在記不了那麼多，人和名字更連不起來。第二天上午我乘車出去參觀，她上車來陪了我一陣，送了「別是滋味」、「失落的仙邸」兩本書，我才知道她是李佩芝。她看來只有三十來歲，態度自然謙虛，淡泊而灑脫，彷彿出岫之雲，漫不經心。我因爲趕時間，沒有和她多談，她是怎麼離開的，我都記不起來了。

讀了一些她的散文之後，我覺得文如其人。

她是學文學的，在文革時當過紅衛兵、造反、串聯。但那是一股[redacted]的潮流，她完全不是那種革人家的命的人，她和同學們串連到北京，她因幾天來連續到大學裡轉，無休止地看大字報，有些不耐煩，便嚷著要去香山看紅葉，她的男朋友責備她說：

「你怎麼像個小孩子！去香山！難道我們到北京來，是爲了遊山玩水嗎？」

她氣惱起來，頂了回去：

「不去拉倒！幹嘛教訓人？」

「你思想不對頭，爲什麼不能批評！」

「就你革命！」

同學們見他們兩人吵起來，忙勸「算了！算了！」

她還是任性地說：

「我想去香山！」

「好吧！這正在十字路口，大家各自選擇道路吧！」

於是他帶同學去北大革命，她獨自去香山看紅葉了。

她就爲了看香山的紅葉，使她的初戀畫下休止符。

她這篇散文其實是一篇具體而微的小說。

她不是當紅衛兵的料，她的個性最忌約束，她愛自由，愛山南海北、雲裡霧裡散心，她有太多詩人作家的思想氣質。

在「窗口，小樹林」這篇散文中，更可以找到她不繼續當紅衛兵的答案：

可我萬萬想不到，就在我喜愛的那個窗口，一天深夜，被我們這派紅衛兵押在樓上的一位著名老作家從那兒跳了下去……我的心震顫了。我從窗口看見了血痕。正當我怔怔地站在那兒，一顆流彈穿透玻璃，擦過我的肩頭，嵌進教室的牆壁裡去了。我的臉色蒼白了。生命竟如隕石，倏忽便消失嗎？我後退，後退，遠遠離開了那扇窗子，我感到了一種無可名狀的失望與內疚。……

在「小屋」這篇散文中，可以看出她是一位重視精神生活而不注重物質享受的人。她在三樓上的小屋只有十二平方米，不到四坪，她和丈夫、孩子，一家三口住在裡面。這是怎樣的小屋？請看她自己的說明：

「……雖然是簡易房，沒有灶房，沒有陽台，沒有水管，沒有衛生間，又不隔音，緊鄰著煤場與紡織廠，常常飄來煤屑與棉絮，但這些我全不在乎。」

她不但不在乎，而且還說：

「的確，在小屋裡，我感到了異樣的幸福、歡樂、自由！」

「我是滿足的。生活不富足，也時時有煩憂。可當孩子睡下，我和丈夫各捧著書本，湊到燈下時，那相對一笑，足以消除一切的苦惱。在這小小的屋裡，我的心總是靜靜的，甜甜的，一種和諧和詩意，是我和愛人的創作呢。」

而她一位老同學，是個汽車司機，弄到一套三間的房子，起初他歡天喜地，後來怎樣呢？她這樣寫著：

不久，他又愁眉不展地對我說：『好空漠呀，那麼大的地方，從這間走到那間，再從那間轉到這間，沒事幹，乏味得很呢！你是不是借我本字帖，我練字好了……』我笑起來，看起來我還是富有的呀！房子再大、再美，人心要充實才行啊！

在這篇「小屋」裡，我們更可以充分瞭解她的氣質和人生觀。

她在「別是滋味」這本書的「後記」裡，對她的散文有明確的詮釋：

我的散文應該就是我自己呢！

不需要編排。不需要渲染。要眞誠，要情深。

寫自己的過去，現在，還有希望中的未來；

寫自己的家，工作，還有心中隱秘的角落；

寫親人，朋友，陌路相逢的異鄉人；

寫快活，煩憂，那小小的心眼兒；

跨越時空，地域，我無所不在……

我相信我的散文的生命力，就像活生生的我自己。

她雖然也像台灣散文女作家，也寫身邊瑣事，但她的散文天地顯然廣闊多了。她不但當過紅衛兵，也下放農場勞改過，「造反」、「革命」、「勞改」，還在軍中當過「文藝兵」，又當過教員、編輯，足跡更廣，所以她的散文不但內容充實，情眞意摯，而又富有女性的細膩和溫柔，以及她特有的那分瀟灑，如出岫之雲，漫不經心，毫不矯揉做作，確是文如其人。

原載青年日報副刊

浴火的張俊彪

張俊彪原名張其昌，筆名張九陽、張夢龍，甘肅正寧縣人，一九五二年農曆九月二十八日午時生。魯迅文學院畢業。著有長篇傳記文學「劉志丹的故事」、「紅河舟心」、「黑河碧血」、「血與火」、「最後一槍」；散文集「神泉」、兒童文學小說集「牛圈娃」；自述文集「我走過的路」；長篇小說「山鬼」、「省委第一書記」、長篇報告文學「鏖兵西北」；發表電影劇本三部，中短篇小說五十多篇，散文六十多篇，詩歌一百二十多首，論文二十多篇。共四百餘萬字。曾獲省級以上優秀文學獎三次、榮譽獎一次、優秀論文獎一次、一等獎三次，作品曾翻譯介紹到英美蘇韓澳等國。並列入「中國文學大辭典」等八種辭書。在寫作上信奉現實主義，堅信有血有淚終會有文學。但認爲做人第一，當作家第二，作品與人品都得站起來。

中國西北是最貧窮的地區，出生在甘肅正寧縣一個貧農家牛圈裡的泥娃娃張俊彪，因爲母親餓得沒有奶水，他是靠喝麵糊糊活下來的。而他整個童年是靠野菜、樹皮、草根、觀音土度命的。七口之家，一年無糧，他的一九〇公分高、一八〇多斤重，能將壓田的石磙子扛到肩上走半里路，能將打場的石碌磚抱起來轉十八圈再舉過頭頂，能挑三百斤重擔翻幾座山的力大無比的父親，一天的勞動只值人民幣三分錢，弄不好還是個負數。他到三歲還兩腿發軟，站不直，大鍊鋼時將他家所有的鐵器銅器一掃而光，連正在做飯的大鐵鍋也拔下來，砸碎在院子裡，當做破銅爛鐵收走了。浩劫過後，鍊鋼的土高爐也接二連三倒塌了，接著是三年大飢餓，死了很多人。他在太陽下的黃土地上和他的小妹妹對著太陽互相透視薄如紙的肚皮包著的腸子，看得一清二楚，而他吃的是糠、菜、樹皮、草根、玉米稈磨成的炒麵，他擔心什麼時候薄肚皮會突然撐破了。他母親就是在他十歲時餓死的，死時才三十八歲。

張俊彪能活下來的確是奇蹟，活下來而又能成爲一位與眾不同的作家，更是奇蹟，因此我在看完了他送我的《我走過的路》這本書後，特別將他的四柱排列推算了一下，我便了然於心，我暗嘆造化之功。他不但會是一位了不起的作家，而最難得的是他是一位正直的人，正派作家。我總認爲中國一定會產生偉大的作品，這次我的大陸文學之旅，更堅定了我的信心，像張俊彪這樣年輕而又在中國空前的苦難中打滾過來的作家，我更寄予厚望。文學不是文字遊戲，不是長夜流淚泣血、不是打落門牙和血吞的作家，不能寄予多少希望，文學作品不是用來混稿費的。而大陸卻不缺少這樣的作家，張俊彪是我發現的一個實例。

當蘭州作家和我開座談會時，張俊彪也是與會者之一。但我事先沒有任何作家的資料，所以對他也並不瞭解，比較引我注意的是藏族詩人伊丹才讓和蘭州大學中文系主任柯楊。因爲他們兩位講話比較多，而且都很內行。新詩人高平，傳統詩人、甘肅詩詞學會秘書長袁第銳，作家、《新一代》雜誌副主編張恩奇，都發表了高見。張俊彪好像在會議快結束時講了話，但內容我已記不清楚，幸好他送了我一本《我走過的路》，這本自傳式的散文集裡有他的身世、經歷、人生觀和創作觀，因此使我對他的了解反而比對大陸其他作家更深。他雖然比我年輕三十二歲，但他的人生觀和創作觀居然有很多地方和我不謀而合，不知道是我落伍了還是他前進？但我從在北京座談起，直到蘭州最後一次文學座談，所有年長的、年輕的小說家、詩人（新詩人、傳統詩人）、古典文學家（包括紅學專家），不分男女，對於我對中國文化、中國文學以及我個人的創作觀點，沒有一個不認同的，這倒是我在台灣時所沒有想到的。

張俊彪因為是在魯迅文學院專門研究文學創作的（魯迅文學院的前身是中國作家協會文講所，他在第八期創作班求學），是科班出身，他的寫作能力顯然比一般文學系出身的人強，而且是一位快手快筆，他的〈黑河碧血〉初稿十八萬字，就是在十八天之內完成的，他在考進文講所之前就已經是一位作家。大陸不但有魯迅文學院，很多大學都有作家班。我在杭州出席作家座談會時浙江大學作家班主任、評論家駱寒超先生和他幾位高足都參加了。作家班是專門培植作家的，大陸的文學教育顯然比台灣實際得多。不獨張俊彪的寫作能力很強，他的同期同學林泉在《我走過的路》這本書前面所寫的一篇代序〈農民、軍人、作家〉，也是一篇文情並茂的大作，他們的作品都有血有肉，內容充實得很，絕不是文字遊戲，絕不是商品。所以張俊彪在《我走過的路》代後記的題目就是〈有愛有恨有血有淚終會有文學〉，文章的結尾也是這句話。尼采說他愛以血淚寫成的文章，這話是不錯的。我們看《紅樓夢》的人，以爲那只是一部愛情小說，清朝的科舉出身只知道喊皇上萬歲的「正途」士子，甚至誣它爲淫書，其實他們根本不懂《紅樓夢》，更不知道曹雪芹是以血和淚寫成這本書的。現在大陸的北京、上海都蓋了大觀園而且有《紅樓夢》人物蠟像，人物畫像流傳更多。而台灣各縣市蓋了那麼多美輪美奐的文化中心，不少人說是「眞空管」，連一個曹雪芹的蠟像都沒有，更別說大觀園了。我在東吳大學教了十幾年書，有一年我問班上七十多位學生，有誰看過《紅樓夢》？結果只有一位女生舉手，而那位女生便是全班文章寫得最好的。後來我又問過一次，連一個舉手的都沒有，因此我也不教了。

張俊彪的貧苦出身，實際上是遠超過「貧苦」兩字，那種「貧苦」，是生活在台灣的「一級貧戶」也想像不到的。但張俊彪從魯迅文學院畢業了，而且成爲一位傑出的青年作家。今年才三十八歲，以他的人生體驗，對文學的認知、執著，我認爲他是未來的中國文學大作家，會是中國人的光榮。台灣是很有錢了，台灣也出了很多青年文學博士、教授，但台灣未來會不會產生一位能代表中國的大作家呢？請大家冷靜地想想吧！

原載中華日報副刊

白天鵝孫大梅

孫大梅，筆名白天鵝。一九五八年生於吉林省輝南縣。一九八三年起，先後在「人民文學」、「詩刊」、「當代詩歌」、「星星」、「詩人」、「詩林」、「作品」、「鴨綠江」、「葡萄園」、「世界中國詩刊」發表詩作數百首。其作品曾被選入「當代女詩人詩選」、「迷你哲理詩」等十餘種詩選。「白天鵝」是她的詩集，共收集抒情短詩六十首。

孫大梅是大陸年輕一代的詩人，她作品的風格和大陸七十年代以前的詩人不同。大陸二、三十年代以至六七十年代的詩人十之八九都是現實主義者，注重詩的韻律節奏，又多使用散文語言，內容平實而人人能懂，但意象表現稍嫌不足。孫大梅和她同時代的朦朧詩人也不一樣，所謂朦朧詩，其實是台灣「現代詩」的再版，不注重節奏韻律，文字組合很有問題，內容更多空泛而虛無飄渺甚至錯亂，使人如墮五里霧中。孫大梅的詩不然，她雖不大注重韻律節奏，由於文字的組合不錯，韻律節奏亦在其中，她使用的是詩的語言，不是散文語言，而內容亦不空泛，且有相當深度，因此較耐咀嚼，尤其是十行以內的短詩，是她最出色的作品。且引數首如后：

早春

你去吧
我不會在你面前流淚
既然你的心
又萌出了另一種顏色

早春的河水
儘管涼得有些冰人
我深信
河岸上的迎春
一旦綻開
對岸有蝴蝶
會翩翩飛過河面

彷彿

夢的碎片
被記憶重新組合

枝頭一夜春雨
滿地落花似雪

門被風低喚
若情人微顫的手

北方秋色

登山遠眺
數紅葉
最憐人嬌羞

貼滿花期的日子

白天鵝孫大楳

繾綣退去
縱有百種風流

鏡子

拿起蒙塵的鏡子
輕輕揩去
記載的歲月

再也無法尋覓
當年的姿色
在它誠實的眼睛裡

潛

漲潮的季節

常常變得驚慌失措
落潮後
空留一片寂寞
又任記憶的風
掃射

她的這些抒情短詩，不但不同於六七十年代以前的大陸詩人的作品，也不同於她同時代的年輕詩人的作品，和台灣詩人的作品，在風格上和思維方面也異其趣。她是一位白天鵝般的青年詩人。

兒童詩人雁小鷗

雁小鷗，原籍河北館陶縣，一九六二年冬出生於霧都重慶。父親是名詩人雁翼，母親是四川文藝出版社資深編輯徐靖。十年文革浩劫中，與兄長被列爲「狗崽子」，成爲社會棄兒。一九八二年起，開始在「兒童時代」等報刊發表兒童詩。組詩「大海媽媽和她的孩子們」被選入「中國新文學大系」，組詩「我愛北方」獲一九八三年「兒童時代」優秀作品獎。著有詩集「小黃鶯的歌唱」。

我國兒童文學向不發達，寫兒童詩的人更少。李白的「床前明月光，疑是地上霜；舉頭望明月，低頭思故鄉。」應該算是最早的兒童詩，流傳了一千多年，還是傳誦不衰。由此可見，兒童詩、兒童文學，並不是沒有前途的。問題是：兒童詩、兒童文學，不能以大人的語言，大人的思維來寫，要完全以兒童的口語，兒童的想法來寫。否則大人看了好笑，兒童看了莫名其妙，那就注定失敗了。

雁小鷗的兒童詩是眞正的兒童詩，她善用兒童的口語和兒童的想法，表現了兒童的天眞爛漫，直扣兒童心靈，這樣的兒童詩就有生命。

詩不能長，在精不在多。中國傳統詩流傳廣流傳久的都是絕律詩，不是古風，不是敘事詩。白居易的「琵琶行」是流傳最廣最久的敘事詩，也不過八十八行。沒有白居易的才情、功力和經歷，便辦不到。新詩的語言、韻律、節奏，難比傳統詩，自然更辦不到。雁小鷗大概明白這個要點，她的兒童詩都很短，同時也沒有忽視詩的音樂性，因此她的兒童詩是相當成功的。引用幾首以見一斑：

小草帽

我常常愛把
我那頂小草帽
同窗外的大葵花比較
是大葵花美
還是我的草帽好
比着比着
我煩惱了
因爲那花蝴蝶
不肯親我的小草帽

風箏

飛得那麼高
頭也晃
尾也搖
看見了樹
看見了花
就這麼驕傲
如果我是你
一定
一定掙脫那根細線
去更高更遠的地方
尋找自由的歡笑

獅子山

我在動物園見到你
你居住在
很小的「大」山裡
聽媽媽說
獸中王就是你
可為什麼被關在了這裡

茉莉花

葉墨綠，花雪白
忠實地守護在我的窗外。
有兩朵已經落了
另兩朵正含苞待開。
落了的，是我的昨天，

待放的，是我的未來。

西安古城

這城門眞高眞大
唐僧取經回來
是從這兒進來的吧
那孫悟空呢
準是一個跟斗翻過來的
你看，高高的古城樓上
還有孫悟空踩破的琉璃瓦

火車上

睡的時候還在四川
醒來已到了河南

車窗外平坦坦的
眼睛眞不習慣
這裡的山呢
怎麼找不見
莫非被愚公移走了
埋在青紗帳的下面

雁小鷗的兒童詩，不但掌握了兒童詩的創作要點，也給兒童不少想像的空間，是值得有心於兒童文學的人注意的。

第三輯　傳統與現代

在北京看京戲

京戲是集文學、音樂、舞蹈、武術、戲劇於一爐的綜合藝術。在台北稱爲平劇，在大陸各地仍稱京戲，是我們日漸式微的國粹之一。大陸各省市雖都有京劇團的設立，訓練也嚴格，人才輩出，但演出的機會並不多，原因是經濟狀況和社會制度不能配合；而這邊的劇團少，人才不多，社會變遷太快，西化程度日深，社會教育不能配合，更有難以爲繼之勢。

京戲之所以能成爲我們的國粹，種因於清代中葉。乾隆五十五年（一七九〇），爲慶賀乾隆八十大壽，「三慶」徽班在名旦高郎亭率領下，奉命進京祝壽。以後「四喜」、「春台」、「和春」徽班相繼進京，時稱四大徽班。徽戲雖是地方戲，但歷史悠久，而又以二簧腔爲主調（二簧是最好聽的腔調），再輔以崑腔、徽調、吹腔，因此歷久不衰。四大徽班進京後，又融合了京腔、秦腔的精華，更得人喜愛，因此雄踞京師劇場。而四大徽班又各有特色，時人稱「三慶」的軸子（連本大戲見長），「四喜」的曲子（以崑曲著稱），「和春」的把子（以武戲取勝），「春台」的孩子（以童伶出色）

。加之那時是農業社會，又有文人雅士捧場，主觀客觀的形勢相互配合，自然形成京戲發展的溫床。

嘉慶、道光年間，漢調（又稱楚調）又進京加入徽班演出。漢調以西皮、二簧兩種腔調爲主，造成了各種腔調合流、皮簧合奏的戲劇大融合，因此更孕育了中國戲劇的新寵兒—京戲於焉脫胎而出。

我愛京戲這種國粹。抗戰勝利後我在上海幾有一年時間每天要看一場京戲，甚至兩場。名角梅蘭芳、馬連良、麒麟童乃至言慧珠、童芷苓、裘盛戎、袁世海、高盛麟、姜妙香、郭元汾、高百歲、高宗義、王琴生……我都看過。同樣的戲由不同的人演出，韻味便不一樣。舉手、投足、眼神、水袖……處處都有學問，不只是咬字、吐音、行腔。因此愈看眼界愈高，愈聽愈入迷。世界上沒有任何戲劇、歌劇、電影，能使我如此傾心。「五岳歸來不看山」，來台灣以後，看得少了，多以唱片、錄音帶消遣過癮。前年去大陸探親，買了不少錄音帶回來聽，除了樣板戲充滿了殺伐之氣，破壞了京戲的含蓄、溫柔、敦厚，我不喜歡外，但對於演員的本身修養、唱功，我還是相當欣賞，尤其是聽了李維康的新戲「謝瑤環」（不是樣板戲），我更是驚喜，認爲她是幾十年難得一見的青衣瑰寶。所以這次我到北京就特別注意京戲演出廣告，更希望能看到李維康的演出。

在報上只看到新疆維吾爾自治區烏魯木齊市京劇團演「四郎探母」，和紀念徽班晉京二百周年京劇專場戲目選段：

七擒孟獲　辛寶達

鳳還巢　　梅葆玖

將相和　李長春
霸王別姬　杜近芳
藥茶計　王晶華
秦瓊發配　李鳴盛
串龍珠　張學津
蘇小妹　吳素秋
監酒令　葉少蘭
一捧雪　孫　岳
陽平關　譚元壽
景榮慶　楊少春

爲了看這兩天戲，我特別延遲一天去上海。

烏魯木齊從前叫迪化，這種維吾爾自治區市還有京劇團就很令我好奇。事實上烏魯木齊京劇團在五十年代就建團了，已經有三、四十年的歷史，曾演遍天山南北，也受到北京、上海、濟南、南京、西安等地觀眾歡迎。

該團成員主要來自中國戲曲學校及進修班，新疆藝校、烏魯木齊藝校以及劇團培訓的演員。團長張鵬，九歲習藝，從王小樓練功。一九五五年考入該團，在中國戲曲學校深造中，由錢富川、沈三玉、孫盛雲、耿明義教導。一九六一年拜武生江世升為師。一九八一年高盛麟收為關門弟子（四十多年前高在上海演出時以武生戲為多，但他能唱，扮相亦佳）。此外張鵬還向王世續、李春甫學老生戲。

張鵬的四郎唱功還可以，但是動作太誇張，兩次甩髮都拖泥帶水。而回令求情哭唱「老太后……」時面向觀眾，背向太后，太不合情理，顯然未經明師高人指點、糾正，犯了大忌。我覺得他雜而不精，不能入戲。

飾演鐵鏡公主的劉長瑜是臨時助陣的。劉長瑜是以唱樣板戲「紅燈記」起家的，嗓音高亢，有點刺耳，眼神太活，動作誇張，失之輕浮，不合公主端莊、雍容華貴身份。如演花旦、丫鬟，小家碧玉或可差強人意，但不宜青衣，不宜公主、夫人角色。倒是演佘太君的丁淑蘭，台風穩，唱亦不差。

四郎探母的演出場地是吉祥戲院，和臺北國軍文藝中心格局差不多，只是燈光、設備差些，也穿插著幾個西洋人，觀眾也是中老年人多，這點兩岸的情形更十分相似，我幾乎以為身在台北文藝中心。看看那些觀眾，想想自己不遠幾千里而來，不禁好笑。

第二天再去工人俱樂部看戲，工人俱樂部燈光、設備比較好些，和台北國軍文藝中心相近。紀念徽班晉京二百周年的演員水準高多了。不過因為人多，是選段清唱，雖是戲裝上場，但表演少，只能看看台風，聽聽唱腔。

李長春是裘派花臉，唱「將相和」，扮相好，唱亦佳，很有裘味。

王晶華的「藥茶計」，高低腔運用自如，老旦味足、觀眾叫好不絕，加唱一段佘太君後才鞠躬下台。葉少蘭先唱「監酒令」，加唱「白門樓」，都是好小生戲，聲音亮而雄渾，但韻味不如葉盛蘭耐聽。體型壯碩扮相稍胖。張學津是張君秋的公子，學馬，稱爲馬派傳人。他的台風、唱腔，完全是馬連良的路子，我在收音機裡聽過他不少次，能親眼看他在台上現身，自然高興，他先唱「串龍珠」，又加唱「法門寺」，與我勝利後在上海天蟾舞台看馬良演群英會的前魯肅（草船借箭）後孔明（借東風）的顚峰時期相比，台風、韻味，只有馬的六七成火候。文學藝術一心模倣別人，不過形似而已，必須發揮自己的長處，走出自己的路子，才能自成一家。

孫岳先唱「一捧雪」加唱「戰太平」、嗓音寬亮，韻味亦佳，是老生的上駟之材。散場時我在前聽買了一卷他的錄音帶「孫岳唱腔選」：珠簾寨、賣馬、洪羊洞、搜孤救孤完全是譚（余）派戲路。

梅葆玖是梅蘭芳的公子，自然是梅派，但他的長相不如乃父，上妝以後，嘴仍嫌大，唱「鳳還巢」、「宇宙鋒」韻味似梅蘭芳，身段却差多了。勝利後我在上海皇后戲院看梅蘭芳的「四郎探母」時，他已五十出頭，但上妝後仍如處子，華貴雍容。回令哭堂抹脖子假裝刎頸自殺時，一如少婦的嬌羞逗趣，表情自然，身段還相當靈活。最近我在電視「八千里路雲和月」又看了梅葆玖一段戲，發覺他的扮相更差，全身僵硬。文學藝術，各憑造化，是不能父傳子的。這是我一貫的看法。倒是他姐姐唱鬚生的梅葆玥，長相一如乃父，身段靈活多了，戲亦不差。不過，身爲梅蘭芳的子女，再走梅蘭芳這條路，發展的空間自然小了。因爲文學、藝術方面的長才，往往是幾十年乃至幾百年難得一見的。梅蘭芳已經登峯造極，學梅人的那麼多，有誰能超過梅蘭芳？何況梅葆玖？不然梅蘭芳也就不足爲奇了。

杜近芳是一位著名青衣，二十多年前，我就買了她全本「柳蔭記」、「李香君」、「白蛇傳」唱片，再加上趙燕俠的「梵王宮」、「盤夫」、「碧波仙子」及「紅梅閣」片段唱片，她們兩位讓我飽了幾年耳福。尤其是趙燕俠，咬字吐音之準確清晰，唱腔之柔媚甜潤，不作第二人想。當年曾想，只要情況許可，我會從台北坐飛機專程趕到大陸任何地點看她幾場戲。可是現在再聽她近年的錄音帶，發覺她的中氣不如當年，聲音的魅力大減。歲月不饒人，實在可惜！

杜近芳雖然比趙燕俠小些，但也應該是坐六望七了？能看到她在台上獻藝，也是眼福耳福，也算不虛此行。這天她唱的是「霸王別姬」，還加唱了一段「穆桂英掛帥」，唱作都是梅的路數，而且態度認眞，毫不苟且。一個人要想成功，是絲毫馬虎不得的。但歲月亦不饒她。

這次我沒有看到李維康登台，不無遺憾。想不到幽州書院副院長、老舍研究會常務理事兼副秘書長王志遠先生，竟在我與北京作家開座談會時以及七十賤辰慶生會上居然將李維康小姐和他先生耿其昌請了來，開座談會時我因贈書節目延後進場，並沒有個別介紹，她是唯一的女性，看她那副端莊、落落大方的樣子，我不知道她是那一位女作家？直到散會參加七十賤辰晚宴時，我和他們夫婦才正式見面交換名片，自然十分高興。原來她是中國京劇院二團團長，耿先生是文藝一級演員。他們兩位眞是志同道合，但我對耿先生卻一無所知，在宴會上大家要求他們賢伉儷唱一段飽飽耳福，雖然沒有胡琴，他們還是各唱了一段，想不到耿先生音色十分純正，嗓音嘹喨，不慍不火，了無俗氣，不愧是「

文藝一級演員」。宴會結束後他們夫婦和我合影留念，我離開北京前夕，他們又託王志遠先生送了我幾卷錄音帶，其中有他們夫婦合作的新戲「李清照」，和老戲「武家坡」，我回台北以後，將他們兩位的錄音帶都仔細聽了。李維康的「謝瑤環」是百聽不厭，最能發揮所長，宇宙鋒的反二簧慢板，雖是老戲老腔老調，但她唱來也特別有味，「三堂會審」她也發揮得淋漓盡致。她不論是新戲老戲，唱來都舉重若輕，別有韻味，她於一九六六年畢業於中國戲曲學校，在校即嶄露頭角，「有金嗓子」之譽，是一九八三年第一屆梅花獎得主，及京劇振興杯電視大獎最佳演員。她的傑出劇藝地位早經公認肯定，她吸取了四大名旦諸家之長及地方戲民歌的唱法，運用了得天獨厚的中氣足、口齒清、音色美、音量寬的優點，形成了她自己的行雲流水、清新脫俗、剛柔相濟、曲曲傳神，落落大方的唱腔，如果今後能夠依照她自己的氣質，配合自己的優點，再多編些新戲，她可以為京戲開闢另一片新天地，不會讓梅蘭芳專美於前。可惜我沒有看過她的舞台演出，希望她在舞台上的演藝能與唱功媲美。不過依據她與我握手的經驗推測，她的手柔若無骨，十指纖纖，這是天生的藝術家的巧手，她舞台上的演藝一定不差。

耿其昌先生也是中國戲曲學校的畢業生，受過嚴格的教育訓練。他在「李清照」裡飾趙明誠的二簧倒板、迴龍、慢板、二六，這一大段唱腔，韻味極佳，充分表現了他的音色純正、優美，鬚生的唱功他也發揮得淋漓盡致，而且十分正統，恰到好處。他是鬚生中難得的人才，特別富有文學氣息。他們兩人合演的「武家坡」也是珠聯璧合。

京戲是我們的國粹，與文學密不可分。好的劇本、好的戲詞、好的腔調，可以創造好的演員。京戲要開創新局，絕非搞「樣板戲」可行，那只會毀滅京戲。京戲是古典的，它應該循著溫柔敦厚、含蓄風雅的中國文化特質向前發展，多編好劇本，多採用二簧唱腔。我們的文化資源是取之不盡，用之不竭的，劇本取材絕無問題，何須外求？何須改演莎士比亞戲劇，以致不倫不類。京戲並沒有走到盡頭，也不應該走到死路，只要劇作家和演員共同努力，文化政策、經濟制度、社會教育、多加配合，多給京戲一點發展空間，京戲還是很有前途的。

我們的國粹已經喪失殆盡，京戲一旦失傳，不但是中華文化萬劫不復的損失，也是世界文化的一大損失。除了中國以外，世界上沒有一個國家能將京戲振興起來，科學是無能為力的。希望兩岸的中國人清醒過來，再不共同努力，以後眞的後悔都來不及了！

一九九〇年九月十一日大成報

後記

徽班晉京兩百周年，在今年春節期間，曾集大陸各地劇團精英在此京盛大演出多時，可惜我未能躬逢其盛。但我曾托友人以九千元重金購買臺視十卷錄影帶，可惜主持人對話多，字幕、口頭亦有錯誤，如女主持人將「冗」長唸成「亢」長，便很難原諒。不過我另外以六百元低價買了這次盛大演出的三卷「名家唱段精選」錄影帶，其中戲目很多，人才輩出，使我對大陸京劇演員、編劇、音樂、舞臺設計等，有更廣泛的了解。我認爲京戲在大陸不但沒有式微，這四十多年來反而發揚光大了，水準已經超過四十年前，這是令我最爲興奮的一件事。演員方面，更是中青年人才輩出。以馬派鬚生來說，馮至孝無論臺風、唱腔，都很瀟灑，最有馬味。以張派青衣來說，王容容的天賦極佳，底氣十足，嗓音寬亮，行腔自如，最有張味。她潛力雄厚。假以時日，應可更上層樓，自成一家。孫毓敏的金玉奴、紅娘，也很有荀味。裘派花臉更是人才濟濟。而鬚生、青衣合演方面，李維康、耿其昌夫婦可以說是珠聯璧合。坐宮的演出，全神貫注，一絲不苟，較之四十年前梅蘭芳、王琴生在上海合演的四郎探母，毫不遜色，且有過之。他們兩位確是京劇演員的一對瑰寶，幾十年難得一見。這次的盛大演出，無論生、旦、淨、丑都令人耳目一新，大開眼界，大飽耳福。而一般病於嗓的武生，刀馬旦，也都有一副出人意料的好嗓子。如唱「山神廟」、「東嶽廟」的武生李光雖爲武生，但不失儒雅，十分難得，而嗓音之佳，一般鬚生也難望其項背。盤絲洞中蜘蛛精化身的女兒國王方小亞，不但武藝絕倫，梅、程、荀、尚唱腔都能運用自如，唯妙唯肖。這眞是異數。而飾演「徐九經升官記」的丑角朱世慧更是一位天才演員，他眉眼嘴鼻都是戲，他將徐九經這個有才無貌的人物演活了。在編劇方面，盤絲洞、徐九經升官記的兩位編劇家，都各具巧思，尤以「徐九經升官記」的劇作家，更充分地表現了他的創作才華，而且很有思想深度，全劇前後呼應，絲絲入扣。一棵歪脖樹、一罈酒、一壺鶴頂紅，都是關鍵之物。而心理表現之佳，爲京劇前所未有，徐九經連唱七十多個官字，比官場現形記更佳，諷刺而不尖刻，發人深省。結局絕妙，韻味無窮。胸無丘壑者絕難臻此。

從這次徽班晉京兩百周年的盛大演出中，可以看出大陸京劇各方面人才鼎盛，和精益求精的敬業精神，如在劇本創作方面繼續推陳出新，演員選拔教育，維持既有水準，甚至更上層樓，京劇還大有發展空間，決不會走進死胡同。畢竟這是全世界獨一無二而又最多彩多姿最完美的綜合藝術。從一位七歲小孩子嚴瑞中規中矩的「盜馬」，和一位青年坤票鬚生韓溆玲響遏行雲餘音繞樑的楊四郎唱腔上看來，京劇前途更充滿希望，我也不必太過慮了。

八十年（辛未）十月二十三日補記

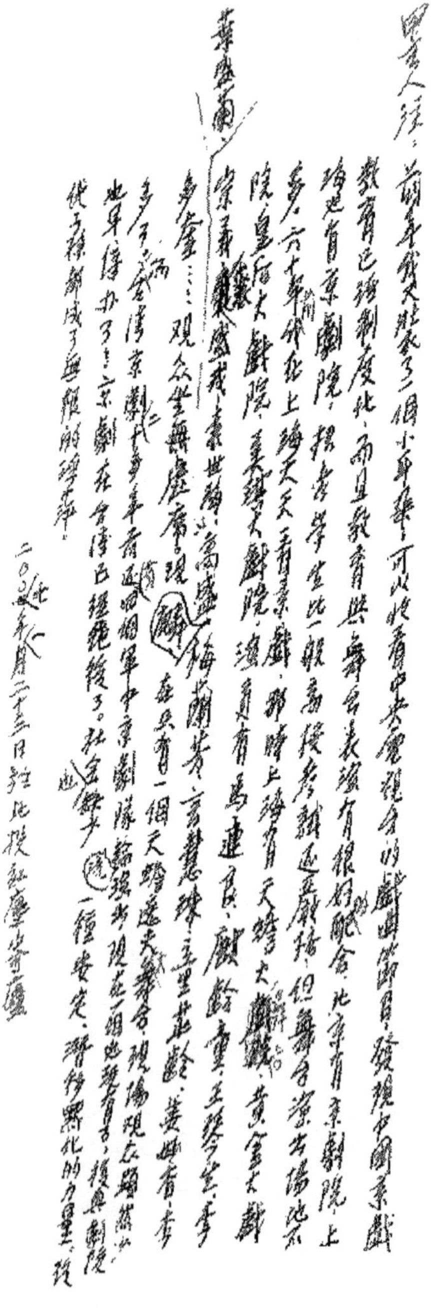

中國現代文學館

一九一九年「五、四」新文學運動以來，中國作家有什麼貢獻？中國現代文學有多少成就？生活在台灣的作家和讀者很難衡量，因為缺少可靠的參考資料。中國這麼大，作家有多少？連台灣的都很難弄清楚，海外的、大陸的更不容易明白。

政府開放大陸探親以後，最初只限於探親，前年我因探親之便，雖去過北京，但沒有露面，更沒有和文藝界正式接觸，回台北以後，有人問我去過「中國現代文學館」沒有？我才知道有這個單位。今年擴大文化交流，我應邀去大陸，順便帶了二十幾本拙作，準備送給中國現代文學館收藏。

五月十六日，中國現代文學館安排了一個贈書儀式，我們一群六、七人，以及中國作家協會負責人、該館館長楊犁先生、副館長劉麟先生、舒乙先生和工作人員以及新華社北京社社長等都到場，由館長楊犁先生代表接受。

中國現代文學館的館址是北京西三環北路十二號萬壽寺，據引導我參觀的舒乙先生告訴我，這座宮殿式的建築是清朝慈禧太后去萬壽山時的中途行宮，她常常在這兒休息一會或住一兩天再去萬壽山。現在是該館的臨時館址，以後還要興建正式的永久館址。

現在萬壽寺的臨時館址的情形如何？必須先介紹一下。

館舍面積四二五五平方米，使用面積二二七三平方米，其中書庫一九〇平方米，雜誌庫一一三平方米，報庫四五平方米，大會議廳一七六平方米，大會議廳一七六平方米，小會議廳八五平方米，作家文庫一四一平方米，電視機器房及錄音室七七平方米，照相工作間三三平方米，手稿珍藏庫三五平方米，照片庫二十平方米，閱覽室六八平方米。

一九八六年，財政部加撥專款五十萬元，購置了全套錄像設備，添置了一批現代化的文物保藏手段及複印等專用設備，手稿珍藏庫及作家照片庫內配有空調櫃、去塵機、排風機、報警器，庫房具有防火、防塵、防紫外線、防震、防盜性能，能保持恆溫、恆濕及通風等的良好保藏環境。

中國現代文學館是中國作家協會所屬機構。它的成立是源自巴金先生一九八一年二月十四日爲香港文匯報所寫的「創作回憶錄」之十一，「關於寒夜」和「創作回憶錄・后記」中倡議建立「中國現代文學館」的。此一倡議於是年三月十二日在人民日報正式刊載，反應强烈，於四月二日經中國作家協會主席團擴大會議討論通過，決定籌建中國現代文學館，報請中共中央批准，十月十三日成立建館籌備委員會，一九八二年，在有關部門協助下，選定萬壽寺作爲文學館臨時館址，財政部並撥款一五〇萬元修繕館舍及購置基本設備，巴金也捐了十五萬元作建館基金。一九八五年一月五日正式成立。

中國現代文學館分設資料室（下設計畫採購組、編目組、保管流通組）、徵集室（下設檔案組、徵集組、錄像組）編輯室、辦公室（下設行政組、人事組）及茅盾故居紀念館，編制五十人。巴金、孔羅蓀任名譽館長。

該館自一九八五年一月五日成立，至一九八九年底止，共收藏文學資料一七一九五六件。其中主要者爲：

一、文學著作三四一五七冊（其中作家簽名本五六九〇冊、作家文庫藏書一一〇四二冊）。

二、文學雜誌：

一九四九年前文學雜誌七〇八種，一〇九〇三冊；一九四九年後（不包括一九四九）一三四二種，四二九〇一冊。

一九四九年文學雜誌五三三種，三八三四冊。

港台雜誌三五種，一四二〇冊。

三、報紙一二四種。

四、作家手稿四九七九件。

五、作家照片五一三四件。

六、作家書信五一三一件。

七、作家文物一七七件。

八、作家錄音帶三五二盒。

九、作家錄像帶三六五盒。

十、作家其他文獻資料一三三七件。

該館除以上一般性的收藏外，還特別成立了作家文庫。凡是作家整批捐贈的藏書、文學資料，都專門撥出房間或書櫃，建立以作家姓名或筆名命名的「文庫」，以保存其藏書風格和全貌，很有意義，更便於作家本人、家屬及研究者使用。現在已經建立了「巴金文庫」、「冰心文庫」、「蕭三文庫」、「蕭乾文庫」、「張天翼文庫」、「周穎南文庫」。其中以「巴金文庫」的七四三四冊圖書最多。「冰心文庫」有名人字畫五三件，八五冊日本著名作家簽名贈書。

而值得特別一提的是該館有總面積五三五平方米的作家及研究者工作間二十餘間，能為作家及研究者提供寫作及研究需要，還有複印工作間及打字工作間，十分方便。以一九八九年一年為例，該館即接待作家及研究者一三一六人次，其中國外研究者四七人次。借閱圖書資料四七三三冊。

該館除館內對作家提供服務外，還有計畫地派出徵集人員訪問作家、照相、錄音、徵集作品書籍、書信、照片文物，幫助作家整理資料、協助已故作家家屬整理作家遺稿並向高齡作家獻花祝壽。建館以來（一九八五年一月至一九八九年止），先後採訪了四一一位作家，完成了八〇〇名作家的書目編寫。

此外在學術交流活動方面也作了不少工作。如舉辦現代文學創新座談會、講習班、作家學術討論會、生平展覽。一九八七年在北京舉辦了「巴金創作生涯六十年展覽」、一九八八年舉辦了「冰心創作生涯七十年展覽」、一九八九年又在成都、上海舉辦巴金展覽、在北京舉辦「老舍創作生涯展覽」。並和世界各國研究機構、圖書館、漢學家建立了資料往來聯繫。

在出版方面，該館和中國現代文學研究會共同編輯出版「中國現代文學研究叢刊」季刊，每期二十五萬字，由作家出版社出版，專門刊載專業研究成果，文學資料和信息動態。將繼續編輯出版「作家書信集叢書」、「作家書信選登」、已出版「茅盾書信集」、「郭小川書信集」、「胡風書信集」。「茅盾故居紀念館」則是屬於「中國現代文學館」的館外單位，在北京東城區交道口后圓恩寺胡同十三號，每周二四六接待參觀。內有「茅盾創作生平展覽」、茅盾手稿、著作、照片、文物九〇八一件。自一九八五年三月二十七日正式開放，至一九八九年底，已接待中外觀眾一四二二三人次。

「中國現代文學館」是中國現代文學寶庫，不但台灣一般人不知道，台灣很多作家都不知道。中國現代文學、現代作家將來在中國文學史上如何定位？是大家應該冷靜、客觀思考的時候了。

二三十年前，台北作家想有一個作家寫作間，一直到現在都沒有辦到，而當年那些老作家現在多已先後停筆不寫了，多已七老八十了。現在台灣在一陣「經濟奇蹟」退燒之後，還能出現「文化奇蹟」、「文學奇蹟」嗎？但古今中外是沒有這種「奇蹟」的。「台灣錢淹腳目」，過去從來沒有那一方面考慮過這種事，今後自然更不會「亡羊補牢」了。在「經濟掛帥」的體制之下，談文化、文學是不合時宜的，我又作了一件傻事。

中華民國七十九年九月一日大成報（一九九〇）

陶淵明白居易的流風餘韻

今年我的大陸文學之旅，因爲要去的地方多，香港簽證的時間又不夠，原先並沒有安排回故鄉九江市。但故鄉師專的教授徐崇亮、陳忠和一些文人學者都希望我不要「過門不入」，他們的盛情我無法婉拒，只好將其他地點的日程縮短，抽出三四天時間與鄉親們聚聚。

不是我老王賣瓜，自賣自誇。故鄉九江確是一個名山勝水、交通四通八達的地方，天下名山廬山去城不過十來公里，我少年時走路上下牯嶺也不過三、四小時。牯嶺一到夏天就冠蓋雲集，從前是有名的夏都。鄱陽湖從前是中國第二大湖，現在是中國第一大湖，中國第一大江長江更沿城而下，帆檣雲集，江西又是中國穀倉，九江更是江西的門戶，是標準的魚米之鄉、茶市、瓷市；而城內的甘棠湖，是三國時周瑜練水師的地方，湖水之澄清，風景之秀麗，除杭州西湖外，少有其匹。我自抗戰初期遠離故鄉，一直魂牽夢縈四、五十年，前年返鄉探親雖然發現破壞很大，令我神傷，但大陸到處殘破，非止故鄉如此。故鄉由於先天條件優厚，一旦恢復，仍是「天生麗質難自棄」的。

上次回鄉探親我未公開露面，也避免接觸、遭次是在開放文化交流聲中回到故鄉，一切文學活動，就由作協、文聯、青年學者協會、師專的鄉親們安排了。

俗話說：「美不美，鄉中水；親不親，故鄉人。」何況我眞是「少小離家老大回」。這次我回故鄉是整整七十歲。從前杜甫慨歎「人生七十古來稀」，我生於憂患，比杜甫所經歷的苦難、危險，何止十倍？七十歲還能活着回到故鄉，雖見不到父老，但後生晚輩却是不少，他們對於我這位「老人」，眞是熱情有加，一聽到我始終未改的鄉音，這種認同感就更強了。

他們安排了我一次作品討論會，一次贈書、創作報告會。討論會是由作協、文聯主席王一民先生和師專教授陳忠、徐崇亮先生聯合主持的，報告會也是他們幾位與九江市對外文化交流協會和圖書館共同主持的，而戴曉慧小姐則一直是穿針引線的人物，她是我返鄉探親時就先和我認識的，和我一樣爬格子的詩人劇作家王一民先生也是她介紹的。她原籍是東北，母親是東北人，父親却是白夷，但他們都定居九江，看樣子他們愛上了這地方。戴小姐秀外慧中，文筆很好，是一位很標準的中國小姐，王一民先生說他想將《紅塵》改編電視劇，我笑說香君一角戴小姐很合適，她秀麗的外型，聰明伶俐，和一口京片子，非常適合香君這個角色。如果他的改編計劃成功，我的話可能就不是戲言了。

兩次座談會都開得非常愉快，因爲我們完全以家鄉話交談，我又向來不會講假話，我是實話實說，更不賣老。我不是「衣錦榮歸」，也沒有發財，我在外面四五十年的生活也沒有向他們隱瞞或吹噓的必要。因此他們也完全把我當作鄉親，而我沒有想到的是，師專退休老師、陶淵明專家、詩人徐聲揚先生還當場送了我一副以拙作書名和小說篇名撰的墨寶：

白雪青山歸斷夢
黃龍紫燕結芳鄰

另外他還送了副賀我七十賤辰的嵌字對聯：

心不踰矩無煩繩墨
學能窺奧可究天人

再加上一首步我「懷舊河」山原韻的七律：

見說先生通百家，尤其研易露才華。
自成蹊徑無依傍，得正源流值贊嗟。
日月參光期在子，天人合一必開花。
江州兒女多奇慧，默默耕耘志更嘉。

徐聲揚教授詩字均佳，不愧是陶淵明專家，人更質樸淡泊可敬，也是陶淵明一流人物。只是他的過譽，我不敢當。我自幼即愛陶詩，二十多歲就想歸田，原先對那張授田證還存有一點幻想，現在已塵埃落地，最多可以領到二十萬元臺幣的補償金，充其量不過半年生活費而已。現在眞的無田可歸，看來「葉落歸根」也不可能了。

兩次座談會之間，陳忠、徐崇亮、王一民、戴曉慧諸位，還陪着我隨同負責電視錄影的高麗華、譚海屏、雪冬諸位，去能仁寺、潯陽樓、琵琶亭、烟水亭這些古蹟名勝參觀錄影。

能仁寺是一千多年的古寺，我有四五十年沒有來過，倒是別來無恙，那座寶塔還是那麼巍峨矗立，還是全市最顯眼的建築，只是這幾十年來又添了一些神話。

潯陽樓是重新修建的，它雖然沒有江南三大名樓南昌的滕王閣，岳陽的岳陽樓，武昌的黃鶴樓那麼馳名，但是讀過水滸傳的人就知道它早已赫赫有名。水滸傳三十九回寫「潯陽樓宋江吟反詩」，就是在這裡。宋江在潯陽樓的粉壁上題的反「詩」是這樣的：

自幼曾攻經史，長成亦有權謀。
恰如猛虎臥荒邱，潛伏爪牙忍受。
不幸刺文雙頰，那堪配在江州！
他年若得報冤讎，血染潯陽江口！

這首西江月詞不但將宋江這個人的性格和盤托出，也使潯陽樓永垂不朽。何況宋江在「西江月」後還寫了一首七絕：

心在山東身在吳，飄蓬江海漫嗟吁。

他時若遂凌雲志，敢笑黃巢不丈夫！

再加上李逵大鬧江州，潯陽這個地方已經太熱鬧了。幸好宋江不是九江人，九江還是歡喜陶淵明白居易這樣的詩人，白居易的琵琶亭也新建在潯陽樓旁邊的長江邊上，這不是原來的亭址，但新建的亭子是氣派多了。白居易的一首琵琶行，就足以使潯陽與任何中國名城頡頏。

烟水亭有周瑜點將臺，白居易在此建浸月亭，宋朝理學家周敦頤在此續建亭閣，取「山頭水色，薄暮籠烟」句意定名爲烟水亭。現任上海作家協會副主席羅珞有一首「烟水亭」的新詩寫得很好，我已另文評介，不必引用。倒是淸人查愼行（一六五〇—一七二七）的「初夏坐烟水亭望廬山」七絕可以引用一下。

一

一奩明鏡插芙蓉，積雨初晴翠靄濃。

萬疊好山看未足，又添雲勢作奇峰。

二

分明寫入畫圖中，倒影看來上下同。

忽失水中山一半，浪紋吹皺日高風。

這兩首詩是連廬山一起寫了。在烟水亭看廬山倒影，比在日本山中湖看富士山倒影要美多了。

他們陪我在這邊錄影之後，還陪我上廬山。第一天夜晚住在中國科學院廬山療養院的招待所裡。戊辰年回鄉探親我也在這裡住過一夜。這裡是眞正一塵不染，空氣清新。少年時我在山上住過三年，這一帶我很熟，現在雖然變了，但山的形勢未變，蒼翠的樹木未變。敝親徐先生早起和我一道散步時告訴我一件頗爲興奮的事，他是工程師，他說山上探勘出一個礦泉，水中含鍺很高，鍺是可以防癌的，植物中只有薏仁和枸杞子有，但含量遠不如廬山的礦泉，一旦開發好了，將來必然奇貨可居。本來廬山的泉水就很清澈而有一絲甜味，裡面含鍺那更是玉液瓊漿了。

我們幾人在山中無拘無束，過了一夜自由自在的生活，自由自在地閒聊。上午遊覽了「花徑」等名勝，午飯後又一起去太乙渡假村。過含鄱口就完全走路，下山路很窄很陡。大家耽心我年紀大，怕我吃不消，却不知道我登山是家常便飯，幾乎每天都要上下三四百公尺，當作運動。我一馬當先，只有陳忠教授和我搭配，一個多鐘頭下來，大家放心了也服了。快到太乙村時我突然發現竹林小徑邊有一塊巨石似曾相識，竹林小徑也完全符合，一時想不起來是在那裡見過？原來是二三十年前的夢境！因爲我在廬山住過三年，對廬山有一種特別的感情，因此魂牽夢縈幾十年。現在旅遊局想將太乙村建成觀光別墅區，太乙村原來是抗戰前的蔣委員長和高級將領們的住宅區，房屋都是別墅形式，只是破敗荒廢了，不過招待所是整理好了的，我們就住在招待所裡。

山中無事，本來是談狐說鬼的好機會，但一民兄一心想改編《紅塵》爲一部大戲，所以他一直和大家談這件事，同時也看看這幾天的錄影帶消遣。

我們這一行人沒有一位是宋江，都是陶淵明、白居易的後輩，雖然不敢望前賢，但彼此都無「大志」，我更是想學陶淵明而不可得，所以大家談得很愉快。

第二天早晨也起得很早，陳忠教授陪我去找那塊「夢中石」，山上的巨石很多，看了幾塊都不大像，後來突然發現了竹林中小徑邊那塊長方形青黑色的巨石，陳忠教授和我很高興，因爲昨天在山上我就遠遠指給他看，對他說過，他將我發現這塊「夢中石」的故事告訴太乙渡假村的湯總經理，我是他的客人，他要我題字勒石，我因爲幾十年不拿墨筆寫大字，雖然在上海金沙江大酒店被逼着臨時寫了一首五絕：「春申江上客，今日又重來，暴雨狂風後，何時花再開？」但我覺得毛筆已不聽用，因此想儘量藏拙不寫。湯總經理却說：

「上海有位大商人想買這塊石頭題字，留個名兒，我都不答應，因爲它是一塊最好的石頭。很多人都想在上面題字，可沒有那麼容易，我這個渡假村的石頭是有身價的。」

的確不錯，在石頭上題字的都是名人，五六十年前蔣[redacted]在一塊大石上的題字，還宛然如新。湯總經理這麼一說我更不能題。我說：

宋美齡

「我的字太差，又不是達官貴人，不要糟蹋了石頭。你還是賣給上海那位大商人題吧。」

「他出再多的錢我也不給他題，但是你非題不可。」

這次到大陸來我沒有遇到任何困難，就是到處有人逼着我題字，使我想藏拙都辦不到。由於主人盛意拳拳，我這個作客人的如果峻拒那就太不近人情，加之一路陪我的高麗華女士、譚海屏編導看我一路來題過幾次，他們兩人和陳忠授他們幾位又一再催促，我只好又獻了一次醜，題了「夢中石」三個大字。

「這才是一件奇事，也是一段佳話。」陳忠教授高興地說。

這塊頑石和我有這段奇緣，大概也是冥冥中有數存焉？或是老天爺體諒我思念廬山思念了幾十年的鄉情吧？（不過我可不是賈寶玉，這塊頑石也不是青埂峯下那塊補天未用之石，我已無家可歸，更是補天無術。）

人有情，石亦有情。我這次回到故鄉，一路陪我的高麗華小姐、小譚、雪冬他們都爲我高興。我更感謝鄉親的盛情。這也可以說是陶淵明、白居易的流風餘韻。九江是一個山明水秀的地方，九江人不論男女，總有那麼一點文氣。九江不出宋江，因此我也沒有出息。

原載八十年二月十日新生報副刊

墨人註：

我[illegible]想過陶淵明「採菊東籬下，悠然見南山」那種逍遙自在的生活而不可得。一九三八年春我就流浪四方，逃到武昌的第二天就遭到八十架日本空軍的地毯式的大轟炸，真是「九死一生」。只要我[illegible]作大長篇小說《紅塵》已在，日本政客就不能以[illegible]遮掩中國人來掩飾那一次慘絕人寰的侵華戰爭。我有不少同學就是死在長沙大火中犧牲的。我在岳陽看見一家五口的母子慘死在日機轟炸之下。我還撿了一架日機被擊落在洞庭湖邊的飛機殘骸[illegible]打下的金屬[illegible]三具日軍屍體，我撿了一塊小金屬[illegible]作紀念，我[illegible]失落。對真是大難之後的微笑。

鄉先賢陶淵明比我早年遲，不過我比他已經多活了二十多年，而且來日方長，因為的文字續述現遺蹟。

秦時明月漢時關

——武威、張掖、酒泉、敦煌行腳

甘肅是我四十天大陸文學之旅的最後一站。

以地理位置來講，蘭州是中國的中心，以政治、經濟、人文發展的情況來看，二十世紀的甘肅，又淪爲西北偏遠地區。江南人到過西北的不多，尤其是最近四十年來，我這個江南人又一直寓居東南海島台灣，更沒有機會到河西走廊來。這次承黃河文化實業公司總裁雁翼和甘肅農副土特產品工貿公司總經理王瑜女士的安排，讓我得償宿願，暢遊絲路河西走廊。

河西走廊的起點蘭州是甘肅省會，政治、經濟、文化中心。從西安坐飛機只要一小時左右就可以到達，交通相當便利。但蘭州機場離市區很遠，小汽車也要開一個多小時。據說除了拉薩機場外，蘭州機場是距離市區最遠的。

西北的地貌和江南完全不同，從機場到市區，一路童山濯濯，寸草不生，加之氣候乾燥，有一種蒼涼的感覺。江南的麥子已經收穫，而六月中旬的甘肅，小麥苗還只有幾寸長，乍看之下，眞以爲是韭菜，種得早的麥苗亦不盈尺，加之蘭州海拔一千多公尺，氣候土壤的差異，使小麥成熟期比江南落後很多。

蘭州黃河大道，據說有十公里長，路面寬敞整潔，黃河母親塑像是蘭州的精神象徵，也是中國文化的象徵，是蘭州人引以爲榮的。一般市容也比江南城市整潔。一到西安就有不同的感受，覺得西安街道寬敞整潔，和江南城市街道狹窄髒亂大異其趣，而蘭州比西安還要整潔一些。這種市容的整潔自然還不能和歐洲大城市相比，但比大陸其他各地要好多了，比台灣城市也要好些。同是中國人，卻有這些差異，除了國人的習性之外，那就取決於市政的作爲了。

甘肅因爲是一個多民族的省份，全省有四十二個民族，蘭州自然也不在少數。除了漢族以外，回族人數最多。蘭州街上，到處都可以看到戴著小白帽的回回。但大家都講漢話，使用漢文，沒有任何隔閡，相處融洽，生活完全打成一片。此外藏族的人數也不少，接待我的女強人王瑜女士就是藏族，她父親是一位很有貢獻的實業家，今年五月才去世，享年九十多歲，令我感動的是王老先生剛去世，王瑜女士就趕到北京去迎接我，安排我一路的開支事務，她的熱忱待人，時時爲別人著想，處處表現中國女性的美德，這和她的家教大有關係。她母親是蘇州人，她自己外表上則完全像藏族婦女。這是藏漢聯姻融合成中華民族的一個最典型的範例。

其他民族還很多，只是我這個初來乍到的人分別不出來，但特徵明顯的如阿拉伯人、維吾爾人，還依稀可以看出，不過大家都操共同語言，也不穿奇裝異服，自然覺得大家都是中國人了。

雖然同是中國人，由於幅員遼闊，地理環境不同，民風民性多少有些差異，西北的中國人和江南的中國人在氣質上就不大一樣。一到蘭州，就感覺到西北人的敦厚純樸耿直而又帶著一點悲涼的性格與堅毅不拔的精神，黃河是中華民族的發源地，中華文化的搖籃，在蘭州人身上可以看出中華民族的原始風貌，從蘭州出發，一直陪著我的楊登熙大夫，就保存著中華民族的傳統性格和精神，她隨時隨地都為別人著想，那種眞誠古樸，刻苦節儉，自勵自制，沒有半點虛浮，一步一個腳印的精神，在沿海地區的現代中國女性身上，已經很難看到，這種全身都散發著黃河泥土氣息的漢人性格，彷彿一下子把我拉回到秦漢時代，往古歲月。

從蘭州西行，就是著名的河西走廊、絲綢之路。這是中國與西方世界最早接觸的孔道，東西方文明交會的動脈。

我國絲綢織造已有五千多年歷史，秦漢兩朝中國絲綢的發展已到鼎盛時期，從博物館收藏的絲織品中可以看出那時的織造技術水準已經很高，已經有少數絲織品傳入中亞、西亞，甚至歐洲。「賽里斯」（絲國）已經成為中國的代名詞。而絲綢之路的河西走廊有四大重鎭，即武威、張掖、酒泉、敦煌四郡。漢武帝為了鞏固邊防，保障西北人民生命財產的安全，除了派張騫出使西域外，並派霍去病驅逐匈奴，將敦煌地區正式納入中國版圖，而於公元前一一一年先後設武威、張掖、酒泉、敦煌四郡，並置玉門、陽關兩大關隘。

古人有「春風不渡玉門關」，「西出陽關無故人」詩句。這自然使人聯想到西域的艱險荒涼，事實上不必出玉門、陽關，一出蘭州西行，就有艱險荒涼甚至悲涼的感覺。蘭州至武威，中途人煙就很少，偶有幾戶人家，也都是泥屋，不但牆壁是泥糊的，屋頂也是黃泥糊的，一片黃土顏色，別說是紅牆綠瓦，即使是四十年前台灣山胞的原始石板屋也比這種黃土屋堅固多了。但是西北少雨，氣候乾燥，又無颱風，所以這種泥屋能夠存在。如果是在江南或是台灣，一陣雨、一陣風，這種泥屋就變成泥漿了，怎能住人？但是西北同胞住了幾千年。而他們一身藍布衣服，蹲在牆腳下，兩眼無神地望著過往的車輛，或是仰首望著蒼天，那種木然無助，全然認命的精神，和幾千年前的老祖宗，沒有兩樣。這是人力的浪費，生命的浪費，實在太可惜了。偶然看見一兩個穿著藍黑色長袍的牧人，趕著一二十隻瘦山羊在癩痢頭似的草稀水少的荒山上流浪，自然會興起一種悲涼的感覺。他們那一身山羊皮袍，可能從來沒有清潔過，因爲這一帶是祁連山脈，高山上積雪未消，雖在炎夏，也是「早穿皮襖午穿紗」，水源又少，談不上洗衣洗澡了。而且我很奇怪，公路兩邊往往幾十里路不見人煙，我眞不知道他們家在何處？

可是一到武威，情景便大不相同，這是一個有水有田有現代建築的地方，像涼州賓館這類現代化的飯店不止一家，而甘肅農副土特產供銷社聯合社在武威也有賓館，街上一般房屋也很夠水準，而且在建築設計方面也比台灣建築富有中國文化特色，在蘭州我就開始注意建築式樣，幾乎所有新建築都帶有幾分中國文化特色或自成一格，絕非一意模倣西洋，武威亦復如此。武威因爲有水，所以在生活上、文化上不覺得有多大的差距。水是生命之源，文化之源，武威雖然也在河西走廊，但它是河西四顆明珠之一，俗諺有「金張掖，銀武威」之說，可見它相當富庶。

武威有一個面積很大的市場，我實地參觀之後，得到了印證。這個市場是平面的，空間很大，主要供應的是農副土特產品、日用品和小吃，這種規模在大陸其他城市都不多見，以大陸的標準來說，算是應有盡有，小吃也很有風味，而且是中華飲食文化，漢家特色。我在一個攤子上還買了兩雙布鞋，男的人民幣八塊一雙，女的九塊一雙，合台幣四十、四十五元一雙。這還算是高價的，像蕃茄一塊人民幣可以買三斤，只合台幣一塊七角一斤，從西安一直到武威都只這個價錢，而這時台北的蕃茄賣到五十塊錢一斤，貴了三十倍。其他蔬菜水果的價格也都差不多。

在武威還逛了一下夜市，馬路邊有不少賣小吃的，也有水果攤，而且有從廣東來的香蕉，只是都已發黑，我從武漢到武威所看到的都是這種小而黑的香蕉。在台灣我已經三十多年不吃香蕉，在大陸卻吃了不少，因爲大陸水果是有季節性的，不像台灣是水果王國，一年四季什麼水果都有，在大陸賣的這種香蕉，在台灣老早餵豬餵牛了。有一年我去佛光山，那年香蕉滯銷，發現沿途馬路邊上堆了不少香蕉讓它爛掉，連豬牛也吃不完，那些香蕉比這裡人吃的香蕉漂亮多了。

路邊有一位賣小吃的婦人體格魁梧，頭大、臉大、鼻子更大，皮膚比西北漢人白一點，西北漢人可能是氣候乾燥，濕度低的關係，皮膚比較粗糙，很少江南女人那種細皮白肉，同伴碰碰我說她是新疆人，其實她絕不是純種的維吾爾人，很可能是維吾爾人和阿拉伯人的混血種。不然就是二轉子。

武威因為有水，加上氣候的關係，玫瑰花開得非常漂亮。我在蘭州就在旅社前面的小公園裡看到很多又大又漂亮的玫瑰，想不到在武威也看到同樣漂亮的玫瑰。我在台北種玫瑰從來沒有成功過。

武威古稱涼州，文化水準很高，古蹟文物很多，出土的漢唐文物更不在少數。其中以「馬踏飛燕」作為市標，頗具中華文化特色。

「金張掖」自然不在「銀武威」之下，張掖賓館就是一個相當現代化的飯店，而「大佛寺」則是一個很具特色的古剎，建於一〇九八年，有將近九百年的歷史。

張掖以西的大郡就是酒泉，酒泉這個地名很富有詩意，酒泉公園就刻了李白一首詩：

天若不愛酒　酒星不在天
地若不愛酒　地應無酒泉

公園裡也確實有個酒泉，用石欄杆圍成圓圈，這是一個活水源頭，終年不涸，而酒泉的工藝品中最著名的就是夜光杯。

夜光杯是用祁連山玉精磨細琢而成，有墨綠、鵝黃、羊脂白等顏色，天然花紋，光亮透明。祁連山是沿著河西走廊一路向西伸展的，山上很少樹木，山腰以上經年積雪，雖在六月天，仍然看得見皚皚白雪。雖然寸草不生，礦藏卻很豐富，作夜光杯的美玉就是出自祁連山。

史載西周時，西域就向周穆王獻過「白玉之精，光彩夜照」的「夜光常滿杯」。河西走廊氣候乾燥，很少下雨，月色自然明亮，月下飲酒，自然容易反光，這是不足為奇的，所以唐朝詩人王翰的涼州曲有如下的詩句：

葡萄美酒夜光杯
欲飲琵琶馬上催
醉臥沙場君莫笑
古來征戰幾人回

這首詩是寫實之作，除了「葡萄美酒夜光杯」之外，更寫出征人戎馬倥傯，醉臥沙場，有去無回的莫可奈何心理。現在我們雖然有汽車代步，但面對荒涼的砂磧，光禿的祁連山，杳無人煙的處境，回想漢唐時代靠兩腿步行的征人，加上惡劣的氣候，兩軍在沙漠中交鋒，不打死也會餓死渴死。所以王翰的「古來征戰幾人回？」絕非誇大之詞。

因此，我們的老祖宗爲了防禦西北遊牧民族的入侵，遠在公元前七世紀到五世紀的春秋戰國時代，就各自修築城池。到了公元前三世紀，秦統一六國之後，將北部舊有秦、趙、燕三國長城連接起來，築起一條西起臨洮（今甘肅岷縣），東至遼東的萬里長城。到了公元一三六八年，明朝建立，一方面爲了防備蒙古人捲土重來，一方面爲了鞏固本身的統治，不惜花費大量人力物力，重修、增築萬里長城，西起嘉峪關，東至鴨綠江畔，全長一萬二千七百多華里，先後延續一百多年才完成，工程之浩大，眞足以使民窮財盡。現在想起來仍然不可思議。

嘉峪關在酒泉以西，南面是白雪皚皚的祁連山，北面是連綿起伏的黑山，西接玉門。它是建立在祁山脈的文殊山與黑山之間的嘉峪原上，是萬里長城西端的最重要關隘，稱爲「長城主宰」、「天下雄關」。它由內城、甕城、羅城、外城、城壕所組成，總體布局設計精巧，適合戰爭防禦的需要。

內城是關城的主體，周長六百四十公尺，東城牆長一五六米，西城牆長一六四米，南北城牆各長一六〇米。城牆爲黃土和土坯興築而成，高九米。牆上外側有磚砌垛牆，高一點七米，全高約十一米。垛牆上有望孔，以觀察敵情。西面垛牆有燈槽，供夜間照明。燈槽下有斜城式箭孔，以便向城下敵人射擊。內城有東西兩個大門。西爲柔遠門，東爲光化門，兩門內北側，各有馬道門樓一座，進入門樓後，有寬闊的斜式磚鋪馬道，直達城頂。

在光化門和柔遠門頂的方形平台上，各有高十七米的兩座城樓，東西對峙，有一種對稱美，樓三層，面闊三間，飛簷凌空，脊裝獸形瓦、蟠龍、獅子、綠色琉璃瓦頂，雕樑畫棟，五彩繽紛，充分表現了中國的建築美。這些建材如何運到此地？以明朝時的交通狀況而言，眞是不可思議。

內城東西二門外，都有甕城圍護，面積各約爲五五〇平方米，方形，與內城迂迴聯接，渾然一體，東甕城名朝宗門，西甕城名會極門。

羅城在西甕城西約六米處，南北築有一道近似凸形的城牆，長約二百米，中間開門，門頂書「嘉峪關」三個大字，是關的正門。

外城東南北三面用黃土興築城牆，南北牆西端與羅城相接，外城全長一千米，牆高三點八米，外城東北角上有一閘門，是守城者檢驗出入關人員證件的地方，外城四周有護城河，寬深各二米多。

在內城中還有一座游擊將軍府，靠北牆，坐北朝南，面積約一千平方米，四合院，正房五間，東西陪房各三間，紅漆木柱，古色古香，爲當年游擊將軍官邸。關內駐守官兵約千人左右。

此外還有官井、營房、文昌閣、關帝廟、戲樓等建築。整體看來，嘉峪關是屯兵的要塞，也是敎養生息之所，可攻可守，明朝是個弱勢王朝，僅就嘉峪關這一座建築來看，也算是匠心獨運，煞費苦心，而這一座偉大的建築設計之精，令人驚歎。修城要用許多磚塊，而最後大功告成時只多一塊磚，這塊磚還放在會極門樓後面一處狹窄檐台上，可望而不可及，作爲對建築師的紀念。當時建築師計算之精確，今天的建築師也難辦到。

明朝的勢力到嘉峪關爲止，嘉峪關以西的敦煌等地則鞭長莫及。現在的嘉峪關雖然已經失去了它防禦西域強敵的作用，但是作爲歷史文物古蹟，他代表中國人的智慧和韌性，也是中華民族的光榮。從前總不免驚歎歐洲城堡的雄偉，看了嘉峪關和萬里長城，才知道中國人的氣魄之大，智慧之高。久居台灣的人，如果去大陸觀光，不止應該去八達嶺登長城，更應該去嘉峪關看看，這樣自然會增加對自己祖先的崇敬，自己民族的信心。

參觀過嘉峪關之後，就直奔中外馳名的文化重鎭敦煌。

嘉峪關至敦煌之間，更是渺無人煙的戈壁地帶，原先我以爲沙漠是像在電視中所見的中東和非洲的一片黃沙。其實此地所見的沙漠，都是夾著石塊的沙磧，不是細沙。既無水草，也看不見駱駝，祇連山還是光禿禿、暗灰色的石山，沒有一點生氣。而太陽又十分強烈，這時就自然出現海市蜃樓的幻象。凡是低窪的地方，不論是公路前面，或是沙漠中，就會出現湖泊和一排排樹林以及房屋建築，和眞的一樣，尤其是湖泊，澄清透明，與藍天一般誘人，可是車子開到那個地方，還是公路和沙漠，一滴水、一棵樹木也沒有。如果是徒步的旅客，難忍飢渴，一定會被那種幻象騙死。騙死人是不償命的，沙漠中旅行，處處都是海市蜃樓幻景，處處都是陷阱。

敦煌是河西四大郡最西的一郡。歷史上有「長安第一，敦煌第二」的說法，它輝煌的歷史地位由此可見。

在遠古時期，敦煌是三苗、羌、戎、大月氏、匈奴居住之地，尙書舜典有「竄三苗於三危」的記載，三苗族原先盤據在敦煌，後來被趕到三危山，三危山也在敦煌附近，就是把三苗從平地趕到山地，春秋之前，這裡也有苗族後裔羌戎活動。左傳中有「允姓之戎，居於瓜州」的記載，所謂瓜州就是敦煌。少時讀書不求甚解，連老師也不知道「三危」、「瓜州」是什麼地方？一到敦煌才恍然大悟。秦漢時期，則以大月氏爲主的少數民族生活在這裡，漢書地理誌有「瓜州之戎併於月氏者也」的記載。西漢初年，匈奴擊敗大月氏，獨佔敦煌。

敦煌最著名的當然是現在世界上規模最大、保存最完整的佛教藝術寶庫，壁畫藝術長城的莫高窟—千佛洞了。

千佛洞在敦煌西南二十五公里的三危山與鳴沙山之間的斷崖上，建於前秦建元二年（三六六），經過長期的自然的人爲的破壞、偷竊，至今還保留了十六國、北魏、北周、隋、唐、五代、宋、西夏、元各個朝代的洞窟四九二個，保存壁畫四萬五千多平方米，彩塑二千四百餘身，唐、宋木造建築五座。這兒氣候乾燥，終年少雨，因此保存比較容易，倒是人爲的破壞、偷竊比自然的損害更大，現在日本人已經出資維護，洞口都裝了金屬門防盜防竊，下雨時也不開放，以免濕氣入侵。

莫高窟千佛洞的壁畫四萬五千多平方米，如果全部排列起來，可以布置高一米，長四十五公里的畫廊，所以稱它爲壁畫藝術長城，眞是當之無愧。其中以婀娜多姿的「飛天」，苦行僧，雍容華貴的公主，虔誠的供奉人，形象活現，栩栩如生。其他故事畫、經變圖、佛教史跡圖……都反映出古代中國人的豐富想像力和創造力。到過歐洲義大利等國參觀過教堂的基督教壁畫的中國人自然會興起對他們的藝術家的崇敬之感，但是敦煌壁畫的許多無名氏作者，比義大利等國的壁畫藝術家，早了幾百年、千年以上，而敦煌壁畫仍未褪色，這種藝術、技術水準，眞足以笑傲全世界了。

莫高窟二千四百餘身的彩塑中，最大的要算九十六洞中的泥塑彌勒佛像，高三十三米，是世界最大的泥塑佛像。

彩塑在唐朝已經登峰造極，在三三五、三五、四五等唐代洞窟中的菩薩像，多是袒胸露臂，美麗而又多彩多姿的女性，貼身輕紗透體，如波浪一般的襞褶，從眼神嘴角的沉思微笑神情看來，極富有魅力，這大概和唐朝女性大膽開放的風氣有關。而與女菩薩的彩塑神情相反的則是釋迦牟尼的睿智，迦葉的深沉，阿難的純樸天眞，天王的男性的健美、威嚴、堅毅。這充分表現了唐代雕塑家的藝術造詣之深，和歐洲後進米開朗基羅等藝術大師的大理石雕像相比，何分軒輊？在彩色技術方面，唐朝的雕塑家更是難能可貴。

千佛洞眞是我中華民族的文化藝術寶庫，一九〇〇年，莫高窟的道士王圓篆，在清理洞窟的積沙時，發現了十七號洞窟，這個小洞窟是唐朝大中五年前后開鑿的，坐落於十六號洞窟的甬道壁上，高一點六米，寬二點四米，原用牆封閉。裡面藏滿了自公元四世紀到十一世紀各個朝代的經卷、古籍、文書、繪畫、銅像等不計其數的文物，後人稱爲「敦煌遺書」。這些文物攸關我國一千多年間的政治、經濟、軍事、歷史、哲學、民族、文化、藝術、科技以及中外交流的內容，是研究我國古代歷史的寶貴史料。

十一世紀初，時當宋朝，西夏侵占敦煌之前，在兵荒馬亂之中，莫高窟僧侶不能將這些寶物帶走，只好秘藏在小窟中，用假壁封閉。僧侶逃難一去不返，直到一九〇〇年才被道士王圓篆發現。不幸的是，滿清政府沒有採取任何保護措施。一九〇七年開始，英國人斯坦因、法國人伯希和、日本人吉川小一郎和桔瑞超，俄國人俄登堡、美國人華爾納等先後到千佛洞行竊，斯坦因更兩次來竊，盜走大量遺書。華爾納尤其惡劣卑鄙，除盜竊遺書，偷走彩塑像一身外，還用特製的膠布粘去壁畫二十六塊。在短短十八年中，數以萬計的中華國寶，飽了這些歐美盜賊的私囊，變成了他們博物館的珍藏，這是中華民族文化遺產的無可彌補的損失。

除了千佛洞之外，敦煌的名勝古跡還有玉門關、陽關、白馬塔、古城、漢長城、鳴沙山、月牙泉、渥洼池、西千佛洞，榆林窟等。因爲時間不夠，我只到鳴沙山和月牙泉兩處。

鳴沙山在敦煌縣城南，是連綿起伏的沙山，東西長達四十公里，由紅、黃、綠、白、黑五種顏色的沙粒堆積而成，在陽光下熠熠發光，最高峰兩百五十公尺，如果人多從山頂一齊下滑，會發出隆隆響聲，因而得名。

參觀鳴沙山和月牙泉的人很多，除了一路從北京陪我來此地的廣州電視台深圳記者站站長高麗華女士，攝影記者編導譚海屏先生，黃河月刊副主編雪多先生，以及深圳工貿總公司總經理王瑜女士和她蘭州公司的幾位同仁。她的上司甘肅省供銷社聯合社主任黃德友先生則是從酒泉陪我來敦煌的，他們都一道陪我來參觀鳴沙山和月牙泉。

鳴沙山山形美觀，山峰陡峭，我很奇怪怎麼能堆積成這麼高的沙山？而且不會掩蓋山下的月牙泉？黃先生說這裡的風很特別，鳴沙山又是月環形沙丘，風力總是使沙子沿山梁向上滾動，即使風再大，也不會將沙子刮到泉裡。他還說鳴沙山有五百公尺高。我看有不少年輕人已經爬上山頂，我也想上去看看，他知道我已經七十高齡，很委婉地說這邊不好上，月牙泉那邊比較近。

月牙泉是在鳴沙山的背面，相傳為西漢天馬產地，四面沙山環抱，月牙泉如一彎新月，明淨如鏡，為沙漠奇觀。泉南原有廟宇百餘間，宮殿樓閣，廟貌輝煌，更有廡廊臨水而建，飲水觀景，別有情趣。想不到文革浩劫，也禍延月牙泉，不但廟宇全毀，泉水也銳減。地方當局已成立修復月牙泉贊助活動委員會，準備恢復舊觀。

月牙泉這邊的鳴沙山，比那面陡峭得多，我有不少登山經驗，我還沒有登過這麼陡峭的山，山上有人拐著Z字下來，沒有人一直下來，這邊更沒有一個人上去。隨我拍攝紀錄片的三位年輕人說，如果在山頂留個鏡頭，倒很有紀念意義。我聽他們這樣說立刻決定上去，不管他是五百公尺還是兩百五十公尺。黃先生面有難色，我要他放心，隨即一路爬上去，這時太陽正在下山。

爬沙山和登山不相同，走兩步滑一步，很消耗體力，而且太陡，我便採取低姿勢，手腳並用，但襪子裡灌滿了沙子，彷彿絆腳石，但我還是一口氣爬上山頂，這時太陽已經完全下山，我回頭看看那三位青年朋友，還在半山，山頂風大，我眼耳口鼻都吹進了沙子，他們也搶不到鏡頭，我向他們揮揮手，逕自下山，等到同行的黃先生他們同我會合之後，他們都驚異我「老當益壯」，其實是他們不知道我每天清早都登山運動兩小時，雖然這次來大陸作文學之旅一個多月沒有運動，但我十分清楚我的體力和耐力，不是暴虎馮河，我也不會好勇逞能，做不到的事我決不說出來，說出了的話我一定作到。

參觀了月牙泉，上過了鳴沙山，我的河西走廊之旅到此爲止。但我覺得此行很有價值，未來之前，我多少以爲這是個落後地區，在文化方面也一定不如東南沿海地區。來看過之後，才發現它是中華文化的源頭，文化寶庫，地下還蘊藏著不少財富，它的前途正如頭上廣闊蔚藍的天空一樣，這正是現代中國人發揮最高智慧的時候，不能只迷戀敦煌舊的莫高窟，應該開闢更多更新的莫高窟，現代莫高窟。

敦煌自古即有南北兩條通往中東和歐洲的絲綢之路，中華民族應該還有智慧和能力開闢更多的絲綢之路。

原載一九九〇年一月八、九、十日三天大成報

第四輯　大陸詩抄

小引

我十年未寫新詩，「大陸文學之旅」文稿完成後，特就參觀訪問部分，一口氣作新詩十五首，多在一月十三、十四兩日內完成。其中「潯陽樓」，「烟水亭」，「琵琶亭」爲故鄉九江古蹟名勝。「重登黃鶴樓」七律一首，則爲戊辰年八月返鄉探親後所作，生死一線之間，有再世爲人之感。此詩富紀念意義，亦爲詠大陸名勝古蹟之作，兩種體裁，兩樣心情，或可供兩岸詩人讀者參考指教。若當年不幸死於日機濫炸下，則無庚午年「大陸文學之旅」也。

一、西湖

一夢五十年
我從春申江畔
直奔西子湖邊

很想會會白司馬、蘇通判
而詩人早已掛冠遠去
我只好踏上斷橋
可也沒有看到斷腸的白素貞
卻看見白堤的垂柳碧桃
　　蘇堤的弱柳千條

與西子柳浪聞鶯
與詩人雷峰觀夕照

登上放鶴亭
想看看林處士放鶴種梅
林處士卻長眠湖畔
不肯起來

面對一湖烟雨
一湖碧水
一湖山色
我想繼他放幾隻鶴
種幾株梅
西子留我
不歸，不歸

八〇、一、二〇、北投

二、潯陽樓

九派潯陽郡
分明是畫圖
——唐詩
你面對萬里長江而立

北望千里平疇
這氣勢，何遜於滕王閣
　岳陽樓、黃鶴樓
你應是江南四大名樓

你是楚尾吳頭
宋公明曾在你的粉壁上題詩：
「心在山東身在吳……」
和那首「西江月」的反詞
你無動於衷
冷眼看：
日出日落
帆來帆去
長江浪，淘盡千古風流人物

潯陽樓

矗立在九派江頭
我登高望遠
江北是畫圖
江南是畫圖
再看看你
分明是一幅工筆畫圖

八〇、一、一五、北投

三、烟水亭

闊別四十年
我披一身雲烟
回到烟水亭邊

我生於水邊，長於水邊
更愛整座廬山倒臥在浸月亭前

周公瑾在此登台點將
白樂天在此行吟流連
而我反而成了匆匆過客
既不能留在翠照軒
也不能住在純陽殿
想在湖濱結廬歸隱
也無法達成心願

我來了，又走了
闊別四十年
沒有飲你一滴水
也沒有帶走廬山一片雲烟
八〇、一一、一五、北投

四、琵琶亭

詩人白居易跌了一跤

從長安一跤跌到江州
跌得重，跌得深
跌出一首，傳誦
千古的「琵琶行」

讀了白司馬的「琵琶行」
江州人建了一座琵琶亭

我這個倒楣的江州人
跌得更重，更深
一跤跌過台灣海峽
變成了海外遺民

白司馬淚濕青衫
我有淚不輕彈

我的淚
不洒在臺灣海峽
不洒在琵琶亭
只讓它悄悄地
流向內心

八〇、一一、一五、北投

五、黃鶴樓

仙人乘黃鶴來了
又乘黃鶴去

詩人崔顥、李白、王維
坐船來了，騎馬來了，走路來了
又一個個乘興而去

五十年前

我乘難民列車來了
在如雨的炸彈中來了
幸而我沒有炸死

五十年後
我乘波音七四七跨海而來
比乘黃鶴更快

今日的黃鶴樓更大更高
對岸的晴川閣也矗立雲表
可是我兩眼怎樣掃描
也看不見鸚鵡洲的芳草

長江浪，依舊滔滔
雲夢澤，水天浩淼
橫跨大江

從你腳下添了一座長橋

一樣的江，一樣的橋
你與潯陽樓
不是兄弟就是姑表

我不是乘黃鶴來的
我很想乘黃鶴歸去

八〇、一、十六、北投

六、華清池

我剛從江南來
進了華清池
又伸手托起江南的垂柳

處處弱柳千條

處處亭台樓閣
而楊玉環在千條弱柳中
搔首弄姿，影影綽綽
李隆基已脫下龍袍
下九龍湯涊浴

我也想試試水滑不滑
我不想享受那種
膚如凝脂的溫柔
只想清洗
一身的風霜
滿懷的隱憂

八〇、一、十四、北投

七、大雁塔

方形角錐塔

在長安站了一千多年
它的名字是大雁

與西北黃土高原一樣敦厚
與長安人的面貌一般質樸
而那位沒有被盤絲洞的
女妖精和白骨精吃掉的
細皮白肉的唐僧
卻端坐在塔內翻譯梵文
在中土兩朵燦爛的花旁
再種植一朵印度的精英

三朵花開得
不一樣燦爛
卻同樣迷人

登上了大雁塔
自然會懷念那位
細皮白肉的唐僧
移花接木的出家人

八〇、一一、一四、北投

八、秦始皇陵

這不是墳墓
是一座人造山
嬴政，在山下
睡了兩千多年

你的功過
早已寫進歷史
是對，是錯
你已無法辯白

因爲你站不起來

你帶著中國最大的秘密
睡在驪山腳下
兩千年後的考古學家
還不敢把這個大秘密揭開
他們生怕你突然打個噴嚏
把他們活埋

八〇、一一、一四、北投

九、秦俑

通過時光隧道
我又回到了秦朝

秦朝，這個威靈顯赫的王朝
嬴政一彈腿，便橫掃千軍

一張口，便併吞六國
統一天下

強悍的匈奴
抱頭向西北逃竄
南方的閩、越
也一個個臣伏
無論是秦是楚
或燕或趙
都寫一樣的文字
車子，也走同樣的軌道

萬里長城
創造了人類的奇景
可惜啊！雕粱畫棟的阿房宮
被南蠻項羽

一把火燒得片瓦不存

這兩百一十位弓箭手
組成的前鋒
六千鎧甲
組成的三十八路縱隊
還有堅强的兩翼和後衛
是鋼鐵一般的方陣
而武士們一個個
都比我强壯高大
天下無敵，叱咤風雲

秦朝，就在你們手中
旋轉乾坤，顯赫威靈

八〇、一一、一四、北投

一〇、鳴沙山

遠古的風，將
滾滾黃沙，吹成
一條四十公里長的
虬龍

虬龍
弓起背脊
讓人類測量紀錄
高，兩百五十公尺

虬龍
立在攝氏四十度的
陽光下，閃著
紅、黃、綠、白、黑

五種顏色

一個古老的傳說
人類曾在這兒廝殺
老天震怒，大吼一聲
黃沙便遮天蓋地而來
將好戰的人完全埋沒
而幾千年來
還隱約聽見
戰馬嘶鳴，金戈相擊

幾千年後
紅男綠女
騎上虬龍的背脊
向夕陽歡呼

我是跨海而來的
古稀愛山人
突破了友人的禁令
從一百多度的背面
仰攻山頂

暮色蒼茫
我獨立山頂
風聲呼呼
黃沙撲面
我無驚恐，亦無喜悅
前面還有一座
沒有頂的高山
等著我爬上去

八〇、一、一三、北投

二一、月牙泉

沙山環抱
一泓清水如蛾眉月

沙填不滿
水永不涸竭
鐵背魚、七星草
是長生不老藥

只是寺廟毀了
亭台樓閣消失了
詩人不再吟詠
美人不再攬鏡
黃沙、夕陽、明月
是那場浩劫的証人

而你則以一雙
清澈的鳳眼
觀照芸芸眾生
古人和今人

八〇、一、一三、北投

一二、千佛洞

樂僔和尚突然看見了
三危山頂的萬道金光
便在這座崖壁上
開鑿了第一個洞窟

婀娜多姿的飛天
雍容華貴的公主
以及怒目金剛
和笑瞇瞇的彌勒佛

都在洞中會合

從前秦縱貫一千年
橫跨十六國
中華民族的智慧與心血
一點一滴，一洞一洞
在崖窟上凝結
要是開個畫廊
長可四萬五千公尺

萬里長城是屍骨築成的
而這座藝術長城
則是心的堆積

八〇、一、一三、北投

一三、半坡遺址

彷彿走進時光隧道
我剛下波音七四七
便拿起新石器

六千年前
我也是從這圓形泥屋出發
只是走得太快太遠
一下子遠離黃土高原
跨過了台灣海峽

當我穿著意大利製的西服
再回到半坡故居
端詳著那些骨針、陶甑
我還似曾相識
只是當年那披著熊皮的戀人呢
大概是跳狄司可去了

不見踪跡

八〇、一、一三、北投

一四、嘉峪關

祁連山白雪皚皚
黑山起伏連綿
玉液瓊漿的九眼泉
是千軍萬馬的生命線

征虜大將軍馮勝
在河西沙漠建立了
天下第一關

嘉峪關
沙漠中的銅牆鐵壁
河西走廊的瓊樓玉宇

中華民族的智慧
七百年前就超過了電子計算機
巍巍雄關落成日
只餘一塊磚石

萬里長城寫下了
中華民族的磅礡氣勢
嘉峪關的一塊磚石卻寫下了
中國人的巧思

八〇、一、一六、北投

一五、頤和園

愛新覺羅，集中了
中華民族的智慧
建造了
一座人間樂園

勝過了
猶太神話伊甸

昆明湖，水天遼闊
萬壽山，氣象萬千
十七孔橋，長虹貫日
佛香閣，睥睨大千
聽鸝館，鶯聲燕語
大戲台，離合悲歡
老佛爺一樂
便身在九重天

可維多利亞
建造了
　無敵艦隊
建立了

日不落帝國
也毀了
中國的伊甸

而那拉氏
不要艦隊
用白花花的銀子
堆成了頤和園

維多利亞
將大英帝國
推上了世界頂尖
那拉氏卻將
五千年的中國
摔進了深淵

兩個女人改變了
兩個世界
但她們在人類歷史上
只寫下兩個字
公與私

八〇、一一、一三、北投

一六、重登黃鶴樓（有序）

民國戊寅年（一九三八）七月，余投筆赴武昌從戎抗日，時日機連日兼旬大肆轟炸武昌，死傷慘重，余幾罹難。八月二十二日以錄取新生身份，赴南湖營房報到入伍，適日機甫肆虐後離去，斷瓦殘垣，血腥遍地。余若早到二、三十分鐘，又生死難卜矣！

民國戊辰年（一九八八）八月二十二日，余自台北返鄉探親，恰於是日午後乘機降落武昌南湖機場，親人迎接之際，忽憶五十年前往事，恍如一夢！不禁感慨萬千。九月返台後爲文紀念，成「重登黃鶴樓」七律一首，以附文末。詩如後：

劫後重登黃鶴樓，
雁聲啼過楚雲秋。

少年投筆頭堪斷，
老大還鄉淚不休。
紅蓼白蘋誰復見？
長江漢水自東流。
五十年來如一夢，
烟波深處總關愁。

第五輯　媒介與評論

小引

我在大陸訪問座談，十分忙碌，很少看報、看電視、聽廣播。加之大陸報紙更不像台灣隨處可買，因此四十天的「大陸文學之旅」，我幾與外界完全隔絕。我回台北後，才有人打電話告訴我說在美國聽到大陸廣播，有人寫信說在大陸看到我上電視。我連家鄉九江電視都沒有看到，還是一位探親的同鄉回台後告訴內人說在電視上看到我。這一輯裡的剪報和雜誌上的文章也是作者和別人寄給我的。只有九江市對外文化交流協會副會長楊明遠先生的歡迎詞、圖書館館長熊學明先生的答謝詞是我當場留下的。

大陸報刊都是簡體字、橫排。在台北出書時只能用正體字直排。請兩岸讀者原諒，並謝謝本輯有關作家、記者先生及寄給我剪報的朋友。

橫貫中國四十天

——隨同墨人大陸文學之旅

廣州　譚海屏

題記：墨人這次大陸行，自北京始，至西北，以深圳為終點。我有幸隨行。墨人此行主要與大陸作家進行交流。我亦見到文壇泰斗及眾多才子才女。前後四十天，所見所聞頗多，但對文壇和作家狀況的反映與評論，自有墨人撰寫的《大陸文學之旅》一書以饗讀者，我亦不敢妄言。而我撰此文，純屬濫竽充數，作為補白而已。

北　京

九〇年五月十三傍晚，隨著一架從香港至北京的飛機，在北京國際機場降落，一位來自台灣的中國當代最負盛名的作家抵達了。

這位作家就是墨人。一百二十萬字的巨著《紅塵》的作者。

我們一行，雁翼、王瑜、高麗華、雪冬、蘇曉山及墨人在京的親屬等共十多人，聚集在候機大廳的出口處迎接著他的到來。

墨人著作等身，名列世界二十多種名人詞典。盡其五十年的創作生涯，他追尋中國文化精神，在晚年尚花了十多年時間，甘受孤獨，創作了一百二十萬字的長篇巨作《紅塵》。書中滲透了墨人對中國文化精神的失落以及中國文化衰落的深沉思考。

一會後，雁翼陪同著一位老者朝出口處走來，不用介紹，他就是墨人。

墨人白髮清瘦，步履矯健，精神飽滿，一點也看不出旅途的疲勞。這是令人意外的。而他的眼神，使人感到他雖是西服革履，骨子裏仍是一個地道的中國人。這是意料中的。

北京是一座充滿魅力的城市。在這裏，即使再有權勢的也顯不出權勢來，即使再有財富的也顯不出財富來。甚而有北京人以京腔的幽默補白：「再壞的人也顯不出壞來！」

墨人最先結識的卻是那個自古盛產慷慨悲歌之士的燕趙人。因爲墨人這次下榻的飯店是河北省在京開辦的河北飯店。所以墨人也是河北文人的客人。河北來的有韋野、堯山壁、戴硯田、鐵凝、郭秋良等十來位作家和詩人。

五月十四日，是墨人七十歲的誕辰日。

墨人這次大陸文學之旅，是由深圳甘肅農副土特產工貿總公司組織的。中國著名詩人、作家、劇作家──雁翼是該公司的高級顧問，該公司的總經理是一位西北女性叫王瑜，她看上去極其淳厚。一位多年致力于經濟工作的商界女士，組辦無功利性的文學活動，在目前輕文重利的背景下，亦算作是石破天驚的行爲了。

這次生日晚會，洋溢著熱烈而親切的氣氛，中間的一個生日蛋糕，配有慶賀宴席。席間除了各種祝願，王瑜還臨場調動在座的朋友們的藝術天份，用詩與歌來助興，并且往往恰到好處，豐富多彩。墨人神彩奕奕，在他以往六十九個生日中，在古都北京過生日還是頭一次。而且又是一兩天中所認識的新朋友給他祝賀，更是頭一次。

給墨人這次生日的最好禮物，是他的《紅塵》前半部的樣書已趕印出來。這次樣書的出版，是經過各方奔走，在十多天裏付印成書的。其中甘苦，唯雁老明曉了。

墨人開始了爲期三天的拜訪活動。這次拜訪了前輩詩人艾青、冰心、臧克家。這幾位均是本世紀二三十年創建中國現代文學傳統的一批才子中至今仍活在世上的爲數不多的其中幾位。還拜訪了周而復、柯岩等。

墨人和臧克家是第一次見面，那天上午陽光很好，臧宅是一座小四合院，庭院綠樹點點，十分安祥。臧克家看上去很清瘦，講話隨和，一身中山裝，渾身上下沒有一點寫詩的痕跡，倒像一個好好先生。如在北海公園的林子碰到他，一定想不到他是個大詩人。倒是他的客廳裏四處溢出中國文人的氣息。墻上掛滿了名人手跡。周而復卻迴然不同，碩莊的身軀和似乎不喜言笑的眼神，令人感到一種霸氣，但他一舉一動所流露出的上海味，倒也親切。周而復其實可算是健談了。即使和墨人站在書房裏和人留影時，他還在和墨人討論著諾貝爾文學獎的偏狹之處。雖然他們并非是爲諾貝爾文學獎而寫作。

賀敬之、柯岩夫婦顯得隨和，墨人和他們討論了中國文學的現代痲症問題。三人是以中國文化立場來看，都一致認爲中國文學在痲症過後還會繼承和發展中國文學本來的精神。這是他們的信心。

艾青住在協和醫院。他是不愼摔斷了右臂。墨人去看他那一天，他精神良好，穿著一身病號服，坐在沙發上。講話還很清晰。墨人向他轉達了台灣許多朋友都很關心他的情況，并出版了他的詩集。

艾青正如他一生所主張：「詩人必須講眞話」那樣，講話極其率直。當墨人請他題辭留念時，他的特別護士沒等艾青表示便代答下來，艾青卻說「你膽子好大呀，替我作主了！」把大家給說笑了。

艾青給墨人的題辭是「海內存知己，天涯若比鄰」。題辭時，艾青用剛接治好的右臂手，拿著筆，顫顫悠悠的不是一筆一筆，而是一點一點地點出來的，不用說他，就連旁觀的我們都止不住一身大汗。當看到最後「八十斷臂人」的落款，則更是別有一番滋味在心頭。而他這只手曾寫過無數瑰麗的詩篇，激動著一代一代的人們，甚至對世界都產生了很大的影響，他的一首《光的贊歌》會使我的一個朋友落下了眼淚。

當我們起身告辭時，艾青顫動著一頭白髮，講話斷斷續續，一只手握住墨人。

他哭了。

墨人則把艾青的題辭視爲最珍貴的紀念。

墨人在北京另一重要活動是把從台灣帶來的他主要的著作，贈送給中國現代文學館。

贈書儀式，是由中國作協書記處書記瑪拉沁夫主持。該館副館長老舍的公子舒乙致了答謝詞，并陪同墨人參觀了現代文學館的各個部分。

贈書後，墨人和北京的部分作家進行了座談。其中有周而復、從維熙、孟偉哉、鄧友梅、張志民、程樹榛、趙大年等等。墨人是一位典型的中國紳士。會上，他講話時站得畢恭畢敬，聲音適中，表情嚴肅認眞。一看就像一部經典著作。

這次還特意邀請了著名京劇演員耿其昌李維康夫婦。墨人在台灣時，曾聽過李維康的錄音帶，聽後爲之喝彩。此次來北京，很想一睹豐采，便通過舒乙邀請了李維康夫婦。晚餐時，李維康來了一段四郎探母的清唱，墨人亦算是眞正一睹豐采了。

上　海

離開北京後，方向是上海。王瑜因工作繁忙，從北京轉輾到南方去了。雁翼和我們一行五人隨行墨人來到了上海。

在上海火車站接我們的是詩人黎煥頤。他五十多歲，辦事幹練，把墨人在滬的活動安排得十分緊湊。因爲這次在上海的時間僅有三天。

四十年前，墨人來過上海，與這次相隔很久，所以安排他觀看了市容。五月的江南也是個多雨的季節，這天正是雨天，只好坐車觀看。

雨中的上海，更給人一種是陳舊的現代城市的感覺。上個世紀和本世紀初留下來的建築，肅穆地聳立著，凝結昔日的榮耀。倒是街上擁擠的人流，給人一種充滿活力的印象。雖然目前上海人的聲譽在全國範圍內都令人搖頭。但是不可否認，從現代性來說，上海人是發育得最成熟的，同樣上海也是最具現現代文化的一座城市。因爲在歷史上，上海是中國第一座較爲成熟的工業與商業城市、對上海的搖頭，很可能是來自對現代文化的差距上。

墨人這次結識了兩類上海人。上海的文人和上海的商人。

墨人與上海作家見面是在文藝會堂。文藝會堂門面裝飾得很有藝術氣氛。這符合上海人的特色。一般來說上海人表面文章都做得十分漂亮。例如即使再窮的上海人，都有一套出門穿的體面服裝，一間八平方米的亭子間也能充分利用空間，裝飾得象個五星級酒店的客房。

座談會完全是一種朋友間懇談的氣氛。峻青、茹志鵑、儲大弘、宮璽、錢谷融、羅洛、田永昌、黎煥頤等向墨人介紹了海派文學的情況，并都對墨人的文學觀發生了興趣。墨人在談到他的文學觀時說：「成名易，成功難。」這幾乎可看作他五十年創作生涯的重要經驗。一個眞正的文學家渴望的是成功。而獲得成功需要韌性，與孤獨地跋涉的精神。

上海文人是以在報上介紹墨人的文學觀，來表示他們對新朋友的認同。《文匯報》《文學報》對墨人都作了介紹。但上海文人畢竟是上海人，對客人的那種周到，熱情和設法讓你感到是自家人這方面，則表現在他們在座談會後爲墨人準備的豐盛的晚餐。

這時，我們接到了書法家祝捷的消息，金沙江大酒店的總經理應書畢先生，得知墨人來滬，邀請他去住幾天。爲此，我沒有就餐，便去了金沙江酒店接洽。

金沙江大酒店的幾位經理是墨人結識的另一類上海人。

上午十點，應經理派來的車便在我們下榻飯店門口等候。這次住宿是免費招待墨人的。墨人的聲譽是國際性的，請墨人住跟酒店的榮譽有關。應經理的慷慨是有道理的，也是恰到好處的。在金沙江大酒店住下後，晚上應經理設宴招待墨人、雁翼和我們幾個。另有祝捷等幾個上海朋友。

晚餐後，應經理請墨人和雁翼題辭。這是大陸流行的一種敬客的表示，另一方面也是以中國古典風雅的方式來記載名人曾臨的時刻。題辭之事，應經理下午就表示了這個願望，爲此墨人還專門吟詩一首，但據墨人說他起碼有三十年沒提毛筆。今天用筆，恐怕出醜。起初我們不信，毛筆是中國國筆，書法乃中國國書，像墨人這樣地道的文化老人，怎會丟棄毛筆書法呢？不過看他運筆收筆時，確實失于生疏。而且連寫了三張，第三遍才把他從小練字的功底找了回來。看來墨人的三十年之說是實情了。文化老人亦有例外的時候。

據說，在台灣像這類題辭之事已是罕見了，況且都已養成使用硬筆而極少使用毛筆。這也是意料之外的事。

在金沙江大酒店非常愉快，墨人領略了上海商人的風采。評價是：「聰明、得體、目的性明確」

翌日中午應經理派車送我們去火車站，這算告別了上海。

杭州

杭州是墨人第一次來，整整做了五十年的中國作家，未曾到過杭州，本來就是一件遺憾的事。好在墨人身體硬朗，這次自然能獲得完整的補償。五六月間的西湖亦另有風情千種。

杭州朋友董培倫，高鈁、丁惠敏三位詩人，招待墨人的自然是游山玩水。

墨人與杭州作家詩人們見面是在西湖邊上一幢小樓裏的一間客廳。客廳窗明幾淨，隔壁是一間茶室，三三兩兩的茶客怡然自得。在杭州的幾位作家如李杭育，葉文玲，汪浙成，胡豐傳，陸寒超等跟墨人相談甚歡。

墨人還拜訪了「五四」時代著名的湖畔詩社的創始人，九十高齡，依然健在的汪靜之老人。汪靜之家是兩間狹窄的小屋。屋裏零亂陳舊。有一保姆照顧汪靜之的生活。據說這位保姆是汪夫人以前丫頭的女兒。丫頭去世後，女兒是自願來頂替的。

汪靜之參加了杭州朋友爲墨人餞行的晚宴，幾個杭州朋友清一色是詩人，董培倫，高鈁，胡豐傳，丁惠敏等。詩人相聚，話題往往離不開愛情。而汪靜之則講了一個愛情故事，是關于他自已，也關于別人。他年青時，曾愛上了他的一個年齡與之相仿的未婚妻的遠房堂姑，而且愛得很深很深，不幸的是由于人倫關係和其它種種原因，他沒有得到堂姑的愛，但始終保持精神的愛，而且以精神之愛爲限，即使與堂姑合床共眠，也是自行其夢，互不「侵犯」。不過他的堂姑後來成了胡適的情婦。而且胡適曾給她寫了許多情詩，這些詩曾有一段時間保存在汪靜之手中。遺憾的是這些詩後來在堂姑去世前燒毀了。

在胡適的回憶錄裏，卻沒有這一筆，這可能是胡適爲了在公眾面前，保持一個現代聖人的形象、其實聖人亦有人性。也只能有時做做聖人有時做做人。只是做人的時候秘密些罷了。當然，我們大可不必由于有做人的一面，就把聖人看成是假的。因爲聖人只是用來唬人的玩藝兒。有自己製造的，也有別人製造的，目的效用一致。

而我們在杭州的句號，便是胡適的這個愛情故事。

我們赴九江的路線是從杭州走鐵路去南京，然後再改走長江水道抵達九江。

九　江

九江自秦始皇設郡，另有潯陽，江州之稱，均熟見于中國史籍與古典小說中。而今，九江又出現在長篇巨作《紅廬》中。它的作者墨人卻又是盡得匡廬奇秀與長江、鄱陽湖浩瀚之氣的九江人。

當地的年青學子是以組織了各種文學活動來歡迎墨人的回來。在九江師專舉行了《墨人作品討論會》，在文聯舉行了作家座談會，同時又爲墨人舉行了捐書儀式和創作報告會。

著名電影劇作家王一民先生也是九江人，他當時正在北京出差，獲悉墨人回來，特地飛回，與墨人聚首而敘。還特地上廬山和墨人商討，把墨人的作品改編爲電影一事。

王一民看上去便是一位極富才華的電影劇作家。壯碩的身體風度可說不凡，談笑風生，趣而不俗。也許九江庇蔭于古代潯陽之風，地靈人杰，人才輩出。僅就當代言，前有墨人，後有王一民，足以相映成輝。

廬山風光不用多說，墨人亦是故地重游，山上風光依舊，人事迭變，對他來說是有關歷史感的問題。

令他最感興趣的是那些曾多次出現在他的作品中的山山水水，如曾在《紅塵》中出現過的能仁寺，黃龍寺，三寶樹等地點，是他重游的路線。在黃龍寺中，他和王一民燒香一柱，祝願合作成功。

我們在廬山上住了一夜，第二天往太乙村。下山路上，我們一行十多人，男女老少以墨人年齡爲最高者。而那些比墨人小十多歲甚至幾十歲的，卻拖泥帶水、盤桓而下。墨人在陡斜的山間羊腸小道上，落地有聲，遙遙領先，并不時駐足等待後人。他身體的硬朗，實屬少見。

傍晚時，我們到達了目的地太乙村，這裏的經理在一幢石砌的別墅前迎接，并以九江的封缸好酒款待我們。

在留連石徑，觀賞太乙村時，墨人意外地找到了一塊他在台灣時曾夢見過的一塊巨石。那巨石深褐色，形狀古怪有致。這是值得高興的事。墨人撫石感慨，并與石合影。

在九江、文學活動與尋故訪幽對墨人來說已是兩全其美。于是盡興作別。

武漢・西安

武漢總是與長江聯繫在一起，我們一上長江輪，在大江上航行，似乎已呼吸到武漢的空氣了。

長江沉浸在夜色中，江水蒼茫，夜色蒼茫。與墨人坐在甲板上，又談及文學。墨人認爲不管怎樣，中國文學的中興，應該是在大陸，因爲台灣爲一海島，無論從空間還是社會生活方面都不及大陸那樣廣闊，那樣多層次性。只要讓中國傳統文化中的精華發揚光大，就會誕生巨著的。

情景倒是確實如此，中國文學目前是喧鬧多于深沉。不過中國文學的流失，恐怕另一方面的原因應該是尚未找到和發現那種深藏于現代中國的那種粗獷的，富有力量的現代情感。所以難以出現大氣魄的作品。當然這需要時間，需要一種歷史性的過程，甚至需要一兩代人的努力。

一夜江水，第二天上午我們看見了武漢。接我們的是湖北作協副主席作家洪洋先生、古遠清教授。以洪洋始，墨人結識了許多武漢知名作家，如徐遲，碧野、劉富道、映泉、曾卓、田野等。其中田野以前也在台灣，是在五十年代時回居大陸的。兩人見面別有感慨。

徐遲是在我們到達的第二天一早，來看望墨人，兩人一見如故，交談十分親切。尤其是都對漢字改革一事甚爲擔憂。擔心一次次改革下去，後代人都不能讀史書典籍了。徐遲又向墨人介他使用電腦打字寫作的情況，他利用這種機器每天可寫三千文字，感到功效很好。

與武漢作家會面之餘，洪洋先生介紹墨人參觀了湖北博物館和重型機械廠，爲武漢行另添色彩。

從武漢出來，我們直抵西安。

西安這座古代城雄居在黃土高原上，曾經是中國文化鼎盛時間—盛唐之音的中心，同時爲後世留下了無數千古絕唱的詩歌和散文。這裏更富有意味的是，只要隨意挖開黃土，恐怕就會發現一件秦漢隋唐間的文物，也可能就是因爲如此，這裏的黃土變得非常沉甸。

陪同墨人的是詩人聞頻和朱文杰。這兩位西北詩人給人的印象也是沉甸甸的。我讀過他們的詩，確實與他們的氣質吻合。

墨人來到了西安，跟西安作家會面交流，接觸到了大陸文學深沉的一面。

墨人是首次來到西安。在聞頻的陪同下，去參觀西安的自豪—大雁塔、古城墻、秦始皇兵馬俑、秦陵和華清池。

華清池曾誕生過一個不朽的愛情故事。不過唐明皇是低層次的，最後讓楊貴妃自縊。與溫莎公爵相比，相去甚遠。溫莎公爵，放著一個大英帝國不要，執意跟美人奔走，一句「讓我輕輕地說，深深地愛你」，亦屬千古絕唱，當然唐明皇也是有苦衷的。而中國文化中，女人爲男人殉情似乎是自然應該的事，男人爲女人殉情則成怪例的現象，本身就在謀害著楊貴妃。

會和墨人談及過有關愛情的問題，他認爲眞正的愛情，常是一生難逢的。我爲唐明皇惋惜與遺憾可能不會是僅有而已。

蘭州．敦煌

清脆的駝鈴聲悠揚地從幾千年前一直響到了今天，而這裏的文化卻歷經了興盛和衰落。

從飛機上往下望去，這裏一片光禿禿的黃色土丘，溝壑縱橫，綠洲如一條小河婉蜒而似乎很脆弱地延伸著。這裏的人們生存在這層層疊疊的黃色土包中，他們的生命也應該是頑強的。這就是西北。

我們剛下飛機，王瑜，雁翼已在機場迎接我們。王瑜爲了使墨人這次大陸文學之旅得以圓滿完成，從瞬息萬變的商業中抽身出來，精心策劃墨人敦煌之行，墨人爲此十分感謝。

去敦煌是走公路。我們沿著古代絲綢之路向藝術宮殿敦煌進發。第一站是武威。

武威是一座歷史文化名城，自漢武帝設武威郡，歷史走過了二千年，風雲幾經迭變，留給後人的是一座靈氣飛動的「馬踏飛燕」的銅塑。一匹飛奔的駿馬，一足踏在一只飛翔的燕子上。這表達了古代武威人的願望。而如今，「馬踏飛燕」卻成了中國旅游的標志。

在武威等待的是先到一步的周宜興教授，他是甘肅民盟副主席，也是我們所見到的最出色的西北知識分子之一。他知識淵博，對這裏的經濟文化狀況，乃至整個甘肅瞭如指掌。據說他經常在甘肅大地上奔跑，進行調查研究，精神十分可貴。

他向墨人介紹了這幾年爲改變貧困面貌，甘肅省花了數以幾十億計的資金，把祖輩生活在貧瘠土地上的人們，遷移到土地肥沃的地區。開始時，是分散遷移，把一戶或者幾戶遷至一個村莊落戶，可是效果甚微。原村莊的排外情緒和落戶者的不能適應，所以落戶者往往遷返家鄉。最近甘肅省採取整個村落遷移的辦法，成效頗佳。

在武威，墨人還受到了武威酒廠楊生勇廠長的邀請，去該廠參觀。楊廠長還用他廠生產的《涼國春》好酒招待。武威的文化即使在酒上也能反映出來，酒罈子上塑著一個「武」，顯示著這裏人們的豪爽。

第二天是在周教授的陪同下去酒泉的。路經張掖，參觀了張掖木塔和臥佛寺，隨後汽車又在河西走廊裏奔馳。

河西走廊與土黃色造成鮮明對比，一片蔥綠，樹木幽深。據史載，這裏原來是水草豐美，風吹草低見牛羊的地方，但幾千年的歲月，在戈壁與沙漠的侵襲下，似乎塞北江南的美名多少有點遜色，斑駁點點。看來歷史留給這裏的人們的責任是重大的。

傍晚時，我們到達酒泉。中國西部發展報總編輯胡延清和王瑜公司蘭州分公司經理徐越泉做了妥善安排。下榻的是酒泉賓館。在酒泉賓館還特意爲墨人舉行了一個歡迎儀式。

歡迎式是在酒泉賓館的大堂裏舉行的。門口是兩位身穿盛裝的小姐，手持鮮花，有關人士停立後面，掌聲陣陣，溫文爾雅，其氣氛不亞于沿海大城市的同類形式。在西北黃土戈壁沙漠中令人耳目一新。

晚餐後已九點，但這裏天光正好，尙未入夜，于是去酒泉公園憑弔霍去病大將留下的「酒泉」。

晚上，甘肅省供銷合作社聯合社的黃德友主任和王世長副主任來看望墨人。黃主任一身書卷氣，如不知他的身份，會以爲他是一個文人。據說他深好書畫與閱讀，有很高的修養，難怪他一身文人氣。他送給墨人一套「夜光杯」。夜光杯是用酒泉玉石細磨細琢而成，杯壁薄如蛋殼，紋理天然透明。唐代詩人王翰曾有「葡萄美酒夜光杯」的詩句。黃主任以此贈送，墨人先生又送黃主任一幅字：「以德服人，以文會友」，亦是一件大雅事。

第二天黃主任專程陪同墨人赴敦煌。周教授因另有考察，與我們告別。途經嘉峪關，我們停車而登。登關樓遠望，古長城猶如游龍浮動于戈壁瀚海之中，若斷若續，忽隱忽現。中國文化在這裏多了一層蒼涼感。如果願意想到歷史，那麼歷史永遠是沉重的。

墨人在嘉峪關還留下了墨跡。這次他題的是「天下第一關」。從上海開始，墨人一路題字，筆力已經恢復，所以這次題字，筆力與內容相得益彰，也是最好的一次。是金子總要閃光的。

汽車在茫茫大漠中奔馳著，到達敦煌已是下午五點。我們住進絲路賓館，每個房間裏都擺著果品、甘肅是以產豐富瓜果聞名。可惜我們趕早了，瓜果還在田間與枝頭等待成熟。但我們還是嘗到了首批成熟的李廣杏。味道確實與衆不同。稍事休息後，我們開始用晚餐。席上最富特色的是一道叫「雪山駝峰」的菜，是用蛋清與駱駝肉製成的，在沙漠裏品嘗駱駝肉，滋味絕對是不一樣的。

餐後去著名的鳴沙山和月牙泉。這是罕見的景色，因爲流沙與泉水總是水火不相容的。而這裏卻兩者相容，互爲映襯。

這時，適逢夕陽西下，天邊一抹夕陽，使連綿起伏的沙山極具立體感，環繞著綠草叢生的一彎清泉，此景實屬人間難得。

墨人在黃主任的陪同下，留連泉邊。黃主任對這裏博古通今，爲墨人詳介特色。墨人後來興趣勃發，攀登沙山。沙山難登是因爲既陡又軟，而墨人老當益壯，不移白首之心，以韌勁而登臨山頂。

其時，夜色降臨，風沙驟起、催人返歸。

夜間在賓館休息時，墨人提起王瑜的父親。王佐卿原是一藏民，後去江南吳地蘇州，與一蘇州女子結爲伉儷。後來王先生回到蘭州，致力發展實業，一九三二年使蘭州有了第一家電影院等十個首次出現的實業。其間經歷之坎坷，足以感人。令當地人們景仰。墨人深感王先生經歷意味深長，內涵極其深沉。如果條件成熟，他有意以王先生的經歷爲原型寫成一部小說。

翌日清晨，喜降小雨，在沙漠中這看來是一個吉兆，在這個吉兆的庇護下，我們去參觀了聞名世界的莫高窟。

敦煌之行，來去五日，每每爲這裏的民情純樸而感慨。這裏的人們十分熱情，每當我們途中小憩都有人送茶端水。這一方面是王瑜的安排，另一方面歸結于這裏樸質的文化。西北文化，表面上質樸單純，實質相當深沉渾厚。這可以從他們的爲人相處的方式，和生活方式中窺得一二。只要想到這裏的人們在戈壁，在沙漠，在滿世界全是光禿禿的黃土上，在如此惡劣的環境裏生存著，并且一代又一代地生存下去，其中頑強堅韌的生命力所創造的文化，一定不會是病態的，軟弱的，和矯揉造作的。

墨人在歸途中曾在古長城邊與牧羊人交談，雖然牧羊人一家年收入才一二千元，但是牧羊人的樂觀和有信心，給人留下了很深刻的印象，同時也極富感染力的。

回到蘭州後，墨人與蘭州作家們見面，有趙燕翼，張俊彪，張銳，伊丹才讓，匡文留等。領略了蘭州的文學風采。

最後墨人是以吃牛肉拉面和去黃河邊，作爲西北行的結尾。

深　圳

深圳，是墨人大陸文學之旅的最後一站。墨人到達深圳時，香港詩人藍海文，從香港過境，來大陸看他。

在深圳，墨人與宣惠良等作家詩人會面。幷介紹了他一路的有關情況。至此，墨人他那橫貫中國，歷時四十天的「大陸文學之旅」標志結束。

在四十天，在墨人的生涯中是前所未有的，在他的文學生活中也是極其重要。因爲在短短的四十天裏，他與大陸不同地區一百多名作家詩人、學者進行了廣泛的交流，共同探討了中國文化精神的重大問題，幷在弘揚民族文化方面取得了共識。而他的這次活動所產生的意義，時間和歷史會告訴我們的。

墨人在深圳逗留了兩天，後由藍海文陪同下，前往香港，回到台灣。

墨人與雁翼王瑜等人告別的地點，是羅浮橋頭。

原載一九九一年二月「黃河」月刊創刊號作者爲廣州電視台深圳記者站編導。

五岳歸來不看山

——台灣作家墨人談《紅樓夢》

陳　詔

「不讀《紅樓夢》，就沒有資格當中國作家。」這句詞簡意賅的話，我是聽台灣作家墨人說的。墨人本名張萬熙，江西九江人，一九二〇年生。從事文學創作五〇年，著有詩集、長中短篇小說集、散文集、文學理論等四十三種。一百餘萬字的巨著《紅塵》是他的代表作。最近，他訪問大陸，作「文學之旅」。在與上海部分作家、詩人和評論家的會見時，我敬陪末座。當我遞上一張名片時，墨人與我緊緊握手。

座談開始，墨人侃侃而談，介紹他自己的文學經歷和文學觀點，接著話題一轉，大談特談對《紅樓夢》的體會。他說，二十餘年前，台灣文壇也掀起一陣意識流和存在主義的熱潮，報刊雜誌上幾盡是看不懂的散文、詩、小說，弄得青年人昏頭轉向。為此，他也花了一點功夫研讀現代派的作品，最後得出結論，作家們學這些玩意兒，實在是取法乎下，是「丟掉自己的金飯碗去向別人討飯」。于是他決心以《紅樓夢》作範例，分析它的寫作技巧，就主題、故事結構、人物描寫、語言運用諸方面，逐章申論，來證明「月亮不是外國的圓；就文學而言，中國的月亮更圓」。

七十高齡的墨人，說到這裡，不免激動起來。他沉著有力地指出：《紅樓夢》眞是一部了不起的文學寶藏，可與任何一部外國名著媲美。外國小說寫人寫景常常要花三、四頁的篇幅，但給人的印象仍是模糊的。《紅樓夢》只花幾個字，卻形象鮮明，令人難忘。王熙鳳出場，未見其人，先聞其聲，多麼傳神！賈母說她是《鳳辣子》，只有三個字，就把她的性格表露無遺，這種技巧，這種概括力，眞是不可思議。我生于「五四」運動的次年，新文學對我的影響不可謂不深，自己學習塗鴉也已五十年，所讀過中外小說名著，沒有一部有《紅樓夢》那樣令我傾倒。我先後讀《紅樓夢》記不清有多少遍，同樣讀西洋名著，我都沒有讀第二遍的興趣。「五岳歸來不看山」，這也許是我作爲一個中國人的偏見。

談到《紅樓夢》研究，墨人認爲，考據派無助于文學創作，他說，我是一個從事創作的人。從創作觀點來講，考證《紅樓夢》的版本和作者身世，還不如發掘《紅樓夢》的寫作技巧有益。可惜紅學家在這方面下的功夫太少。希望有更多的人發掘這一寶藏。

墨人對大陸的紅學發展情況表示羨慕和贊賞。他感慨地說，現代中國文學，要想有輝煌的前途，必須植根于中國文化，寫出富有民族性和中國文化特色的作品。如果一味盲目崇拜西洋，作無根的浮萍，是成不了氣候的。

座談會結束了，墨人把我留下，一同驅車到他住宿的賓館小坐，并且取出他第十版重印的《紅樓夢的寫作技巧》題簽相贈，盛情殷殷，大有「相見恨晚」之慨。我雖然也寫過一本《紅樓夢談藝錄》，而且在很多觀點上竟然與墨人不謀而合，靈犀相通，可惜手頭沒有這本書，無以回報。但對這位古道可風的作家，留下了深刻的印象。

原載一九九〇年六月十四日上海文學報第二版，作者陳詔先生是紅學專家、上海紅樓夢學會副會長，我回臺後收到他的大函和剪報及他的臺版「紅樓夢羣芳圖譜」，謹此致謝。——墨人註。

少年子弟江湖老

——遙寄臺灣作家墨人

陳遲

又是歲尾年初時候。馬年除夜，獨坐燈前，我想起了長江之濱的故鄉，想起了兒時在故鄉過年的情景，想起了健在的和逝去的親朋故舊，也想起了遠在臺灣的墨人。少年子弟江湖老，人當歲暮定思鄉，這大概也是一種人之常情。

我同墨人（張萬熙）已經久違近半個世紀了。近年突然聽到他的消息，頗感喜出望外。墨人可能忘記了當年「相濡以沫」的朋友，然而老朋友們並沒有忘記他。一年多前，我曾重訪鄱陽湖畔的古城樂平，特地去看望了在中學執教的老朋友黃承燮。四十多年不曾晤面，驟然相見，促膝傾談，直至夜深。他再三問起墨人情況，關切「墨人是否尚在人間」，要我探聽消息。可惜，歲月不居，人事滄桑，我當時毫無墨人音訊，只能相對唏噓。

我是在抗日戰爭時期同墨人相識的。當時他大概在大庾嶺下的一家縣辦小報編文藝副刊，我還是負笈井岡山下的一個愛好文藝的青年。我們有過熱情的通信，卻不曾見過面，更不了解是同飲一江水的故鄉人。一九四五年春末，我跟隨逃亡的人群來到樂平，在一家只有十幾個人的小報編副刊，墨人挈婦將雛，風塵僕僕，也來到了這個小城，也進了這家報社，偶爾寫一點小文章，拿幾個微薄工錢養家糊口。黃承燮兄比我記得清楚：當年墨人夫婦住在低矮狹悶的廂房裏，日常總是一襲長衫，天熱則頻搖蒲扇，面色黴褐，動作敏快，沒有那種文質彬彬的樣子。這時候，我們才朝夕相見，閑話文藝，並且有機會同黃承燮等當地的朋友高談闊論了。這年仲秋，抗戰勝利，我同幾個記者橫渡鄱湖，到南昌一帶採訪。回到樂平，時已初冬，聽說墨人買棹西行，匆匆趕返故鄉九江去了。我們從此天各一方，從未聽到他的消息。當年我們都很年輕，墨人稍長幾歲，而今我已華發盈頭，算來墨人該是年逾古稀的人了。

幾個月前，偶翻舊報，忽然看到上海《文學報》上一條《臺灣作家墨人來滬作客》的消息，報導他於去年仲夏曾作「大陸文學之旅」，並同上海等地的作家、詩人、學者座談海峽兩岸文學交流。隔不多久，我又從參加這次座談的陳詔兄處看到墨人返臺的來信。我這才知道，墨人著述豐富，有小說及古典文學研究論著近五十種，在座談會上「言詞急切，口若懸河，暢談臺灣文學現狀和華夏文學的優良傳統，尤其對《紅樓夢》推崇備至」。他在信上說，回臺灣後，趕寫關於「大陸文學之旅」的長文和趕看小說《紅塵》全文定本的清樣，忙碌了一段時間。我記得墨人是喜歡寫毛筆字的。這次這封信雖然是用鋼筆寫在薄薄的紙箋上，但依然是我熟悉的筆迹，那麼濃重，又那麼流暢，只不過更覺老練一點。在墨人用這支筆寫下的大量著作中間，總該會有思鄉懷舊，記錄當年離亂生活的篇章吧？說來也巧。去年歲暮，九江封缸酒廠的副廠長徐復鑫來訪，在給我數說曾去酒廠參觀訪問的許多人名的時候，忽然說到墨人，還從懷裏掏出一疊名片，翻出張萬熙（墨人）的那張樸素的名片來。原來墨人已獲三所大學的榮譽文學博士學位，兼任英國劍橋國際傳記中心的副董事長。這位副廠長說，墨人對故鄉滿懷依戀，參觀酒廠時品賞了用山泉釀製的酒液，訴說了思念大陸故人舊事的深情。近兩年前，我也曾回到故鄉，當時確有那種「少小離家老大回，鄉音無改鬢毛衰。兒童相見不相識，笑問客從何處來？」的感慨。墨人還鄉之日，大概也會有此同感吧？只是我鬢毛已衰，而鄉音早改。墨人當年是說一口「九江話」的，現在依然「鄉音無改」麼？墨人應當已經看到，在不算短暫的四十年時間裏，特別是最近十多年來，故鄉面貌發生了我們過去無法想像的變化：經濟建設不斷發展，著名「米市」已告復興，橫跨長江的大橋正在加緊架設，重修的潯陽樓、琵琶亭同鎖江樓聯成了一條風景線……在今後的歲月裏，墨人倘若再來大陸，而我又能同他相見，我將同他一起談文學，憶故鄉，思往事，敍舊誼，還想一起朗讀杜甫的名句：「人生不相見，動如參與商。今夕復何夕，共此燈燭光。少壯能幾時，鬢髮各已蒼……」白頭相對，往事如烟，當會有幾多欣慰，幾多感嘆！

墨人在去年來信中已經說過：「明後年我可能再來大陸，上海是一定要來的。」但願墨人這個願望能夠實現。但願墨人重來大陸時，再到故鄉去看看，到大庾嶺下和鄱陽湖畔去看看，到祖國各地去看看，去見見一直惦念他的故交舊友，去領略神州大地的大好風光。除夕守歲，偶得舊詩七律一首：

「寒風暖雨伴殘年，送「馬」迎「羊」孰可憐。山路崎嶇頭已白，江湖跋涉志難遷。當期曉日開雲表，幸有梅花落座前。萬種情懷留一念：揚蹄猶自逐塵烟！」願以這首小詩奉贈墨人，遙致一個老朋友的祝福！

一九九一年二月～三月於上海

原載一九九一年四月十三日北京《文藝報》第十四期

作者現任上海老新聞工作者協會副會長、上海科技大學新聞與人文科系系主任

勝利屬於強者

——記臺灣作家墨人

蔚　明

一本沉甸甸的書從臺灣郵來，是墨人學長的散文集《小園昨夜又東風》。早在一個多月前，他來信向我預告，此書出版在即，到時將寄我一冊，「以供圍爐消遣」。現在殘冬已盡，又值春寒，想到墨人兄言而有信的君子之風，我感受到友情的溫馨。

去年春天，離開大陸四十年的墨人兄回來了，先後到過廣州、北京、杭州、南京、九江、武漢、西安、蘭州、武威、張掖、酒泉、敦煌、深圳，所到之處，以文會友，也到過上海。遺憾的是，由於彼此素不相識，也沒有人從中引荐，以致失之交臂。

去年六月下旬，臺灣作家訪問團一行四人途經上海，其中洪兆鉞兄算是「前度劉郎」，上次他過滬和我見過面，知道寒舍的住處和電話號碼，他於深夜抵滬的第二天清晨打電話告訴我，他參加作家訪問團再度來滬，一行四人當中，有和我分別五十年的同窗學友夏美馴兄。另兩位我不曾見過，卻是比我早一屆的同學——團長袁睽九、副團長夏鐵肩。上海是他們大陸之行的最後一站，只逗留兩天，參觀訪問的日程排得很緊，約我到他們下榻的錦江飯店會面。「有朋自遠方來，不亦悅乎。」過去，海峽兩岸親友長期斷絕音訊，更不要說相聚一室暢敘離衷了。對於我們這些垂垂老矣的人說，確實是餘生中一大快事。

從交談中，我才知道在臺的兩屆學友的情況，袁暌九兄還贈給我一本新聞研究班在臺同學分頭撰寫的回憶錄專集（感謝張煦本同學也從臺北托人捎來一冊相贈），幫助我更好地了解兩屆同學在臺（有的在國外）同學許多情況。

我知道墨人，就是這次通過他們介紹的。在臺同學回憶錄上，收錄了署名張萬熙的兩篇文章，他們說，這就是墨人寫的，他本名張萬熙。

兆鉞兄回到臺北，向墨人兄介紹在上海還有我這麼一個同學。七月下旬，墨人兄就給我寫了信來聯繫，他重視同學之誼的熱情，感動了我。我們的年歲相仿，七旬上下，人到衰年，還能保有青春情愫並不多見。

我和墨人兄就這樣「認識」，開始了通訊聯繫。

從他寄來的著作目錄上，我才了解墨人是著作等身的作家、學人，而且是「多面手」：小說、新詩、舊體詩、散文、文學評論，涉獵範圍之廣泛，在文學領域裏似乎不多。前面提到的作家訪問團的同學們向我介紹，臺灣文學界先前沒有人撰寫長篇小說，是墨人改變了這種局面。墨人著作目錄上記錄，一九五三年他出版了長篇小說《閃爍的星辰》，成爲臺灣長篇小說創作的先驅。

到目前爲止，他已出版長篇小說十六部，中篇小說十部，詩集四部，散文四部，文學評論有《全唐詩尋幽探微》、《全唐宋詞尋幽探微》、《〈紅樓夢〉寫作技巧》。各種著作總數共四十四部。

由於眾所周知的原因，大陸的讀者幾乎不知道臺灣有個作家叫墨人。恐怕也沒有幾個人讀過他的作品。和大陸的情況相反，墨人不僅在臺灣享有盛譽，而且受到國際文學界的重視。

一九六一、六二年，他的兩個短篇小說連續與諾貝爾文學獎得主拉革克菲斯特、威廉福克納等六、七十個國家的作家，同時入選維也納納富出版公司編選的《世界最佳小說選》。中國作家入選的還有老舍、郭沫若。

英、美、意、印度各國出版的《國際作家名錄》、《國際文學史》、《國際名人辭典》、《世界名人錄》、《世界傑出男女傳記》……二十多種書籍，記載了墨人在文學事業的業績。

一九八二年，意大利授給他文學功績證書。

一九八九年，英國劍橋傳記中心授給他奉獻獎章；該中心成立三十周年紀念出版的《奉獻》一書中，以長達五頁的篇幅發表專文和照片，把他作爲世界最有貢獻的作家作了詳盡介紹，同時禮聘他爲該中心的副董事長。

墨人還擁有MGS國際大學基金會榮譽文學博士、艾因斯坦國際學院基金會榮譽人文學博士、世界大學榮譽文學博士、香港廣大學院中研所客座指導教授等等榮銜。

他的國際性地位和影響是值得注意的。

墨人說：「任何一個人的成功都不簡單，我們不僅要看其人成功的果實，更應該了解他成功的因素、背景。麵包不會從天上掉下來，它是淚水和血汗的成果。」這是他評價諾貝爾獎金獲得者李遠哲和索忍尼辛一文的結束語，我覺得這段話也適用於墨人本身。

生於一九二〇年的墨人，江西九江人，畢業於黃埔軍校十六期和中央訓練團新聞研究班第一期，當時正是抗日戰爭進入艱苦階段，南京、武漢相繼失守，祖國半壁河山淪於日寇鐵蹄之下，他以熱血男兒報國精神，主動要求分配到艱苦地區工作，他的願望得到實現——在戰火硝烟彌漫的前線，一手持槍、一手執筆，辦起軍報，宣傳抗戰，鼓舞士氣民心，盡到了戰地新聞工作者的職責。

一九四九年，墨人到臺灣後，在部隊服役或是在文職機關工作，總是充分利用業餘時間孜孜不倦地從事文學創作。抗戰勝利前，他在大陸發表新詩，如果說那是初試啼聲、鮮爲人知的話，他到臺灣後的文學創作活動，大有不鳴則已，一鳴驚人之勢。

文學創作道路是艱辛的，他以堅强的毅力不計毀譽地跋涉在這條路上，向文壇奉獻出一部又一部作品。雖然時光無情，盛年不再，進入老境，但是獻身文學事業的願望，仍舊燃燒著他的心。他在六十初度的《花甲之歌》中，滿懷激情地吟唱：

跨過了六十度空間
我以小白駒子的心情
躍進第二個六十度空間

他走過的那段歲月，表現出超乎常人的意志，正如他所吟唱的：六十度的空間／沿著弧線一路翻滾／在我自己的軌道上／留下憂患斑斑的腳印／一個腳印一滴血汗／一個腳印一個音符。在他退休以前，始終堅持業餘時間寫作，完成了四十多部近千萬字作品！

他並不滿足以往的成就，一個構思十多年的長篇創作《紅塵》躁動他的胸懷，他多次向工作單位申請退休以便開筆，卻得不到准許。沒有辦法，他只好還是利用業餘時間，每天晚上開夜車寫到雞叫。當他的《三更燈火五更鷄》一文在《中央日報》副刊發表後，在美國舊金山定居的謝冰瑩大姐立即飛函勸告：「在中副上看到你《三更燈火五更鷄》的大作，我又高興又難過！高興的是，我可以拜讀你的長篇大作了；難過的是，擔心百萬巨著，太耗費你的精力，論年齡，你已過了寫長篇小說的時代，何況百萬？……請你原諒，不要罵我潑冷水，我爲了愛護你的身體和精神才敢直言。」

墨人說，「臺北的老友也勸我不要作這種傻事……我辜負了冰瑩大姐的愛護深意，也沒有聽朋友的勸告，今天我幸而未死變成植物人，已完成了這部大長篇，就算是我對他們的報答。」

冰瑩老人和他周圍的老友勸告，眞的在墨人寫作不久後發出了黃牌警告：「由於每晚只睡兩三小時，一覺醒來便不能再睡，又起來接著寫，經常寫到早晨七點上班，結果眼睛寫出飛蚊症來，先是左眼，接著右眼也有了。燈光下，太陽下，總是有蚊蟲似的東西在眼前晃動，但我決不停筆，我只希望在作品完成前不瞎掉就行，寫到一九八五（乙丑）六月十四日，一年零十天的下半夜，一覺醒來，天旋地轉，我以爲是內耳神經失去平衡，絕對沒有想到中風這種危險的病上來。……這樣拖了一個多月，講話口齒也不清楚，而且會流口水。」幸而經過住院治療，很快恢復健康，這時他已獲得批准退休，完成專心致志寫作的宿願。就在這年十二月下旬，一百二十多萬字的長篇小說《紅塵》宣告勝利脫稿。

《紅塵》在海峽兩岸出版以前，曾在臺北《新生報》連載一千零三十七天，作者說，「我是將自己六七十年的痛苦體驗、思想、情感全部投入，甚至不惜犧牲自己的老命，因爲我們的民族苦難太深。但很多人並不明白造成這個大苦難的原因，而我是幸而未死的證人。」他說：「日本人侵略中國，是處心積慮的陰謀，八國聯軍的日軍是首先攻進北平的，『七七』蘆溝橋的槍聲，是日本人明目張膽的公然侵略。日本侵略中國、恩將仇報的歷史文化背景以及八年抗戰的種種血淚史實，我在一百二十多萬字的大長篇小說《紅塵》中有詳細的交代，老天爺留下我這條命，大概也是要我替近百年的苦難的中國人留個見證……。」

筆者還沒有讀到《紅塵》，但從作者簡介和它的讀者評論中，我相信，「它一定是作者經歷的那個大時代的『精緻縮影』。」謝冰瑩老人的評價則是，《紅塵》可以和林語堂風行歐美社會的長篇小說《京華烟雲》比美，甚至是《紅樓夢》第二。

見仁見智，是廣大讀者的事，我不想在捧讀之前作更多的饒舌，但可以肯定地說，《紅塵》是墨人五十年創作生涯中里程碑碑式的作品。在這裡，我謹向墨人兄致以祝賀！去年八月四日，他來信說：「希望你來臺一遊，如我能再度來滬，一定先期聯絡。」

我希望這一天早日到來！

一九九一年三月抄於上海

作者蔚明原文連墨人照片載於一九九一年七、八月號安徽「藝術界」雙月刊總第十九期

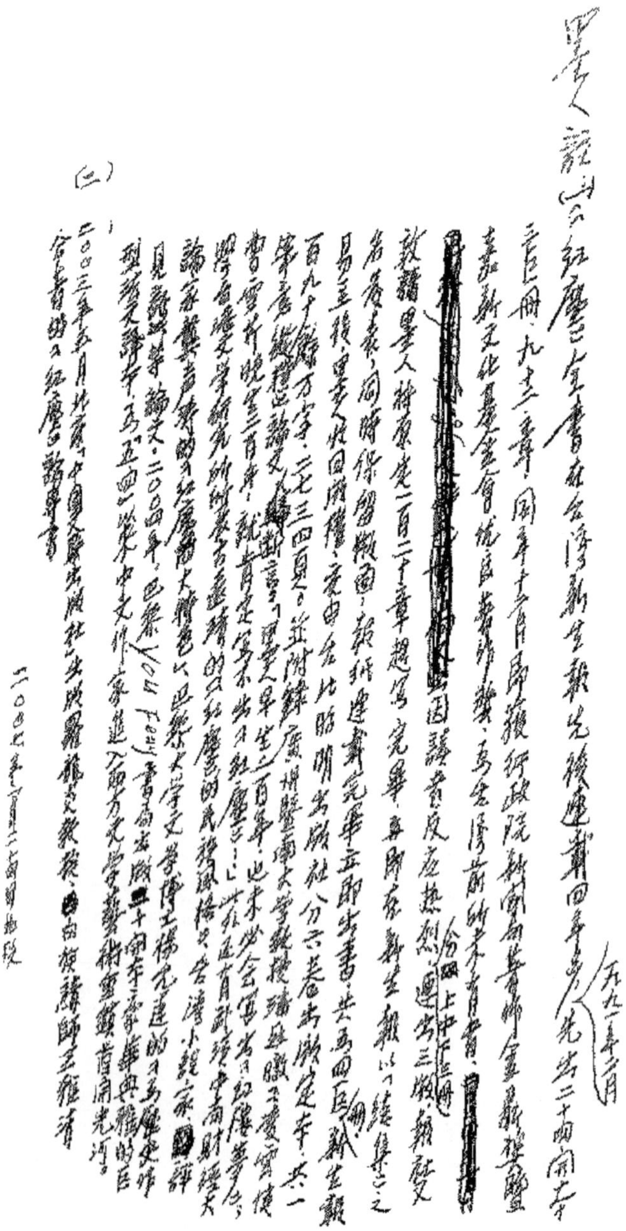

墨人說：《紅塵》全書在台灣新生報先後連載四年多（一九九一年六月）先出二十四開本三巨冊，九十二萬字，同年十二月即獲行政院新聞局出版部金鼎獎[illegible]嘉新文化基金會優良著作獎，[illegible][redacted]（分四上中下冊）因讀者反應熱烈，遂出三版，[illegible]致讀墨人將原定一百二十章擬寫完畢，再即在新生報以續集之名發表，同時保留數節，[illegible]連載完畢並即出書，共五四巨冊，新生報易主後，墨人收回版權，交由台北昭明出版社，分六巨冊出版定本，共一百九十餘萬字，二七三四頁，並附錄廣州暨南大學教授[illegible]論文，[illegible]「墨人畢生三百年，也未必會出現[illegible]紅塵[illegible]」[illegible]

（二）

二〇〇三年五月北京中國文聯出版社出版羅[illegible]教授[illegible]

二〇〇四年[illegible]

壯哉：墨人的「大陸文學之旅」

陳　忠

最近，我連續收到臺灣著名作家墨人先生的三封來信。先是告以他的《大陸文學之旅》業已脫稿，繼而又說他已開始寫《大陸詩抄》了；後再相告《大陸文學之旅》有望在上半年出書。眞叫人贊嘆呀，一位古稀老人的創作熱情及創作效率。

記得去年五六月間，目前大陸十分陌生的，然而卻擁有三十三部小說集、三部詩集、六部散文集、五部文學評論集，且多次榮列「國際詩人」、「國際作家」等名錄稱譽的臺灣著名詩人、作家、理論家墨人先生，應當代著名詩人、黃河文化實業公司總裁雁翼的邀請，在其華誕七十壽辰之際，訪問了闊別四十年的大陸。他歷時四十天，行程萬餘里，先後在北京、上海、杭州、[redacted]故鄉九江、武漢、西安、蘭州、武威、張掖、酒泉、敦煌、深圳等地，與當地眾多詩人、作家、學者、友朋，相聚座談，參觀遊覽，從而增進了相互間的了解與情誼。從墨人那本精美的題詞簿上，我讀到了八十多名當代名流的充滿詩情、人情、文情、海峽情的墨寶，其中包括艾青、冰心、臧克家、周而復、徐遲、賀敬之、柯岩、峻青、鄧友梅、從維熙、管樺、羅洛、茹志鵑、耿其昌、李維康等著名文藝家的良好祝願。此間，墨人的愛作《紅塵》（一～五十四章）和《白雪青山》兩部長篇巨著，已通過黃河文化實業公司首次在大陸出版發行，這也是墨人創作第一次與大陸讀者見面。返臺後，墨人來信說，此次大陸之行，「收穫甚豐」。

我們知道，近年來海峽兩岸已有了文學交流。在接受採訪時，他談了他對海峽兩岸文學作品的看法。——

「一般來講，大陸作品在技巧上不一定很新，但在內容上比較扎實。我們這邊比較注重技巧，但生活比較空洞，商業氣味較濃。當然，臺灣也有好作品，但氣魄不大，這與地理環境和商業社會形態有關。」

「臺灣作家是自生自滅的，大陸作家是領工資的。」

墨人先生確信，大陸創作在不久之未來，「可能會出現偉大的作品。因爲他們經歷時代的苦難，時代的悲劇，加上不同的地理環境和生活習俗的多元性，這些，都是文學創作的豐富資源，是希望所在。如果兩岸的交流逐漸擴大，對兩岸作家都有益處，可以發生互補作用。」

每年的七八月間，正是臺北最炎熱的季節。然而，這位頭發斑白、滿面紅光的老人，卻安祥地坐在北投區中和街那幢小樓裏，揮汗疾書，靜心撰寫他那部最具有歷史一頁的《大陸文學之旅》，並很快就「陸續在報章發表」。

今年元月十二日，墨人來信曰：「首先要報告的是《大陸文學之旅》昨天剛寫完，最後一篇是《陶淵明白居易的流風餘韻》，是寫我們大家在故鄉九江廬山的情形。」信中還列出《大陸文學之旅》目錄，現摘抄如下，以一睹爲快。「自序：第一輯照片與題詞（照片二十三張，題詞二十一份）；第二輯作家與作品（作家作品評介文章三十篇）；第三輯傳統與現代（文章四篇）；第四輯「大陸詩抄」（新詩十五首，律詩一首）；第五輯媒介與評論（大陸報紙雜誌有關文章及新聞十八篇）；第六輯大陸作家名錄（包括作家姓名、筆名、年齡、籍貫、職務、創作歷程、代表作品、文學觀等，計一一〇餘人，並含照片、簽名，均是第一手資料）。」幾天之後，我又收到海峽彼岸的飛鴻，隨信寄贈了他的《大陸詩抄》三章：「潯陽樓」、「烟水亭」、「琵琶亭」，都是寫故鄉的。

作家葉文玲稱贊墨人的「大陸文學之旅」是「一路詩意一路情」。趙燕翼先生的題詞稱：「墨人先生『大陸文學創作之旅』是一項壯舉！」何謂壯舉？我想：第一，墨人此次文學之旅，時間長，路程遠，宗旨明確，他先後與八省市百餘名作家會面了，相互懇談了各自對中國傳統文化和文學創作的看法，取得了共識，是海峽兩岸高層次作家對文學藝術發展的一次有益研討；第二，在《大陸文學之旅》中，墨人用第一手資料，全面、客觀、準確地向臺灣讀者介紹了一批大陸作家，這無疑有助於增進彼此的了解；第三，廣州、深圳電視臺高麗華女士等已將墨人「大陸文學之旅」全程活動實情實景，剪輯成專題電視片，已在廣州電視播出，意義重大，影響不小。

原載一九九一年三月十六日九江日報

墨人文學創作觀

上海文匯報

文學是精神事業，與其它事業不同，不宜有功利觀念，更不能希望早晨種樹，晚上乘蔭。必須朝如斯，夕如斯，生死以之。成名易，成功難。一個作家寫了一輩子，著作等身，未必能留下一兩部作品。要想作一個作家，必須先有這種心理準備，默默耕耘，盡其在我，不死不休。

作家必須深入生活，多讀書，充實自己。更應有文學良心，不造文字孽。文學不是文字遊戲。作者自己不先流淚的作品，休想讀者流淚。

文字、語言是文學創作的重要工具。工欲善其事，必先利其器。駕馭文字語言能力的高低，是決定作品成敗的關鍵。

要想成爲世界性的作家，必先成爲自己民族的作家。凡是能突破時空的文學作品，必然有它的立足點，絕非無根的浮萍。好高騖遠，投機取巧，縱能譁眾取寵於一時，絕難立於永久不敗之地。

（墨人，本名張萬熙，台灣著名作家，江西九江人。一九二〇年生。主要著作有：一百二十餘萬字的長篇小說《紅塵》，其它還有長篇小說《白雪青山》、《靈姑》及《紅樓夢的寫作技巧》、《全唐詩尋幽探微》、《全唐宋詞尋幽探微》等四十餘部。墨人曾被收入英國、美國、意大利、印度等國出版的《國際詩人名錄》、《國際作家名錄》、《國際文學史》、《世界名人錄》等；幷獲國際大學基金會榮譽文學博士，世界大學榮譽文學博士，愛因斯坦國際學院基金會榮譽人文學博士。現任英國劍橋國際傳記中心副董事長。）

——原載一九九〇年五月二十七日上海文匯報

（墨人註：此短文爲應廣州電視台深圳記者站編導譚海屏先生之請，編導他隨行採訪錄影四十天的記錄片製作參考者，恰巧當天與上海作家座談，我在座談中談到我的創作觀點、文匯報記者、「筆會」副主編、詩人、散文作家田永昌先生，當場索去加配簡介刊出，我到深圳後收到該報，並領到三十多元稿酬，謹誌謝意。）

作家書簡

李佩芝

墨人先生：

您好！

收到您寄來的文章，不禁想起去年夏天的情景，先生年歲大了，卻如此勤奮，如此認眞，奔波之後，又筆耕不止，實在令人欽佩！

您的評論文章我細細看了，先生不愧是大手筆，我讓我的朋友們看，他們都十分贊嘆，說和我相處多少年，也不知如何寫我，先生只見了一面，且又匆匆，沒說上幾句話，您卻把我寫出來了，而且傳神，實在不簡單。墨人先生，我當然更是十分滿意、十分感謝的，你說的極對，我是個散漫的人，幹什麼都不甚用心，這是長處也是短處，寫的自由自在，出的成果卻甚少，爲此我也是十分慚愧。好在我十分愛散文，再隨便，再任意，也不會丟了散文，等將來再有了集子，一定寄給先生，請先生指正。

常常有遺憾的感覺，因了一切條件，無法與先生深交、深談，但願先生能常到西安走走，使我們有機會見面。

請多多保重！

祝創作豐收！

李佩芝一九九一年三月八日

臺灣作家墨人來信談《紅塵》

陳　詔

陳詔附言：

臺灣作家墨人先生上月寄贈他的嘔心瀝血的長篇巨著《紅塵》三厚冊。作者以他對中國文化的獨到眞知與史識，將近百年來的中華民族苦難與人間世態，以生花妙筆，具體地呈現讀者面前，深受海內外有識之士重視。近日他又寄來一封長信，敍述他寫書、出書、寄書的經過。古道熱腸，充滿嚶鳴之聲。現把此信披露如下，以告關心此書的文友和讀者。

陳詔兄：

三月二十日手書拜讀。書收到了，我就放心。此間寄大陸書信不能掛號，我眞怕誤付洪喬。

我寫《紅塵》付出很大代價。發表出版均歷經挫折。寫時嘔心瀝血亦不在話下。自開始構思寫此種大書，直到正式出書，先後整整二十年，我受盡熬煎。工商業社會，功利主義的臺灣，也只有我這樣一位傻瓜！

由於書太貴，郵費亦高，在臺灣我也很少送人，大陸更少之又少，希望文友們原諒。如大陸今年能出全文本，我一定請出版單位代我轉贈文友，「寶劍贈英雄」，這部拙作我也只贈方家。

十多年前我修訂的《張本紅樓夢》大陸也要出版，一旦出書，一定送你。在臺灣流行輕、薄、短、小的「商品文學」風氣下，《張本紅樓夢》也一直沒有一家出版機構肯出。《紅塵》我原先也是打算藏之深山的。無此傻勁，我不能完成此書。文學歸文學，我更是將歷史、文化種種都歸之於文學。我是站在全中華民族的立場寫《紅塵》，站在一個純中國人的立場寫《紅塵》的。我熱愛自己的民族，自己的國家，希望大陸朋友能體諒我的苦心。原先我是準備拚掉老命完成此書的，幸而書成未死，是老天佑我也。

今年我的幾個長篇和《張本紅樓夢》如能在大陸如期出版，我會再來，明年一定會來，屆時會先告訴您。我想在上海多住些日子，和文友們多聚聚談談。但我無力久住大飯店，我沒有那麼多美金，希望能有比較公道便宜的招待所之類的住處，不然我不能多住。另外我還要去北京、東北等地去看看，多住些時間，希望八十歲前能再寫一部大小說。我一生奉獻文學，現在已過古稀之年更無他求。

我的《大陸文學之旅》正在付印中，六月可以出版，屆時也會寄來。這本書準備多送一些大陸文友，郵費一本大概也得三四百元。像我這樣年齡的作家，早已不寫小說了，更別說長篇。

原載一九九一年五月十六日上海〈文學報〉第二版

墨人兄：

惠書收到後，一直在考慮如何有所報效。剛巧有一位〈文學報〉朋友前來向我組稿，我就把大札抄寫一份交付給他，並附上幾句話以志推荐，昨天該報已刊登出來了。附上剪報一紙，請收閱。

今年九月初，我們上海紅樓夢學會主辦一個「九一上海紅樓文化懇談會」，並有「紅樓之旅」，臺灣有一批朋友要來，聯繫人：中央大學中文系康來新女士。不知你是否有興趣？我將發出邀請信，供你考慮。如參加，我們又有一次晤面的機會。

祝近好

弟陳詔　五月十九日

本報顧問陳遲先生向你問候

墨人註：我修訂批注的《張本紅樓夢》已於一九九五年十二月由長沙湖南出版社出版，硬殼精裝兩巨冊一百二十萬字，主腳錯一套。當再編入《全集》評論部份出版。

二〇〇七年十一月二十四日北投

山水靈秀　戀歌清純

——讀臺灣作家墨人長篇《白雪青山》

羅龍炎

《白雪青山》是明朗，優雅而淒麗的詩。這是臺灣著名作家，也是九江老鄉作家墨人先生的這部長篇愛作所給予我的一個美好的印象。

就像廬山潺潺流淌的溪潭，娓娓的，澈澈的，《白雪青山》所敘述的故事很單純——一個「積雪盈尺，滴水成冰」的隆冬，妙齡男女何夢華與古月仙雙雙徒步冒雪從蓮花洞登好漢坡上廬山，來到白雪皚皚的「清淨的世界」，住進一座叫做「心園」的別墅。

心園是商人徐人仰避暑的別墅，冬季閑置，由僕人老王看守。何夢華與徐人仰是莫逆之交。在人仰的安排下，夢華與月仙瞞著家人冒雪住進心園，準備「安安靜靜地隱居起來。」

大雪天，深山寂寂，在老王殷勤的照顧下，他倆或「圍爐烤火，細讀詩詞」，或品嘗老王親弄的「又冰又甜」的風紅薯，聽聽京戲唱片，寫寫畫畫，過著近乎忘世的生活；他倆的思緒與情感完全沉浸在書裏，畫裏，雪裏，以及兩人共同營造的心靈殿堂裏。不僅不寂寞寒苦，相反，他倆倒覺得「這種生活才是人生最高的享受，最大的幸福」。只是當梅蘭芳的《生死恨》從留聲機裏流出來時，靠在夢華肩上的月仙，似乎「眼裏含著兩顆晶瑩的淚珠」。

心園的臘梅開了。一陣輕快的鳥聲，春天不知不覺地來了。谷地平靜，嫩綠滿山，他們沿著溪澗的黃沙路散步，很細很軟，像步入「夢中的樂土」。走動之間，他們結識了白俄馬林斯基父女，黃龍寺的慧真與了緣，還有隱居在太乙莊的儒將顏太乙夫婦。

一個春光明媚的日子，他倆從心園出發到山南「去趕最好的春光」，像兩隻自由快活的小鳥在山南林泉勝迹中穿行，盡情享受著春神的愛撫和愛神的溫馨。含鄱口的帆影，太乙莊的秀雅，三峽澗的急湍，棲賢寺的古雄，玉淵潭的深邃，觀音橋的奇巧，白鹿洞的幽秀，五老峰的雄奇，萬杉寺的濃蔭，秀峰寺的靈秀，馬尾水的漂灑，香爐峰的仙逸，姊妹峰的娟秀，歸宗寺的墨趣，醉石村的酒香，黃岩寺的虎嘯……令他們驚魂蕩魄，心曠神怡。一路陪伴漫游的小尼姑守貞成了他倆的好朋友。山水人情滋潤著兩顆相親相愛的心。山上一天天熱起來，也鬧起來。不久，人仰夫婦也先後提前上山，他們熱情地陪夢華月仙散步，聊天，看風景，悠遊歲月……

一個陰沉的清晨，他們一行在牯嶺街逛遊。突然，有人在月仙背後喊她「表姐」。月仙回頭一看，面色一黯。原來，月仙是違背父母之命，反抗與表哥幼年的婚約，與夢華一起私奔，躲到心園來的！此時被來廬山觀光的表弟碰到，要她回滬。回心園的路上，他倆心情沉重。半個月後，父親的電報來了：「母病危，速返滬。」送別的夜晚，他倆靜坐在甘棠湖畔，輕輕絮語，直到雞鳴。

帶著作痛的心，夢華返回心園，觸景傷情，茶飯不思。月仙被逼回滬後，又被逼到東京，囚進「金絲籠」裏，音信全無。無情的事實令夢華與月仙天各一方。夢華陷入無限相思。無論是老王，是人仰夫婦，還是慧真大師，或是小尼姑守貞怎麽勸慰都無濟於事。馬蘭的愛也被拒絕了。他斷然秘密搬到太乙莊，接替顏先生留贈的「三間破茅屋」，與世隔絕起來。

風雪呼呼，雪花飛舞，廬山又是冬天！

這是一個既不複雜也沒有多少戲劇性的愛情故事。這個愛情故事，深沉而不熾熱，高雅而不空泛，甜蜜而不粗俗。它引人入勝，既不是靠故事情節的離奇，人物性格的衝突和情感的糾葛，也不是靠敍述結構多變和線索曲折；它給我們美感的感性形式，主要是一幅幅流溢著詩情畫意的畫面，一段段滿含著風雅與愛意的對話，一種種浸透了世態炎涼的和人生感悟的象徵。它就像嗚嗚的洞簫，清秋的紅楓，默默注目的夕陽，美妙動人而淒麗。讀《白雪青山》不可瀏覽，只宜細細咀嚼體味。正如讀美麗蘊藉的詩，我們從中感受到的，既是美的愉悅，更是心靈的滋潤和精神的昇華。認真地講，它不是一段故事的敍述，而是一腔情感的寄興，一曲婉麗的歌唱。

《白雪青山》也很別緻。它把一個淒美的愛情故事，「安排在如詩如畫和中國傳統文化與西洋文化交會的廬山」；同時，又將廬山四季之美的種種境界，「和男女主角的感情融爲一體，一道昇華」，其構思，實在是別具匠心。

廬山是中國的名山，天工造化，是美的化身，是作家的故鄉。對廬山，他不僅有深沉的愛，而且有深切的非同一般的熟悉與了解。「一般中外人士只是夏天去廬山歇伏，欣賞夏天的飛瀑流泉，雲霧漂渺，紅袖飄香」。他卻深深體驗了廬山四季之美。「春天的鶯飛花放，千山響杜鵑，新筍一夜暴長一尺，蛙鼓頻頻」；夏天的清涼高爽自然不在話下。「秋天的深山紅葉，清風明月，冬天的大雪封山，『千山鳥飛絕，萬徑人踪滅』的空山寂寂」。而這，「歷代詩人沒有見過寫過。」作者在《白雪青山》中，借助一個淒麗的愛情故事，把自己對廬山的這種深厚的愛和獨特的體驗理解，與男女情感的流動「融為一體」，用「雅人」陪襯名山勝水，進行藝術表現。顯然，這樣安排，不僅在章法上便於介紹和描繪廬山的四季之美，並穿插一些名人詩詞作映襯，從而從各種不同的角度與時空顯現廬山的面貌。由於感情的融入，自然風光被男女情戀予以對象化，因此，在意境創造上，藝術的「白雪青山」比自然的「白雪青山」就顯得更有情趣，更動人，更美。

反過一面來看，把一對頗有文化教養的情侶，一種書生佳人式的戀愛，一種共享清風明月的追求，以及一種仁愛、寬厚、和平的胸襟放在廬山來表現，顯然也是十分聰明的選擇。白雪青山，流泉飛瀑，清風明月，鶯飛花放，廬山的確如詩如畫。佛寺道觀，書院隱廬，教堂別墅，廬山的文化傳統的確既豐富，又與西洋文化相交融。所有這些都與作者要表現的人物的教養，性情，志趣，追求，乃至生命方式與體驗有某種對應或相和諧。作者對這些了如指掌，信手拈來，或作為人物的環境，或渲染人物的情緒；或顯現他們情趣的高雅，或象徵他們人生的追求；或寄托情感，或烘托命運；從而以那種充滿風雅與秀美的環境與氛圍，和那種溫文爾雅的格調，優美而形象地表現了一對與衆不同的情侶那種別具一格的精神生活。

《白雪青山》的這種構思與效應，在冬與春的兩個季節的敍寫中體現得最爲鮮明。這對情侶在山南趕春光那一大段描寫中，無論是山水的靈秀，鄉情的淳厚，還是情愛的甜蜜，才子佳人的風韻，都寫得酣暢淋漓。其情其景，莫不令人心嚮往之。小說在「冬」的構思上尤具特色。它由夢華與月仙雙雙冒雪登山隱居心園開篇；並由此開展情節，畫過一年四季的圓圈之後，又以夢華孤身摔跌在雪花飛舞的太乙莊草亭旁收束。這種著意於「冬」的藝術處理，其藝術幅射力很強。從藝術角度的選擇看，它以獨具慧眼的藝術發現爲前提，別開生面，顯現了冰雪廬山冰淸玉潔之美和空山寂寂之境，一改歷來廬山詩文角度選擇的定勢，以一種新穎的角度獮補了「沒有人寫過」的缺憾。從典型環境看，冰雪嚴寒，一方面是男女主角情感與命運所面臨的威脅與考驗的象徵；另一方面，又是這對情侶愛心之眞誠，意志之堅强，情感之純潔的映襯。從閱讀的心理來看，一對男女（讀者開初並不明白他倆的關係）於大雪封山之際，執意冒險登山，當然不能不令人生怪。正如店主所說，「我眞猜不透，別人是上山歇伏，兩位怎麼上山過冬？」隨著心園隆冬生活敍寫的步步深入，「猜不透」的效果越來越濃厚：是夫妻？是情侶？爲什麼大雪登山隱居？結果如何？越來越多的懸念及强烈的探究動機，導致讀者濃厚的閱讀興趣。由此看來，「冬」的藝術處理的確具有「一石三鳥」之功。《白雪青山》這種融情景於一爐的構想高妙別緻，的確是經過深思熟慮的。正如墨人在「三版自序」中所說，「唯其如此，書中人物的思想境界才容易提升，感情節操才容易昇華，也惟有通過天下名山和中國固有的文化整合，才能將文學技巧昇華爲文學藝術。」

《白雪青山》的山水人物都是用美「塑造」出來的。無論是山水，還是人物，是景致，還是情致，《白雪青山》所呈現給我們的，都是那種純淨淳厚之美。

白雪青山，四時錦繡，書中極寫廬山丘壑之勝，峰巒之秀，無一不如詩如畫，秀雅絕倫。從某種意義上說，《白雪青山》是一本很豐富、絢麗的《大型廬山風光畫冊》，是廬山風光的集成。這裡，不妨抽一幅出來看看，是寫含鄱口遠眺的——

走到含鄱口，眼界突然爲之一開。鄱陽湖和藍天一般顏色，平靜如鏡。湖上白帆片片。湖中一脈遠山，浮在水面上，矗立不動。雲的地位比我們低，我們可以清楚地看見藍色的湖、藍色的天，看見陽光照在白雲上面。

……我們左邊是五老峰，右邊是太乙峰，五老峰只能看見它們的背脊，太乙峰卻高高聳起，像個大犁頭尖，青翠欲滴。棲賢寺在山麓，躲在參天古樹中，露出一角紅牆。山下的田像數不清的棋盤格子，有的正在春耕，有的卻開著油菜花，一片金黃。

水光，山色，古寺，紅牆，田園，在作者筆下，在我們面前構成了一幅色彩明麗，構圖別緻，形態優美的「含鄱遠眺圖」。書中諸如此類描繪舉不勝舉。

與山水美相映成趣，《白雪青山》裏的人物，幾乎都閃耀著純美、善良、溫雅的光彩。

這首先體現在男女主人公的形象上。用作品中的話說，她倆都是「雅人」。作為一對頗具文化教養與情趣的情侶，他們「愛山、愛水、愛靜」，愛吟詩作畫，看風景。他們的談吐舉止端莊高雅，溫良斯文。他們相親相愛，相扶相持，柔情萬鍾，情投意合得沒有一點摩擦與分歧，即使被迫天各一方，也依然忠貞不渝，沒有半句埋怨，一絲猜忌。他們才貌出眾，情感豐富，愛心為懷，尤善解人意，善體己及人。他們對小和尚、小尼姑一類人的心思與境遇之理解與同情實屬難得。總之，他們的心靈、情趣、舉止，口吻乃至體態，無不流溢著雅與美的芬芳。

作品中那些為夢華與月仙的戀歌熱情「伴唱」的人物，無論是商人、僕人，還是隱居的將軍，客居的外國人，乃至出家的小尼姑、小和尚，或鄉野的農夫村姑，也幾乎是熱情、善良、純美的化身。一個個令人感到可親可愛，或可敬可佩。就是他們的伴唱，把男女主人公本來就很清純的旋律，烘托得更清純、更動聽。像人仰夫婦，他們俠肝義膽，急朋友之所急，憂朋友之所憂，不計得失，為朋友分擔憂苦，一心要促成夢華與月仙的戀愛，成人之美之心至大至誠。黃龍寺的方丈慧眞，通釋達儒，又是詩畫行家裏手，雅意自是不淺。他本是「靜如止水」的方外人，然而又「的確是個解人」，與夢華月仙「特別投緣」，幾次置茶修書甚至登門拜訪相邀「性情中人」，為他們遣愁解悶，誠慈悲為懷之至。把月仙當作乾女兒待的顏太乙夫婦，更是非同一般的「高人」。顏先生儒雅風趣，兼幾份仙風道骨。他解甲歸隱太乙山莊，悠遊歲月，讀史種豆，與妻子共享清風明月。顏太太胸壑亦富，古董不少；她是翰林的女兒，常常於言笑中「妙語解頤」。青山綠水，老夫老妻，其形其色，「眞使名山增色不少」。

心園的僕人老王和觀音閣的小尼姑守貞的可愛，與上述高雅之士相比，則又別具一美。老王是心園的老僕人，勤勞誠懇，熱情周到，雖然不通文墨，但曾「闖蕩江湖」多年，深諳人情世故。表面上，他是「老古板」，但其實並非「不解風情」。早年，他同師妹相愛因師父貪財畏暴而演成的悲劇體驗，使他對男女主人公的情戀與不幸深爲理解，深爲同情，並常常暗裏明裏相助。他很愛自己的國家，而對外國人抱有偏見。但在相互的接觸與理解中，他逐漸消除了心中原有的芥蒂，後來還暗中爲俄國姑娘馬蘭撮合感情。從老王的身上，我們不難看到，中國勞動大眾那種勤勞、忠厚、善良而寬仁的美德。

小尼姑守貞更是廬山風水養出來的美妙的女孩子。她長著一對「大而漂亮的秋水盈盈的眼睛」，只可惜紅顏薄命，無奈削髮爲尼；卻六根未淨，甚至「命裏犯桃花煞」，也一心嚮往青山綠水間男耕女織的甜蜜。她陪夢華月仙遍遊山南，後來又給他們送李子，送梨子，情深意長。本來，她已打定主意還俗出嫁。但當她看到夢華月仙這對鍾情恩愛的情侶竟被殘酷地拆散，她那火熱的心冷了，於是重新剃去「三千煩惱絲」，依然皈依佛門，爲夢華月仙的幸福供佛燒香。守貞的形象無疑是很美的。

山水的錦綉，固然是廬山的自身品質所在。人性的美好，固然也是中華民族人格的光輝。但是這畢竟不是現實的全部，或者說只是事物的一個方面。至於另一個方面，或人們常說的負面，在作者那種引導人們憧憬與追求眞善美的藝術構想中被著意省略了。這不是粉飾或文過，而是藝術的選擇！作者筆下那些令人神往的山水美和人性美，已不單純是客觀固有的色相。它經過了作者心靈的淨化和昇華，是體現作者審美理想的審美選擇的結晶，也是作者內美（情操、志趣、人格等）的外化。所以，我們在《白雪青山》中所觀照聆聽的，是一片靈秀的山水和清純的戀歌。

作者在《白雪青山》中對故鄉的山水和人情作這番「淨化」、「美化」。我想是與作者懷鄉、懷人、懷舊和人生感悟的種種情愫分不開的。他幾十年客居臺島，胸蟄富遊子之情。因此《白雪青山》作爲一部比較高雅的言情寫景之作，出現在他的筆下是很自然的。但值得注意的是，《白雪青山》的言情寫景中有更深的意蘊。我們覺得《白雪青山》的深層意蘊中，並非只是那種閑逸溫雅的詩情畫意；它於閱世的苦衷、生命的感驗和人生的反思中，既顯現著一種十分複雜的心態，又呈現著一種價值觀上的深刻矛盾。這種心態與矛盾，不動聲色地在作品的字裏行間時隱時現地遊弋著，是那麼含蓄。這到底是「禪隱」，還是「儒隱」？是出家，還是還俗？既要享清風明月，又要携淑媛麗人。照中國的傳統，這些似乎都難於確定，或難於兩全。此乃人生之困境！人太無能了。人有幾千年的文明歷史，至今卻不能找到或確定自身的生命方式，不能找到自己的歸宿，這難道不値得描寫和悲嘆嗎？（這些擬另文議論，這裡僅簡說兩句，或許有助於準確把握《白雪青山》。）

原載九江師專學報一九九一年一期（總第四十七期）

夏都廬山孕育的冬春情思

——讀台灣作家墨人愛作《白雪青山》

徐崇亮
陳　忠

台灣著名詩人、作家墨人先生（本名張萬熙）是九江人。他自三十年代末開始發表作品，辛勤耕耘五十年，收獲甚豐，計有長篇小說十六部，中短篇小說、詩歌散文和文學評論專著集等共四十餘部。墨人先生飲譽海外文壇，曾榮獲「國際大學基金會」、「愛因斯坦國際學院基金會」、「世界大學」授予的三個文學博士學位，幷榮列英、美、意、印等國出版的「國際詩人名錄」、「國際作家名錄」、「國際文學史」、「世界名人錄」等二十餘種國際權威名人傳記專著，英國劍橋國際名人傳記中心特聘他爲副董事長。

正値墨人先生七十歲誕辰之際，黃河文化實業公司第一次在大陸印行了他的長篇巨著《紅塵》和《白雪青山》，幷于五月十二日在北京舉行了隆重的首發式；墨人先生應邀正在滬、杭、寧、潯等地進行文化學術交流活動。筆者有幸先睹《白雪青山》，舒心之餘寫下一點感想。

墨人先生的鄉情鄉音濃郁深厚。他的《白雪青山》、《靈姑》和《江水悠悠》、《鳳凰谷》等數部長篇，均以九江廬山爲背景，融山水、人情于一爐。一九六四年八月在台灣出版的《白雪青山》，是他的得意之作，被讀者視爲「精品」，多次再版，供不應求。

我們知道，廬山之美早已聞名于世，她曾一度被譽爲「夏都」，係長江中下游著名的避暑勝地。久而久之，人的習慣成了一種思維定勢，以爲廬山唯有夏之美，唯有上山歇伏避暑，欣賞「飛瀑流泉，雲霧飄渺」。殊不知，廬山四季都美。

墨人先生獨具慧眼，他構思《白雪青山》一開篇，就寫匡廬大雪封山之際，一對情侶興致勃勃徒步攀登好漢坡，住進寂靜的「心園」，盡情領略超脫「紅塵」的「極樂生活」。小說歷經四季，以冬又來臨「雪花飛舞」，一對戀人天各一方告終。冬與春是作者著墨最多之處。尤其是冬之美，「白雪」的象徵蘊含非常豐富：「周而復始，冬已來臨，春天還會遠嗎？」冬是希望的所在！冬之美在于空靈，而潔白空靈的世界底下卻孕育著生命，男女主人翁逃離塵囂的都市，遁入這桃花源般的潔淨之地，來孕育他們愛情的胚胎。春的生機勃發，百花吐艷，萬象更新，正是他們愛得情深意篤的眞實寫照。黃金般的夏季，帶來了廬山的一時繁華，他們相愛的高潮來臨，恰如這山的夏，轉瞬即逝，一俟人去樓空，惟餘山之子的惆悵悲切。秋的思戀猶如朗朗皓月，片片落葉，給山給人抹上了一層濃濃的愁情與哀傷。這四季之美分明是小說人物情感經歷的陪襯。誠如墨人先生在「三版自序」中所言：「我在《白雪青山》內都將這種境界和男女主角的感情融爲一體，一道昇華了。」

山水美是小說的外在靈秀，而人性美卻是小說的內在氣質，兩者水乳交融，才讓這如泣如訴的愛情故事大放光彩。男主角叫何夢華，是一位有志的愛國知識青年，女主人翁古月仙，有才有貌，對愛情忠貞不渝。作者以他倆在廬山過起甜蜜的愛情生活爲中心，以及他倆在山上、山下的社會交往、人情交往，多側面地顯露了身居這美好山水中人之美、人之愛。諸如看心園的老王、心園主人人仰夫婦、黃龍寺和尙、觀音橋的小尼姑、隱居太乙莊的顏師長及他的小腳太太，那白俄父女等，他們都透閃著人世間的性靈美。

墨人先生不愧是文學大家。他爲了突出人性美的藝術效果，在小說的結構上匠心獨運：作者用了約五分之四的篇幅鋪陳情侶間的融融情愛，直到小說的臨尾處，我們才知道月仙原來是違拗「父母之命」私奔出來的！然而她的離去，不啻對何夢華猶如五雷轟頂，讀者也難以承受這急劇逆轉的情感波瀾的沖蕩，悲劇氣氛由此陡然劇烈，令人窒息。月仙下山后，猶如孤雁的何夢華，形單影隻，秋風瑟瑟，落葉飄飄，催人淚下。但正是在這種特定的情感氛圍中，他周圍的那些人物才能恰如其分地體現出這種「危難之中見眞情」的人性美：人仰夫婦本來歇完伏就要下山的，怕他孤獨，一直滯留到中秋！慧眞方丈是方外人，本來犯不著兩次登門心園，只是爲這對情深似海的「性情中人」所感動，放不下心來，原來「佛性」竟也拗不過「人性」！更有甚者，陪他倆遊山南五大名寺的小尼姑守貞，天眞俏皮，雖削髮爲尼，卻六根未淨，差一點就要還俗出嫁，見這對神仙般永不分離的鴛鴦，也給棒打兩分飛，除了哀惋嘆息，遂決定重新剃淨蓄了三寸長的「三千煩惱絲」，爲他倆早晚各燒一爐香，求觀音菩薩早日讓他們團圓。

廬山是中國傳統文化與西方文化相沖撞、相融合的交匯點。墨人先生深諳中國傳統文化，語言文字功底沈穩，在描寫山水美人性美與人文景觀歷史淵源的融匯貫通方面得心應手，但他并沒有一味固執地抱著成見而摒棄西方文化，而是「透過天下名山和固有文化的整合，將文學技巧昇華爲文學藝術。」

原載一九九〇年五月三十日九江日報，作者徐崇亮陳忠先生爲九江市師範專科學校外語系、中文系教授。

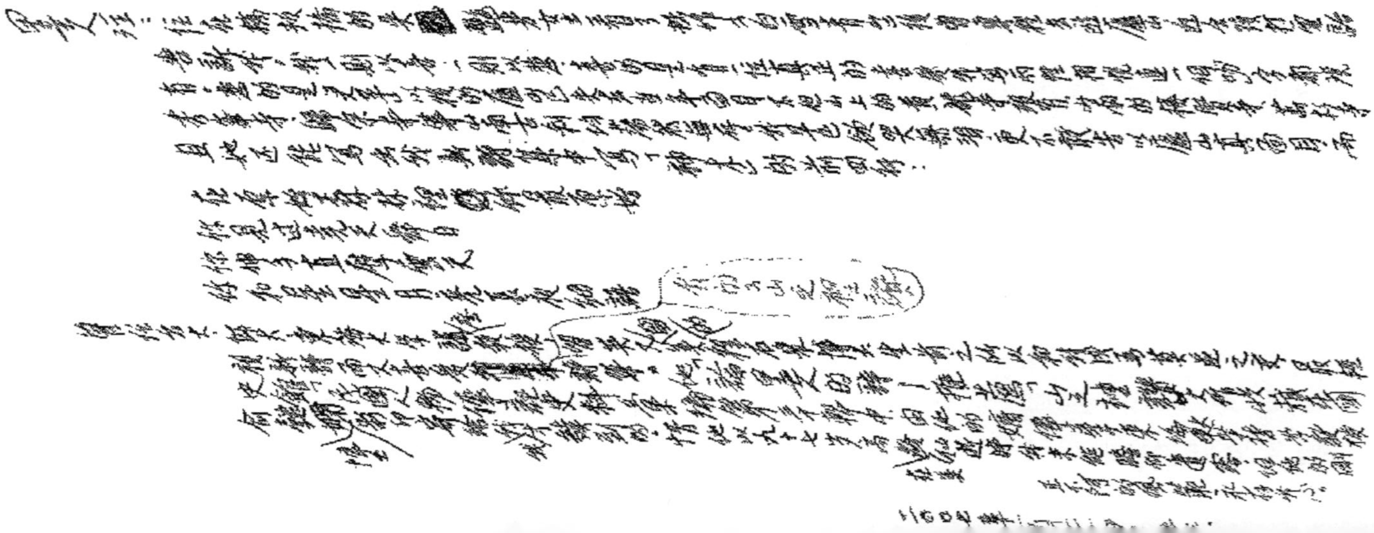

評墨人長篇小說《江水悠悠》的藝術特色

王崇靈

《江水悠悠》是墨人先生的代表作之一。在臺灣中華書局一九七二年出版的《墨人自選集》（共五本）中，四部長篇小說全都是以他的家鄉——九江爲背景的，濃郁的鄉土氣息和老到的中國傳統文學寫作技巧，從總體上構成了墨人小說創作的最大藝術特色。《江水悠悠》更是典型地記錄了他的家鄉、他的同胞所經歷過的一個黑暗時代裏的故事。

本文試從小說技巧諸方面來探討《江水悠悠》的藝術特色。

塑造各不相同的人物性格是墨人小說創作的一大特色。可以說，在墨人的諸多文學作品中很難找到時髦的典型人物，也很難在同類人物中找到性格相同的人物。薈集在他筆下的人物，猶如集中國古典文學之大成的《紅樓夢》裏的眾多人物形象一樣，無一雷同：各有其鮮明特徵而無不性格迥異，栩栩如生，所謂一人一格是也。我們粗略探討一下《江水悠悠》裏的人物性格塑造，可以管中觀豹。

地方士紳江漢鼎被百姓尊爲百花洲的大門，他「凡事認個理」，「是棵老楊樹，牽藤絆葛」。所以，他寧可挨日本人的耳光，拒不當維持會長，這是他深明大義，正氣凜然的一面。他拋棄了城裏的花園洋房，圖的是大亂當中求「清靜」，少惹事生非，但又不肯坐視江水肆虐危害百姓，「瘦兮兮的一介儒生」挺身而出，又表現了他甘爲人子，解民倒懸的另一面。百姓視他爲主心骨，凡事都求助於他。但日本人、僞警漢奸、地痞流氓有事也來糾纏他，他不得不使出渾身解數來應付、來周旋，目的在於盡可能地爲百花洲的百姓排憂解難，表現出他深謀遠慮、忍辱負重的又一面。他息事寧人，千方百計地調解余千、許百萬、馬志遠等人之間的矛盾，希望大家不要「鍋裏爛」，要一致對付日本人，可謂用心良苦、竭誠盡力；乃至最後，家裏的親人與小日本拼了命，他倒坦然受過，欣然赴死。他不卑不亢，鎮定自如的儒雅風度，威武不屈，大義凜然的民族氣節，令人扼腕感慨！

許百萬在地方上也算是個人物，但他和江漢鼎不能相提並論。他沒有「士」的風範，只會積斂財富，抽大烟，嫖女人，目光狹隘，唯利是圖，是中國封建社會中靠小農經濟發達起來的土財主；就這麼個自私自利的人在打日本人的問題上卻毫不含糊，肯出一百擔大米（這個數目要比余千所勒索的高出一倍），只要把百花洲的鬼子幹掉。

駝子是個畸型人，在讀者的心目中無疑是個值得可憐的人物。但他身殘個小卻心智健全，出言必妙語聯珠，既尖刻又逗趣，往往透著機智和靈氣，令人拊掌稱絕。尤其是他對荷花那種既愛又恨的酸葡萄心理，讓作者通過對他舉止言談的描寫給刻劃得淋漓盡致。他恨日本人施虐殘暴，也恨荷花作賤不爭氣；明知自己賴蛤蟆吃不了天鵝肉，卻愛心不死，只得認了「那兩筆爛賬」，來了卻自己的單相思，種種酸溜溜的心態和嘴臉躍然紙上，既叫人忍俊不禁，也叫人爲他感到可悲。可也正是這個「見了鬼子撒腿就跑」的可憐蟲，最後卻冒死過江去通風報信，讓鬼子給沉了江。

諸如不敢眞動日本人卻打著抗日旗號拉杆子、要糧草的地頭蛇余千也眞實可信。當時的客觀現實決定了他的存在，也決定了他的性格形成。還有純情少女徐玉蘭，柔弱溫順，竟是個烈女，她為中國人的尊嚴，為愛情的貞潔殺死兩個鬼子而殉身。就連荷花這個「敗壞百花洲名聲」的小風騷，也有那麼一點義氣，他的所作所為給人以迫於無奈，委屈自己換得眾人安寧的印象。

這眾多的人物形象，似乎無一可稱得上眞正的抗日英雄，甚至還有穢聲劣迹的鷄鳴狗盜、苟且偷生之輩混雜其間。但正是這些尋常百姓的作為卻或多或少、或深或淺地表露出抗日的情緒和民族的氣節，也正是他們的行動、他們的犧牲譜寫了一曲悲劇氣氛濃郁的民族正氣之歌。墨人在《江水悠悠》裏對人物性格的塑造，足以說明人的稟賦不一、性格多樣，但抵御外侮、仇恨日本人的心理與情緒卻是一致的，只是表現形式或程度不一而已。這種落筆於普遍百姓的人物性格塑造，的確不落俗套。可以說，正是作者筆下這些千姿百態的芸芸眾生相，才構成了《江水悠悠》裏傳統的中國文化氛圍，以及當時的眞實可信的中國淪陷區抗日的社會背景。

在現代小說創作中，敍述手法即視角的選擇是非常講究的。墨人的文學作品，不論長篇、中篇還是短篇，大都用第一人稱手法來寫。《江水悠悠》也不例外。這種文學現象在中外小說史上並不多見。可以想見，像墨人這樣的大手筆並非不諳此道，實在是他情有獨鍾罷了。因為，一般說來，第一人稱敍事手法往往使小說耽於單調、呆滯。這位必須無處不在無所不見的「我」，確實很難全盤把握小說眾多人物的活動和整個故事情節的發展，很難使小說生動流暢，渾然一體。但讀罷《江水悠悠》，我們並沒有這種感覺。究其原委，主要有三：

一是小說中的「我」並非那種非「我」視角不能逮的「全方位」主角或者重要人物，「我」是若干主要人物中的一個，這種降格使用，退而求其次的「我」視角，無疑比傳統的「唯我獨有」的視角來得高明。書中的江家鳳是個因抗戰爆發而輟學的少年，由於他的特殊身份和所處的環境，賦予他「發散型」的視聽效能，小說中其他人物的活動大體可以攝入其視聽範疇。

二是同時作者又打破格局，輔以客觀描述並通過人際關係的交流來拓寬視角，減低了「我」視角的單一性。「我」的伙伴玉蘭、駝子和荷花是除了「我」之外的信息源，以「我」爲中心的息信交流從實質上構成了小說視角的多元性。這種以「我」爲中心的多元視角主要是靠人物對話來完成的。在《江水悠悠》裏，人物對話不僅是小說的語言特色，而且也是彌補「我」視角不足的敍事技巧。

三是故事情節的線型發展，即按時間順序組織小說內容的手法，不僅避免了現代小說常見的因種種描寫議論，諸如回憶、意識流活動等所帶來的臃腫和龐雜，也爲「我」視角的描寫空間提供了大有作爲的可能性。「我」的經歷與小說中其他人物的悲歡離合，循著共時性的軌迹從始至終來完成整個故事情節的發展，給讀者以清晰明快、印象深刻的審美意境，絕無拖泥帶水，牽強附會的累贅感和不自然成份。

由於上述三者的相互補充，形成了一個有機的敍事機制，使我們因《江水悠悠》比較典型地代表了這一特色。

一、敍述性的描寫或議論，甚或夾敍夾議在《江水悠悠》中都不多見，除了少數猶如舞臺布景般的諸如年代、季節、環境的交代性描寫外，通篇幾乎都是人物之間的對白。這種極富中國語言個性的對白，完全取代了小說敍事中的人物描寫、環境描寫以及事件敍述和心理活動陳述等等。所有人物的性格塑造和心理刻劃以及由此推進的情節發展，全都是由對白來完成的。《江水悠悠》所敍述的悲劇性事件，就是通過小說人物對話的表演，而非作者的主客觀描寫來實現的。讀《江水悠悠》，猶如置身其中，全部情節的發展和人物的活動，均戲劇化地一幕幕表演出來，具有強烈的舞臺藝術效果，就像觀看情節劇似地生動明快，與劇中人物同喜同悲，給人以現實的情感經歷。

二、如同《白雪青山》一樣，《江水悠悠》的結構也類似一齣戲劇，場幕之間的安排跌宕起伏、緊湊有序。人物活動構成的主要事件可以大致分爲如下場幕：小說開篇（第一章）猶如序幕，交待時間地點，主要人物出場，「這塊鰲魚精保佑的福地」，因抗戰爆發而不得安寧；「釜底抽薪」（第二～六章），日本鬼子抓走了一百個壯丁，致使九龍口決堤，百花洲人內憂外患；「蛇鼠一窩」（第七～十三章），大災過後，百花洲人失去了往年的歡樂與富有，「抗日遊擊隊」的余千又來打秋風，攤派糧草，無異於雪上添霜，大年初一日本商人打死了農民王福年，首開殺戒；「鐵蹄蹂躪」（第十四～二十二章），日僞警備隊進駐百花洲，武田霸占荷花，日本人壓價收購小麥、黃豆，老百姓苦不堪言；「黎明黑暗」（第二十三～二十八章），城裏的爆炸聲預示著曙光，可黎明前的黑暗更難耐，今井暗藏殺機；「禍起蕭牆」（第二十九～三十三章），摔跤角力，百花洲人大長民族志氣，滅了小日本威風，但爲此付出的代價卻是玉蘭父女、駝子和江漢鼎的性命；第三十四章，就像這齣悲劇的尾聲，餘音不絕，發人深省。

三、這種戲劇結構的小說敘事給小說戲劇化手法的具體適用提供了可能。戲劇化手法的成功運用，又反過來表明作者匠心獨運地通過戲劇化手法，將小說籠上了濃厚的悲劇色彩。在《江水悠悠》裏，作者比較明顯地運用了悲劇中兩個情節成分之一的「突轉」手法，其藝術效果能構成悲劇氣氛，並引起讀者的憐憫與恐懼。「『突轉』指行動按照我們所說的原則轉向相反的方面，這種『突轉』並且如我們所說，是按照我們剛才說的，即按照可然律或必然律而發生的。」（亞里多德《詩學》第三十三頁）小說中「我」所涉及到的大多數人，都在其大爹江漢鼎的約束下。把民族仇恨壓抑在心，對日本人採取敬而遠之的規避態度，爲的是保護自己。但日本人的角力挑釁，使家鳳、姑爹等挺身而出，潛意識的民族自尊勃然傾泄，偶或的因素導致了事件的必然逆轉，其結果讓讀者的情感不堪承荷。作爲小說輔線的兩對情侶的關係發展也有這種突轉的藝術效果。姑表兄妹的「我」和玉蘭，青梅竹馬，情深意篤，飛來的橫禍使美滿幸福的愛情婚姻幻滅。駝子與荷花，見面就唇槍舌劍，儼然勢不兩立，可在王寡婦要賣荷花時，駝子卻表露眞情，原來他一直在愛著荷花，他對荷花的恨其實是他對荷花的愛的外化，於是他們出人意外地實現了婚配，然而不久荷花又出乎意料地成了寡婦。衆多的偶然契機，形成了事件逆轉的可然律。無可否認，正是這種戲劇化手法的熟稔運用，構成了《江水悠悠》的複雜情節。

《江水悠悠》的語言風格是比較典型的。所謂鄉土氣息與民族文化的傳統，無疑是靠語言來表現的。在小說的藝術創造中，若沒有具有個性的語言運用，很難說得上什麼其它藝術特色。墨人的語言文字功底深厚，遣詞造句既恰如其份又簡潔明快，特別是表現地方特色方面運用自如，造詣很高。譬如，在九江地方語彙中常說的：「狗屁倒灶」、「叫化子盤蛇」、「徭上楊樹梢」、「一打一呵，頭上做窠」、「見人屙尿喉嚨癢」、「走遍天下十八省，馬屁不穿崩」等比喻，運用於小說人物性格塑造，維妙維肖，俏皮諧趣，十分傳神。會意者能不稱絕？又如某些地方性特強的詞彙，「打脾寒」（指發瘧疾）、「螺絲骨」（即腳踝骨）、「翹嘴白」（鮊魚）、「遊鰺」（鰲魚）、「圓房」（指洞房花燭夜）等，這些地方區域指謂鮮明的語詞的運用，無疑增強了語言表現力，鄉土氣息與傳統精神更趨濃厚。

其次，墨人的文學語言凝練精當，耐人尋味，富有詩意。

他寫人：「她頭髮蓬鬆，流海快遮住眼睛；白府綢緊身短褂，黑紡綢長褲，蘇胸，黃蜂腰，巴斗屁股，嘴角生風，身上有股大姑娘特有的香味。」寥寥數筆，惜墨如金，活脫一幅人物速寫，色香味俱全。

他寫景：「雨打在江上使平滑如油的江面變成一張大麻臉，雨的銀簾使天地上下相連，對面的楓樹鎮，隔著層層的銀簾如霧裏看花，隱隱約約，雞鳴犬吠相聞，卻看不清那石板路上的小街和行人。」

」結象由近及遠，意境悠深，猶若一幅中國潑墨畫，但又有聲有色，宛如一首朦朧詩。

他寫動作：「一陣微風吹過，飄來如絮如雪的楊花，落了我一身一頭，荷花拍拍自己的身上，又低頭吹吹玉蘭的頭髮，玉蘭也踮起腳尖，拂拂她的頭。」落筆如人物的舞臺動作一般乾淨利落。

既然說到語言風格，那就不能不談《江水悠悠》中最具特色的人物對白。不同於《紅塵》、《白雪青山》，《江水悠悠》是純鄉土的，所以對白完全口語化，沒有絲毫的斯文腔和書卷氣。這種對白朗朗上口，韻味十足，且富有音樂感，感染力極强，僅舉荷花與駝子磨牙鬥嘴的一段爲例：

「小風騷，你這不是一根爛索捆死一條牛？」

「駝子鬼，孫猴子還能翻得過如來佛的手掌心？」

「小風騷，你是聰明人，也應想想點子啥？」

「駝子鬼，我挖空了心思，也想不出一個點子，你是秤鈎兒心，看看有什麼過門？」

「比如說，日不做，夜不從。」駝子哥豎起兩根指頭。

「駝子鬼，你這是什麼餿主意？」荷花嗤的一笑：「你以爲我們是小夫妻？可以一哭、二餓、三上吊？」

因為風的緣故

——台灣著名作家墨人在杭州

金　毅

七十高齡，五十年筆耕，名副其實的台灣著名作家「墨人」先生，是應北京黃河文化實業公司的邀請，赴大陸作爲期一個多月的「文學之旅」，以了七十年來的最大夙願，杭州是他此行的第三站。

至杭後的第二天，墨人便急切切直奔湖畔，西湖的一山一水，一草一木，已不是幾回夢中的情景，老人感嘆無限，到了杭州，方眞正覺得江南的非凡。吳越文化，不愧爲華夏瑰寶。

此番「中國文學之旅」，墨人先生從北京沿古運河直下江南，從長江下游再溯黃河而上。行程所至，皆爲四個字：「中國文學」。每到一處，墨人總是詳盡地搜集當地的風俗民情，了解文物狀況，拜會當地同仁。用心去傾聽、去感受。悄悄地來，悄悄地去。在這塊熟悉而又陌生的土地上，默默尋覓著自己矢志爲之的中國文學之根。

對于墨人，大陸的讀者或許較爲陌生。這位與筆墨打了半個世紀交道的「墨中人」，是一位在國際上頗有影響的全能而又多產的作家。小說、散文、詩歌、文學評論等已結集出版五十多部。他是美國國際大學、艾因斯坦大學、世界大學的榮譽文學博士。曾被收入英、美、意、印度等國出版的二十多種國際權威名人錄。

在與浙江作家的小型見面會上，墨人先生多次闡明了自己的文學觀點：要想成為世界性的作家，必先成爲自己民族的作家，墨人自己正是這樣默默地作著努力。他曾精讀過易經，對于《紅樓夢》作過數年的潛心研究。在菲律賓講學期間，他曾出版十五萬字的《紅樓夢寫作技巧》。數十萬字的《全唐詩尋幽探微》、《全唐宋詞尋幽探微》。可以說，墨人是地地道道靠民族文學的乳汁成長起來的。

墨人先生不善飲酒。那日，我們陪同他去拜訪湖畔老詩人汪靜之先生。小酌淺飲，兩位文壇長者漸漸興奮起來。作爲中國新文學發展的見證人，他們共同的話題是文學的民族性及兩岸文壇現狀，席間，墨人先生談到，台灣文學在前些年，許多作家脫離了民族和現實，一度陷入困境。作家們在走了彎路之後，又在痛苦中漸漸回歸了民族，文壇再盛。以此，墨人先生對少數中國作家失去對民族文化的信心，提出了批評，他認爲，中國文學久盛不衰，當今的中國作家，應有充分信心闖進世界文壇，再展中國文學在世界上的地位。

對此，墨人先生是充滿信心的。他近年創作的一○○餘萬字的長篇巨著《紅塵》，[illegible]，此[illegible]以八國聯軍入侵中國爲背景，展示了中國近代史上的百年世變，歷數列强在中國土地上留下的罪行。書中語言充滿了濃重的鄉土色彩，亦溢滿了强烈的愛國精神。海外人士在評價這部作品時，譽之爲「是墨人先生堅持民族傳統文學創作的結晶，是中國八十年代文學里程上的收穫。」

別杭前一天，墨人先生淸晨六時即起，再次往湖畔探幽。在少年廣場見到煞爲壯觀的練拳習劍隊伍，墨人先生擊掌叫好，稱之爲中國傳統文化中的活力。他與一位正在走太極劍的老者攀談起來，詳盡詢問了杭州的生活習慣和氣候狀況，言詞中，流露出喜憂參半的歸根之慨。

大陸的月餘之行，墨人先生，你說是因爲傳統文化之風的緣故。那麼，若某一天，能有另一股更浩大的回歸之風從彼岸吹來，你，會在風中嗎？

原載一九九〇年七月二十七日杭州聯誼報第四版，我回台後西湖詩報副主編高鈁先生寄來，說明是該報記者金毅先生所寫，因報紙字跡模糊，另一署名夭什麼的看不出來，十分抱歉，並向高先生致謝。（墨人註）

三個九江人的奇緣佳話

——故鄉的歌是一支悠遠的清笛，總是在有月亮的晚上響起——

戴曉慧

五月的最後一個黃昏，九江師專的一條林蔭小路上，一位面色紅潤、氣宇不凡的老人正在悠然地散步。迎面過來一位騎自行車的中年男子，跳下來，微笑著對老人說：「如果我的靈感不錯，您就是墨人先生！」老人稍一愣，隨即脫口而出：「你是一民兄！哈哈哈……沒想到我們的見面是這樣的，太有意思了。」老人不住地感慨，兩雙浸滿家鄉情溢的手緊緊地握在了一起。

回到下榻處，人們剛欲介紹，兩人幾乎同聲說道：「免了，免了」。原來，他們一位是已屆古稀之年的台灣名作家墨人，一位是大陸著名電影劇作家王一民。兩人同爲九江人，同爲對方的文化認同所欣慰，雖未曾謀面，卻已互相拜讀作品，而「神交已久」了。

沒等坐定，王一民就急著對墨人先生說：「本來是要在九江迎接您的，但收到您臨來大陸前從台北寄給我的信，談到長篇巨著《紅塵》及《白雪青山》即將在大陸首次印行，并希望我將《紅塵》撇上屏幕。我便先行趕到北京，找到了中國電視劇製作中心主任張天民，與他談了《紅塵》改編的事。張天民很高興，說希望早一點讀到這部小說。如果行，這個戲將作為明年的拳頭產品。張天民當即向我介紹了一位導演蔡曉晴。有趣的是，蔡曉晴也是九江人，她是著名畫家蔡若虹的女公子。」

墨老先生聽到這裡，喜悅地接過話題：「天下竟有這般巧遇？這麼說，這個想法如果眞的實現，即原著、編劇、導演都是九江人，這不僅僅是我們家鄉的一樁盛事，就是在海峽兩岸的文壇上，甚至在文學史上，也將成為一段佳話！」

原載一九九〇年七月廿八日星期六九江日報「藝苑覓踪」，作者戴小姐為散文、報告文學作家。

墨人注：歲月不居，往事如煙，戴小姐的「奇緣佳話」，並未成真。據筆者所知，早在北京出了好幾版（因[redacted]他個人代理，版稅京[redacted]他[redacted]侵吞，包括了張本紅樓夢之版稅，由台灣作家不止筆者一人被剝削，但以筆者受害最多，剝削台灣作家者乃一北京捐客也。黃文範說作騙去後更如石沉大海。

二〇〇八年十二月十五日[illegible]

九江市對外文化交流協會副會長楊明遠歡迎詞

——在墨人先生向家鄉捐書暨創作報告會上歡迎詞

尊敬的墨人先生、先生們、女士們：

今天我們在這裡集聚一堂，歡迎台灣著名詩人、作家墨人先生回到故里，向家鄉贈書并爲我們作文學創作報告。首先讓我代表九江市對外文化交流協會、九江市圖書館、九江青年學者協會對墨人先生的到來表示熱烈歡迎，幷預祝報告會圓滿成功！

墨人先生是九江人，他的青少年時代是在九江度過的，所以他熱愛家鄉，對家鄉的一山一水、一草一木都充滿了濃郁深厚的情誼，這在他的幾部主要長篇小說如《江水悠悠》、《靈姑》、《鳳凰谷》、《白雪青山》以及代表作《紅塵》裡，都有充分的體現。

墨人先生五十年如一日，在文學創作的園地裡辛勤耕耘，取得了豐碩的成果，著有長短篇小說集、詩集、論文集等文學作品四十餘種，在國際上享有盛譽，是一位知名度很高的文學家。

這次黃河文化實業公司出版了墨人先生的近作一百二十萬字的《紅塵》和《白雪青山》，爲我們了解墨人先生的文學創作提供了方便。五月十三日北京舉行了這兩部作品的首發式，由此墨人先生在北京、上海、杭州、南京等地與作家、詩人進行了豐富多彩的文學交流，取得了很大的成功，為此我們向墨人先生表示衷心的祝賀！

墨人先生在文學創作方面所取得的成就，為家鄉增添了光彩，為家鄉的山山水水在海外提高了聲譽，我們感到由衷的高興并表示誠摯的謝意！我們深切地希望墨人先生繼續在文學創作方面，在促進海峽兩岸文化交流方面作出新的貢獻！

最後祝墨人先生身體健康，在大陸的文學之旅順利、成功！

謝謝各位！

墨人註：一九九四年五月，聯合報邀請我訪問大陸四十天，作大陸文學之旅的黃河公司的譯人雁翼和作家學者王瑞女士，在我赴大陸之前發起編印一百二十五萬字的紅塵的前五三五年，錯字不少。與台灣新生報連載四年多出版的一百二十萬字四巨冊，只有四分之一的篇幅，且不是多數學者都讀過的作品。與台北昭明出版的一百二十萬字相差無幾；前加了對聯標題的文學作品，而紅塵的是原本長篇」。「昭明版的標題長篇小說每章前增加對聯標題，以增進讀者的了解。

二〇〇七年十一月二十五日於北投紅塵齋寓廬

九江市圖書館館長熊學明答謝詞

在墨人先生向家鄉捐書暨創作報告會上答謝詞

尊敬的墨人先生、女士們、先生們：

日前，有幸拜讀了墨人先生的「文學創作觀」，對先生「要想成爲世界性作家，必先成爲自己民族的作家」的眞知灼見和民族精神深爲敬佩。

今天，墨人先生將凝注著自己對家鄉、對祖國深切愛意的長篇名著《白雪青山》、《紅塵》等圖書捐贈給家鄉圖書館。這是家鄉文化事業中一件值得慶賀的大事。在此，我代表家鄉圖書館及廣大讀者，對墨人先生的深情厚意表示衷心的感謝！

宋代文學家蘇軾在廬山「李氏山房藏書記」中說：「孔子聖人，其學必始于觀書」。圖書作爲知識的源泉，人類進步的階梯，爲社會必需。上至君臣帝王，名達賢流，下至市民百姓，都需要從書籍中吸取知識，增長智慧。因此，讀書——寫書——藏書作爲社會文化發展特徵，千百年來爲大眾所需要，爲名人志士所追求。九江是具有悠久歷史的文化古城，在這山水如畫、人傑地靈的土地上孕育著無數諸如陶淵明、黃庭堅等值得驕傲的文化名人。他們都極爲重視書籍的收藏，爲後人所稱頌。晉代田園詩人陶淵明曾將自己的著述送給東林寺收藏，宋代蘇東坡把自己的圖書送給「李氏山房」。半個世紀前的一九三七年，當時的中央研究院長、著明的教育家蔡元培先生將自己心愛的圖書《宛委別藏叢書》全部捐贈給廬山圖書館。這些雖然已成爲歷史，但是他們爲繁榮民族文化所作出的奉獻的行爲一直爲後人傳爲佳話，其高尚的品德爲後人所敬仰。

墨人先生這次向家鄉捐贈圖書，不僅給我館的藏書增添了光澤，而且使我館收藏海外九江籍文化科技名人的著作的工作邁進了可喜的一步。同時，也爲家鄉廣大讀者了解和研究墨人先生的文學創作提供了方便。書雖有價而情無價，我們將做好這些圖書的管理和介紹工作。同時期望先生有更多鄉情、鄉音類的巨著問世，爲弘揚民族文化，促進海峽兩岸文化交流作出了新貢獻。最後，祝墨人先生文學之旅一帆風順，健康長壽。

謝謝！

新聞三則

台灣作家墨人與上海同行座談

將寫一本書介紹大陸作家和作品

【本報訊】（記者田永昌）年已七旬的台灣著名作家、學者墨人（張萬熙）先生完成了對北京作家的交流採訪後，日前蒞滬與錢谷融、茹志鵑、峻青、羅洛、儲大泓、郭豫適等二十多位上海作家、學者座談交流。

墨人先生從事文學創作及文學研究近五十年，包括新近出版的一二〇萬字的長篇小說《紅塵》在內，已有四十多部專著出版。墨人先生說：他這次來大陸準備訪問大陸眾多的作家、學者，寫成一本二十多萬字的《大陸文學之旅》，客觀公正地向台灣讀者介紹大陸作家和作品。

一九九〇年五月二十四日上海文匯報

台灣作家墨人來滬作客

【本報訊】台灣作家墨人（張萬熙）應邀來大陸作文學之旅，日前來到上海，與作家、詩人、學者座談兩岸文學交流。

墨人先生年逾古稀，著述豐富，有小說及古典文學研究論著五十部，并獲三所大學的榮譽文學博士學位，兼任劍橋國際傳記中心副董事長。座談會上，他言辭急切，口若懸河，暢談台灣文學現狀和華夏文化的優秀傳統，尤其對《紅樓夢》推崇備至。大陸作家向墨人介紹了大陸文學創作、研究、出版情況。墨人先生表示將把自己的作品交中國現代文學館收藏。這次大陸文學之旅，回台後將向台灣民眾介紹大陸文壇情況。

座談會由本報和《中國詩人》編輯部舉辦，羅洛、峻青、茹志鵑、郭豫適、錢谷融、雁翼、陳詔、田永昌、宮璽、姜金城等、本報社長儲大泓，副總編曾文淵出席了會議。（記者康定）

一九九〇年五月三十一日上海文學報四七九期第一版

台灣著名作家墨人先生與家鄉人歡聚一堂

本月上旬，九江師專、市圖書館、市文聯分別召開座談會，歡迎台灣著名作家墨人先生返回故鄉。并舉行了墨人先生回家鄉贈書的儀式。

墨人先生係江西九江市人，從事創作五十年，著作有四十餘種，在國際上享有較高聲譽。他的作品《白雪青山》《靈姑》《江水悠悠》等，都是以家鄉爲背景，反映了九江風貌人情、山川美景，流溢著對家鄉的情愛。這次在北京參加他的長篇巨著《紅塵》、《白雪青山》在大陸的首發式以后，返回故鄉。

座談會上，七十高齡的墨人先生暢談了自己的創作經歷和創作中學習、汲取中國傳統文化精華的實踐體會，介紹了台灣文學現狀與家鄉作家、學者、學生們，就文學創作與生活關係等進行了交流和探討。（凡夫、傅和忠、王向東）

原載一九九〇年六月二十日，九江日報第三版

第六輯　大陸作家詩人名錄

甲、各地作家座談會出席作家名錄

一、河北省出席作家

作家姓名	筆名	年齡	籍貫	創作歷程、作品目錄	文學觀	職務
顏鴻林（男）	雁翼	六三	河北館陶	一九四九年開始寫新詩、出版有「雁翼的詩」、「雁翼抒情詩選」、「雁翼兒童詩選」、「雁翼詩選」等三六部詩集、「詩的信仰」等兩部詩論集、「子夜燈影」等五部散文集、「范蠡與西施	文學是對人性最本質的反映，文學也是一種宗教，而且是生命力最久的宗教，但	世界華文詩人協會會長、黃河文化實業公司總裁、世界華文詩刊主編、黃河月刊

	郭秋良（男）  
	燕迅
	五四
	河北衡水
」等四部小說、「古越軼事」等六部電影、「風雪劍」等兩部話劇。共五十多部。	一九五七年出版第一部著作，現已出版歷史小說「康熙皇帝」、「康熙皇帝演義」、散文集「熱河冷豔」、「虞美人」、中篇小說「燕山孳星」、歷史文化著作「避暑山莊史話」、論文「歷史小說之我見」、「民族文化與文學創作」、及以中國歷史文化與著名的皇家古典園林避暑山莊、康乾二帝狩獵
並非每一位作家都是忠職的信徒。	爲了世界更美好。
主編。	

姓名	筆名	年齡	籍貫	簡歷	創作觀	職務
				的木蘭圍場為題材散文「山莊湖色」、「木蘭月」、「彩虹下的森林」、「東方美神」等影響廣泛。		
韋野（男）		五八	河北曲周	一九五二年起從事新聞工作、開始寫作。出版有詩集「故鄉月季」、散文集「春影集」、「酒花集」、「雪桃集」、評論集「文林漫議」、大型話劇「五月榴花等」	生活永遠是文學的母親。	河北省文化廳副廳長、中國作家協會會員、河北省散文學會會長。
戴硯田（男）	路拾	五七	河北昌黎	一九五〇年開始發表散文、出版有詩集「春的兒女」、「渴慕」、「愛的期待」、	文學是人學、又是社會學、有價值	中國作家協會會員、河北分會常務

戴硯田

散文集「星光星光」等。

的文學作品是人的寶貴財富而傳流不朽。

理事、中國散文詩學會副會長、世界華文詩人協會理事、河北大眾藝術館副館長等。

堯山壁（男）

五〇

河北隆堯

十五歲發表作品，二十五歲爲專業作家。長期從事詩歌創作，兼寫劇本，近年以散文與文學評論爲主。出版有詩集「山水新歌」、「渡江曲」、「金翅歌」、「峰烟

文學是人學。詩，力與美的和諧。中國文學不比西方遜色。文學傳統

中國作家協會河北分會主席、經濟文學報社主編、散文百家主編。

、青山」、「春的雕像」、「我的北方」、「倒淌河」等；散文集「母親的河」、「訪問手記」、「山水風流」；評論集「嚶鳴集」；劇本「掏鷄」、「小白菜」等

是奔流的江河。

鐵　凝（女）

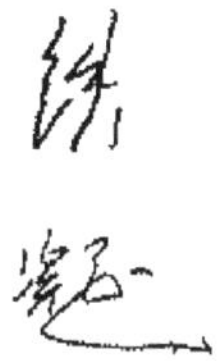

三二

河北　趙縣

一九七五年開始發表作品，出版有小說集「夜路」、「沒有鈕扣的紅襯衫」、「鐵凝小說集」、「哦，香雪」、「紅屋頂」、「麥稭垛」、長篇小說「玫瑰門」等。

文學是爲人生的。文學是理解和把握世界的一種感情方式，是對人類命脈的感悟和摸索。

中國作家協會理事、河北省文聯副主席。

二、北京市出席作家

作家姓名	筆名	年齡	籍貫	創作歷程、作品目錄	文學觀	職務
管樺（男）				從事創作三十餘年，以兒童文學作品爲多，包括小說、詩歌、童話、民間故事、兒童小說「小英雄雨來」深獲讀者好評，結集出版的有「生命的吶喊與愛」、「管樺作品選」、長篇小說「將軍河等」。作者同時是一位墨竹畫家。	詩像其他藝術一樣，是人生世相的反映。詩的妙處在於他與實際人生若即若離，「超然象外，得其圜中。」	北京市作家協會主席。

鄧友梅（男）		六〇	原籍山東平原，生於天津，定居北京	五十年代開始寫作，作品有「在懸崖上」、「我們的軍長」、「話說陶然亭」、「尋找畫兒韓」、「追趕隊伍的女兵們」、「那五」、「烟壺」、「四海居軼話」、中篇小說選集「鄧友梅集」等。	把小說當小說寫，不當政府公報和學習文件寫。重視審美作用和可讀性。	中國作家協會主席團委員、理事、北京市作協常務理事。
張志民（男）				資深詩人，詩作甚多。	中國作家協會理事、「詩刊」主編	
程樹榛（男）				資深小說家。	「人民文學	

					」雜誌主編	
從維熙（男）				資深小說家、出版有「斷橋」、小說選「從維熙集」等。	作家出版社社長、總編輯。	
趙大年（男）				小說家。		
孟偉哉（男）				小說家。	中國文聯秘書長。	
王志遠（男）				佛學家、作家。	北京幽州書院副院長兼執委會主席、世界名著	

					鑑賞大辭典中文版主編、老舍研究會常務理事兼副秘書長。	
楊犁（男）				作家。	中國現代文學館館長。	
舒乙（男）		五五	北京、滿族（老舍公子）	原爲留俄高級工程師，一九七八年起從事老舍研究，著有「老舍」、「老舍散記」、「老舍之死」等。		

			）			
劉　麟（男）				作家。	中國現代文學館副館長	
陶嘉善（男）				詩人。	華聲報社副主編。	
王一泉（男）				作家。	工人出版社文藝編輯室副主任。	
鄭榮來（男）				作家。	人民日報海外版神州副刊版主編、	

					中國作家協會會員。	
李維康（女）		四三	北京	戲劇家、名演員、「謝瑤環」、「李清照」爲其京劇代表作、集四大名旦之長、形成獨特演唱風格，剛柔相濟自成一家。		中國京劇院二團團長。
耿其昌（男）		四三		與李維康爲同學夫妻，兩人合作演出，珠聯璧合、相得益彰。		中國京劇院文藝一級演員。

三、上海市出席作家

作家姓名	筆名	年齡	籍貫	創作歷程、作品目錄	文學觀	職務
羅澤浦（男） 	羅洛	六三	四川成都	一九四五年開始發表作品，主要作品有詩集「春天來了」、「雨後」、「陽光與霧」、「海之歌」、「山水情思」、雜文集「人與生活」、評論集「詩的隨想錄」、譯詩集「法國現代詩選」、「魏爾侖詩選」、「薩福抒情詩集」等。	詩以言志，文以傳情，描摹世態，淨化心靈。深思淺貌，如菊之英，短語長情，如珠之潤。	中國作家協會上海分會副主席、中國大百科全書出版社副總編輯。
宮璽（男）		五八	山東	五十年代中期開始發表新詩	文學藝術不	上海文藝出

 宮璽				，出版有詩集「藍藍的天空」、「銀翼閃閃」、「抒情的原野」、「無聲的雨」等七本；尚待出版的有「冷色與暖色」、「人生小品」等	為人生更美好，那還要它幹什麼呢？	版社、上海文化出版社副編審。
儲大泓（男）				著有「讀『中國小說史略』札記」、「李商隱詠史詩選注」、「唐代詠史詩選注」等。		上海文學報社社長。
孫峻青（男）	峻青	六七	山東烟台	自一九四一年開始發表作品，創作生涯近五十年，主要作品有：長篇小說「海嘯」兩卷、短篇小說集「黎明的	文學是人學，是反映人的生活的一種手段。文	

峻青

河道」、「海燕」、「最後的報告」、「膠東紀事」、「怒濤」、「峻青小說選」;散文集「秋色賦」、「雄關賦」、「滄海賦」、「山峽賦」、「歐行書簡」、「梅魂」、「峻青散文選」;評論集「峻青談創作」等。詩畫亦工。

學是美學,是追求美、探索美的一種手段。即使鞭撻僞惡醜,也是爲了創造眞善美。

茹志鵑(女)

著有短篇小說集「百合花」、「草原上的小路」、「高高的白楊樹」、長篇小說「他從那條路上來」。

中國人不可能完全接受西洋文學,我讀紅樓夢九遍,不讀

上海文學月刊副主編。

紅樓夢實在奇怪。

錢谷融（男）

七一

江蘇武進

文學理論家。著有「文學是人學」、「『雷雨』人物談」、「文學的魅力」等。

文學首先是抒寫個人情志的，但個人的一切無不與時代社會有關，文學作品必須能怡情悅性，溝通思想情感，有益世道人心。文學可宣傳

華東師範大學中文系教授。

					，但不能作宣傳工具。	
陳　詔（男）				紅學專家，著有「紅樓夢小考」、「紅樓夢談藝錄」、「紅樓夢與金瓶梅」、「紅樓夢群芳圖譜」等。其中「紅樓夢群芳圖譜」由戴敦邨配圖，臺北「國文天地」雜誌社七十九年九月初發行。		上海紅樓夢學會副會長、解放日報主任編輯。
郭豫适（男）				理論家、紅學專家。著有「中國古代小說論集」、「紅樓夢研究小史稿」等。		華東師範大學副校長、博士生導師、臺灣文史

研究中心主任、全國高等學校文科學報文摘副主編。

田永昌（男）

蕭田
濤泉

四六

山東
青州
市

一九五七年十五歲時發表第一首作品，一九六一年參軍，一九六二年調東海艦隊文化部從事專業創作，一九八一年轉業至上海文匯報，共發表詩、散文、小說、報告文學、雜文、社論等二千餘篇。出版主要作品有詩歌集「啊，飄帶」、「望着我的

希望作品能讓人相親相愛，減少仇恨和殘殺。

中國作家協會會員、中國鄉土詩人協會常務編委、上海雜文學會理事、文匯報筆會副刊副主編。

				眼睛」、報告文學集「名人進行曲」、散文集「美之罪」、「湄南河的誘惑—泰國探奇」等。		
姜金城（男）	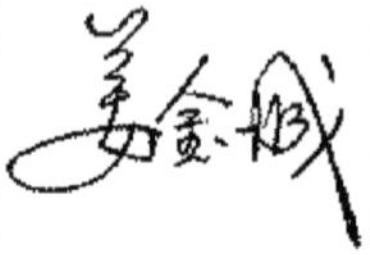	五五	遼寧省	一九五八年開始發表詩與散文，出版有詩集「海防線上的歌」、「遙遠的秋色」。	人在命運的旅途上跋涉，文學就是他的影子。	上海文藝出版社、上海文化出版社編輯。
黎煥頤（男）		六〇	貴州遵義	著有「遲來的愛情」、「春天的對話」、「起飛」、「在歷史的風雪線上」、「午夜的風」等詩集。	作人比作詩重要，詩品有三忌：一忌無呻吟。二忌裝腔作	「文學報」副主編、「中國詩人」主編、中國作家協會會

勢，三忌言之無物。人品亦有三忌：一忌虛僞氣，二忌行幫氣，三忌銅臭氣，去此三忌，詩品人品，詩格人格，庶幾乎近矣。

員。

四、杭州市出席作家

作家姓名	筆名	年齡	籍貫	創作歷程、作品目錄	文學觀	職務

汪浙成（男）				全國中篇小說獎得主。		專業作家。
駱寒超（男）				評論家。		浙江大學中文系主任、作家班主任
葉文玲（女）				全國短篇小說獎得主。		中國作家協會理事。
馮穎萍（女）				報告文學作家。		浙江日報文藝編輯。
胡豐傳（男）	武林	五一	浙江永康	詩人，著有詩選集「翱翔者的歌」等，兼寫小說、報告	主張弘揚中華優秀文化	浙江作協詩創會主任、

			文學。	，吸收外國優點，堅持現主義與現代主義相結合。	杭州作協理事、西湖詩報主編。
董培倫（男）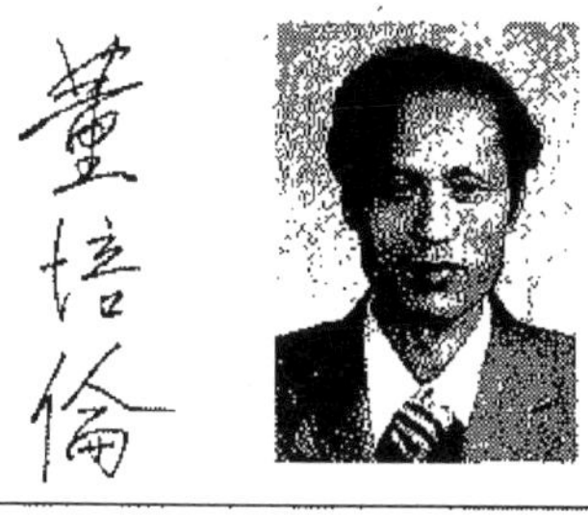	五一	山東諸城	詩人、著有詩集「沉默的約會」、「浪漫的歲月」等。	生活、激情、技巧是培養詩的花朵的土壤、甘露和陽光，缺其一花朵必將枯萎。	浙江作協詩創會副主任、湖畔詩社理事、浙江人民廣播電臺記者。
高鈁（男）			報告文學作家。		西湖詩報副

						主編。
李杭育（男） 		三三	山東乳山	著有小說集「最後一個漁佬兒」、「紅嘴相思鳥」、長篇小說「流浪的土地」等。		
崔汝先（男） 		五七	浙江仙居	五〇年開始寫作，發表長短詩、散文八百餘首，尚未結集出版。		西湖詩報副主編。
從亦冰（男）						浙江、廣播電台記者。
丁惠敏（女）		二九	浙江	發表詩作多年，作品尚未結集出版。		浙江大學作家班學員。

柯　西（男）						浙江大學作家班學員。
楊東海（男）						同右

五、九江市出席作家

作家姓名	筆名	年齡	籍貫	創作歷程、作品目錄	文學觀	職務
王一民（男）		五一	江西湖口定居九江	詩人、劇作家，著有詩歌「鄱湖漁歌」、電影文學劇本「鄉音」、「鄉情」分別獲第四屆中國電影金鷄獎，第五屆大衆電影百花獎。		中國電影家協會理事，中國電影文學學會理事，九江市作

						協文聯主席
姚輝雲（男）			江西萍鄉定居九江	著有歌詞集「大海和白雲」。其中不少已譜曲錄製磁帶、唱片，並獲獎。		九江市作協、文聯秘書長。
陳忠（男）  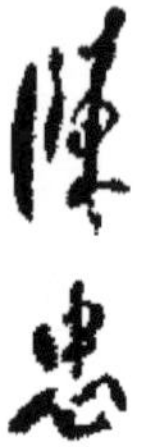			江西湖口定居九江	教育家理論家、主編九江師專學報，對陶淵明、黃庭堅等鄉賢之學術研究，貢獻良多，其「關於定山陶氏宗譜」一文，極具卓見。	文學就是文學，它植根於生活，有自己的定位。不宜就其功用過褒過貶。	九江市師專副教授、學報總編輯。

徐聲揚（男）			江西九江	陶淵明、黃庭堅研究專家，其「但識琴中曲，何勞弦上音」、「『桃花源詩並記』中若干箋釋」、「陶詩蠡測」等，均有獨到心得，本人亦爲傳統詩人。書法亦佳。		
徐崇亮（男）			江西九江	致力中西文學研究翻譯交流工作。		九江市師專外語系主任、青年學者協會秘書長
閻廣曾（男）				作品不詳。		九江市師專心理系講師

馬南屏（男）				作品不詳。		九江市電視戲劇創研所工作。
蕭亮（男）						九江市文聯作家。
趙青（男）						九江月報作家。
余國振（男）						九江月報作家。
戴曉慧（女）			原籍東北	散文、報告文學，散見報章雜誌，尚未結集出版。		

定居
九江

六、武漢市出席作家

作家姓名	筆名	年齡	籍貫	創作歷程、作品目錄	文學觀	職務
徐遲（男）		七六	浙江湖州	一九三四年出版第一本詩集「二十歲人」起，陸續出版詩集「最強音」、「戰爭和平進步」、「美麗神奇豐富」、「共和國之歌」；散文集「狂歡之夜」、「我們時代的人」、「慶功宴」、「哥德巴赫猜想」、「結晶」	現實主義與浪漫主義相結合的現代化派。	

				、「徐遲散文選集」、「愉快和不愉快的」等。現正撰寫長篇自傳體小說「江南小鎮」。		
古遠清（男）		五〇	廣東梅縣	一九六〇年起發表文藝評論約二百萬言，主要著作有「『吶喊』、『彷徨』探微」、「詩藝百題」、「中國當代詩論五十家」、「文藝新科學手冊」、「臺灣朦朧詩賞析」、「詩歌分類學」、「呵，青春」、「中國當代文學理論批評史」等。		武漢中南財經大學副教授、中國散文學會常務理事，中國當代文學會湖北分會副會長等。

姓名	年齡	籍貫	簡介	現職
洪洋（男）	五七	湖北武昌	五〇年寫詩、六十年代以後兼寫小說。主要作品有詩集「海洋之歌」、「歡呼吧揚子江」、「歌聲滿宇宙」；小說集「初航」、中篇小說集「工程師的戀愛史」、長篇小說「長江的黎明」等。	湖北省文聯、作協副主席。
田野（男）	六八	四川成都	抗戰時以寫詩與散文爲主，出版有詩集「愛自然者」、「路」（與友人合著）、散文集「掛在樹上的風箏」、（獲中國作家協會首屆優秀散文獎）「海行記」等，詩選集「一個人和他的海」已	湖北作家協會編審。

				結集尚未出版。		
碧　野（男）		七四		抗戰時期發表小說甚多，出版有長篇小說「丹鳳朝陽」等。		
劉富道（男）				著有小說集「南湖月」、「候鳥」等。		
映　泉（男）				著有長篇小說「桃花灣的娘兒們」、「百年風流」等。		
張志學（男）	張翅			作品不詳。		

七、西安市出席作家

作家姓名	李若冰（男）
筆名	沙駝鈴
年齡	六三
籍貫	陝西涇陽
創作歷程、作品目錄	一九四四年開始發表作品、一九五三年開始專業創作，出版有散文集「在勘探的道路上」、「旅途集」、「柴達木手記」、「紅色的道路」、「山、湖、草原」、「神泉日出」、「愛的渴望」（與賀抒玉合著）、「李若冰散文選」等。待出有「文學與幻夢」、「塔克拉瑪干之謎」、「塔里木手記」等
文學觀	文學是心靈的自白、真情是藝術的生命。
職務	中國作家協會理事，陝西作家協會副主席。

姓名	筆名	年齡	籍貫	作品	寫作觀	職業
賀鴻鈞（女）	賀抒玉 	六一	陝西米脂	與李若冰爲夫婦作家，曾任文學編輯三十年，出版有小說集：「女友集」、「琴姐集」、中短篇小說集「命運變奏曲」等。	寫作是心靈的事業、關注人類命運是作家的天職。	
李天芳（女）		四八	陝西西安	著有長篇小說「月亮的環形山」，中短篇小說「愛的未知數」、小說散文選集「秘密」、散文集「種一片太陽花」、「延安散記」、「山連着山」等，另有結集未出版的散文、小說、報告文學、隨筆一五〇萬字。	有眞意、去粉飾、追求質樸美。	專業作家。

雷進前（男）	曉雷、曉蕾	五〇	陝西令陽	中學時開始發表作品、出版有抒情詩集「豆蔻年華」、「依依后土」、中篇小說集「苦愛三部曲」、長篇小說「月亮的環形山」等。	眞情是靈魂，實感是血肉、靈肉結合才成爲生命。	延河文學月刊工作。
李星（男）	李星	四六	陝西興平	在大陸報刊發表文藝評論文字近百萬字，其精選的論文集「人生與藝術」即將出版。	文學是人生體驗的表現，負有平衡人生撫慰人生的責任。	中國作家協會會員、中國小說學會副秘書長、「小說評論」副主編。
王愚（男）		五九	陝西旬陽	一九五五年開始專攻文學批評、撰寫有研究、評論、散	作家要用藝術的眼光審	「小說評論」雙月刊主

				文、雜文等數百萬字，出版有「王愚文學論評選」、「人、生活、文學」、「新小說論——評論家十日談」等論文集。	視世界、審視人心；作家要注意的是人、是人的文化心理結構。	編、中國小說學會副會長。
任士增（男）	力耘	六四	陝西佳縣	一九四九年開始發表作品，先後發表短篇小說「寄蘭」、「延水岸上」、「攔羊記」、「家慾」、「馮家堡子」等數十篇。出版有長篇小說「不平靜的河流」。	現實主義。	
劉世澤（男）	田奇	六一	陝西	一九四六年起發表詩與散文		

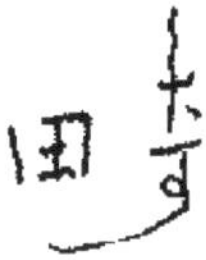

，由田旬推荐因而復在上海出版第一本詩集「修堤」，後陸續出版詩集「十年兩水車」、「田奇詩集」、長詩「蘇愛蘭」、「洛河曲」等。小傳列入「中國文學家辭典」、「詩歌辭典」。

毛　錡（男）

司馬仰遷

五八

陝西咸陽

一九四八年發表散文，一九八〇年以抒情詩「司馬祠漫想」獲全國青年詩人優秀作品獎、著有詩集「雲帆集」、「聽雪記」、「黃河攬勝」、「毛錡散文選」、報告文學集「世界第一奇跡發現」

文學須有益於天下、有益於社會、有益於人民。

				記」、雜文集「北窗散記」等。	
余念（男）	玉杲 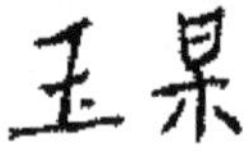	七一	四川蘆山	出版有長詩「大渡河支流」、「人民的村落」、「安羅傳」、「開拓者」及詩集「紅塵記」等。	現實主義。
劉成章（男） 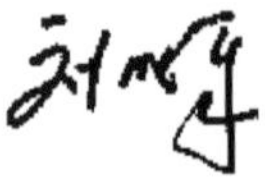		五三	陝西延安市	五十年代即發表詩歌劇本、八十年代轉寫散文、主要著作有散文集「黃土情」、「劉成章散文選」、「纖麗的陽光」、合作大型歌劇「三十里舖」。	深入民間、深入古典、深入一切藝術土壤，結不同的果子於自己的樹上。

郭京夫（男）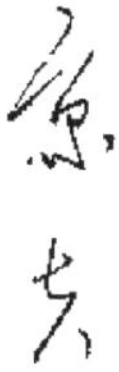	京夫	四八	陝西商州	一九七四年開始創作。出版有小說集「深深的腳印」、長篇小說「新女」、「復調的戀歌」、散文集「海貝」、及中短小說百餘篇。一九八〇年獲全國文學獎、一九八一年獲當代文學獎。	文學是虛的藝術、虛構的眞實是文學的第一品格，也是作家功力和才華的表現。	中國作協會員、陝西作協主席團委員、專業作家。
焦聞頻（男）	聞頻		河南扶溝	七十年代在地區文工團創作上演大型歌劇「第九支隊」、獨幕劇「延安路上」、「山村紅醫」等。八十年代主要寫詩，著有抒情詩集「黃河情」、「秋風的歌」、「	詩是詩人心靈的窗口、詩應植根於生活的泥土、詩的發展在於橫的借	中國作家協會會員、延河月刊副編審。

姓名	簽名	年齡	籍貫	著作	文學觀	現職
				魂繫高原」、「紅罌粟」及散文集「死海」等。	鑑和縱向的繼承。	
白志剛（男）	白描	三八	陝西涇陽	一九七三年開始創作，出版有長中短篇小說、報告文學評論百餘萬字，代表作品有中篇小說「一個女人的遭遇」、「賽場」，長篇小說「蒼涼青春」等。	文學是人生的眞實寫照、眞、美、善乃至高境界。	延河文學月刊主編。
陳忠實（男）	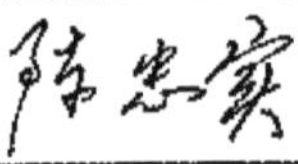	四八	陝西西安	一九六五年開始發表作品，一九八二年專業創作，出版有短篇小說集「鄉村」，中篇小說集「初夏」、「四妹子」等。	揭示我們經歷過的生活。	

李佩芝（女）		四四	河北保定	一九八〇年開始寫作、發表小說、詩歌數十篇，一九八三年後主要寫作散文，三次獲散文月刊、散文選刊優秀作品獎，散文被多數刊物轉載。著有散文集「別是滋味」、「失落的仙鄉」。	願意抒寫真實的情感，無論快樂還是痛苦、失望還是希望，對文學充滿信心，對自己充滿信心。	
董得理（男）				著有中篇小說「日出日落」等。		
王平凡						陝西人民出

						版社文藝部主任。
葛佳映（男）				著有詩集「塔形的思緒」等		
朱文杰（男）				著有詩集「哭泉」等。		

八、蘭州市出席作家

作家姓名	筆名	年齡	籍貫	創作歷程、作品目錄	文學觀	職務
趙燕翼（男）		六二	甘肅古浪	一九四八年發表短篇小說「地震」起，四十餘年先後出版中短篇小說集「草原新傳奇」、「冬布拉之歌」、「	主張文學作品反映社會生活。	中國作家協會甘肅分會副主席。

駝鈴和鷹笛」；童話故事集「金瓜和銀豆」、「白羽飛衣」、「花木盤的故事」、「趙燕翼童話故事自選集」等十六部，其中短篇小說「桑金蘭錯」、「老官布小傳」、「三月風雪」，童話「金瓜兒銀豆兒」、「米拉朵黑」、「鈴鐺兒」等篇先後被譯爲英法日俄越南等國文本。

高平（男）

五八

山東　濟南

一九四九年起即專業創作，出版有詩集「珠穆朗瑪」、「拉薩的黎明」、「大雪紛

美善刺惡。

專業作家。

飛」、「川藏公路之歌」、「古堡」、「帥星初升」、「冬雷」、「山水情」等。

柯楊（男）

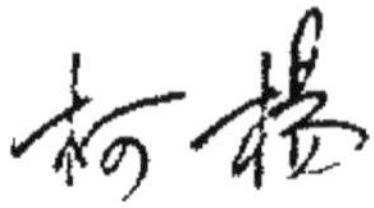

五五

甘肅寧縣

一九五八年起從事民俗文學教學研究。著有「中國民俗故事集」、「西北花兒精選」、「民間文學概論」。另發表「花兒溯源」、「中國的山魈與巴西的林神」、中國民間社團」、「民俗學應用研究漫議」等學術論文四十餘篇。

愈是民族性鄉土性作品，才愈具有世界意義，一個眞正偉大的作家必然深深植根於民族文化傳統和人民生活之中。

蘭州大學中文系主任。

張俊彪（男）

張俊彪

張九陽、張夢龍

三八

甘肅正寧

出版有長篇傳記文學「劉志丹的故事」、「黑河碧血」、「血與火」、「最後一槍」；散文集「神泉」；兒童小說集「牛圈娃」；自述文集「我走過的路」；長篇小說「小鬼」；長篇報告文學「壘兵西北」；另發表電影劇本三部，中短篇小說五十多篇、散文六十多篇、詩歌一百二十多首，論文二十多篇，共四百餘萬字，曾獲優秀文學獎三次、榮譽獎一次、優秀論文獎一次、一等獎三次、長篇及其他作品譯成

信奉現實主義，最具民族特色作品終會走向世界。路是自己走出來的，認準了的路就一直走下去，但作人第一，當作家第二，作品與人品都得站起來、立下去，有血有淚終

甘肅省文聯副主席。

				外文介紹到英美蘇澳韓等國	會有文學。	
文素琴（女）				小說家，作品不詳。		蘭州晚報文藝部副主任
王瑜（女）			甘肅	企業家、詩人。		總經理。
伊丹才讓				藏族詩人。		專業作家。
匡文留（女）	匡文留		原籍遼寧，生於北京，長於	一九八〇年步入詩壇，發表詩歌近千首，出版有詩集「第二性迷宮」、「女性的沙漠」等。		甘肅人民電臺文學編輯、甘肅作協會員、青年文協理事。學月刊編輯

			大西北，滿族			
李老鄉				詩人		「飛天」文學月刊編輯
吳辰旭				詩人		「飛天」文學月刊編輯
何來（男）				詩人、著有「愛的礫刑」詩集。		「飛天」文學月刊編輯
胡延清（男）				報告文學作家，出版有「瀚海探秘」。		中國科普作家協會會員

						中國西部發展報總編輯
袁第銳（男）				傳統詩人。		甘肅詩詞學會秘書長。
梁勝明（男）				理論家。		甘肅日報文教部主任。
張恩奇（男）				作家。		「新一代」雜誌副主編
張銳（男）				作家。		專業作家。

乙、各地提供資料贈送著作未出席座談會作家名錄

作家姓名	筆名	年齡	籍貫	創作歷程、作品目錄	文學觀	職務
周祖武（男）	周而復	七七	南京	十五歲開始發表作品、二十二歲出版第一本詩集「夜行集」。以後出版有短篇小說集「子弟兵」、「第十三粒子彈」、及其他作品「東北橫斷面」、「松花江上的風雲」、「警察紀行」。長篇小說「白求恩大夫」、「燕宿崖」，中篇小說「西流水的孩子們」，短篇小說「高原短曲」、「翻身的年月」		中國書法家協會副主席。

				。雜文集「北望樓雜文」、文藝評論集「新的起點」、散文集「殲滅」、「東南亞散記」、「文學的探索」，長篇小說「上海的早晨」、「南京的陷落」、「長江還在奔騰」、「逆流與暗流」等。		
柯　岩（女）		六一	廣東南海（滿族）	出版有「大紅花」、「最美麗的畫冊」、「相親記」、「小迷糊阿姨」、「奇異的書簡」、「春天的消息」、「柯岩作品選」、「柯岩兒童詩選」、「尋找回來的世		中國文聯委員、中國作協理事、中國報告文學會副會長、多所大學兼

界」等近三十部。

任客座教授。

徐中玉（男）

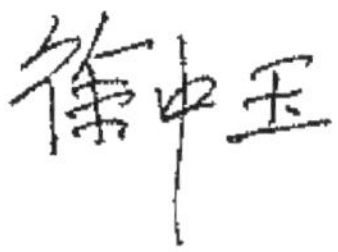

宗越
王卓

七五

江蘇
江陰

四五十年代已出版專著十種。近十年出版專著有「論蘇軾的創作經驗」、「魯迅遺產探索」、「古代文藝創作論集」、「寫作與語言」、「美國印象」、「現代意識與文化傳統」等。

現實主義精神、民主、科學、平等、愛國、責任感、使命感、宏揚中華優秀傳統，吸取外國良好經驗。

華東師範大學中文系名譽系主任、中國作家協會上海分會主席、全國大學語文教學研究會會長、中國文藝理論學會副會長兼文藝理論研究

						副主編等。
周大康（男）	聖野	六八	浙江東陽	一九四二年開始發表作品。出版有詩集「啄木鳥」、「列車」、「小燈籠」等近三十種，論著「詩的散步」、「詩的美學自由談」等。		中國作家協會會員。
孫顒（男）	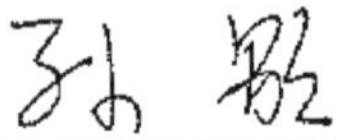	四〇	浙江	著有小說「多」，小說集「星光下」、「他們的世界」、「魔夜」、「騷動」，兒童文學「墨綠色的戰場」等	文學應多樣，作家應有包容性。	
汪靜之		八九	安徽績溪	二十年代詩人，一九二三年出版「蕙的風」，一九二七		

盧祖品（男）

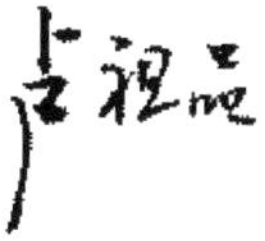

五二

廣西 浦北

年出版「寂寞的國」，一九五八出版「詩二十一首」，小說有「耶穌的吩咐」、「翠英及其夫的故事」、「父與女」，理論有「李杜研究」、「詩歌原理」、「作家的條件」，編選有「文章模範」、「愛國詩選」、「愛國文選」，一九三三年與應修人、潘漠華創立湖畔詩社，稱湖畔詩人。

一九八四年步入文壇，以創作詩歌為主，兼寫散文、散文詩、報告文學，出版有「

文學反映時代，也要面對未來，一

顫動的火光」、「生活啓示錄」。

手伸向西洋，世界萬物，皆爲我用

臧克家（男）

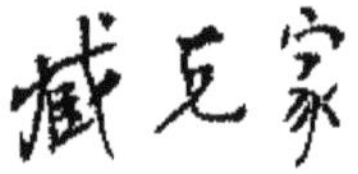

八五

山東諸城

一九二九年開始發表作品，六十年來筆未停揮，出版有詩集「烙印」、「臧克家詩選」、「罪惡的黑手」、「自己的寫照」、「古樹的花朵」、「泥土的歌」、「生命的零度」、「凱旋」等；散文集有「詩與生活」、「臧克家抒情散文選」等；小說集有「掛紅」等；文學評論集有「學詩斷想」等；另

文學作品應該表現時代精神人民生活，力主現實主義。

				有「臧克家古典詩文欣賞集」、「臧克家文集」（六卷本）現已出版三卷，共已出版五十六部。		
姚學禮（男）				出版有詩集「涇河龍」、「色卦」、「平涼詩踪」，散文集「北地草」、「隴東人」。		世界華文詩人協會創會理事
匡文立（女）			遼寧，生於西安，滿族	一九七九年開始文學創作，以小說為主，發表有數十萬字，結集出版者有「昨夜西風」，與匡文留為姊妹作家		中國作協甘肅分會會員，「金城」文學期刊編輯。

墨人博士著作書目（校正版）

書目	類別	出版者	出版時間
一、自由的火焰 } 與《山之禮讚》合併易名《墨人新詩集》	詩集	自印（左營）	民國三十九年（一九五〇）
二、哀祖國	詩集	大江出版社（臺北）	民國四十一年（一九五二）
三、最後的選擇	短篇小說	百成書店（高雄）	民國四十二年（一九五三）
四、閃爍的星辰	長篇小說	大業書店（高雄）	民國四十二年（一九五三）
五、黑森林	長篇小說	香港亞洲社	民國四十四年（一九五五）
六、魔障	長篇小說	暢流半月刊（臺北）	民國四十七年（一九五八）
七、孤島長虹（全集中易名為寶國島）	長篇小說	文壇社（臺北）	民國四十八年（一九五九）
八、古樹春藤	中篇小說	九龍東方社	民國五十一年（一九六二）
九、花嫁	短篇小說	九龍東方社	民國五十三年（一九六四）
一〇、水仙花	短篇小說	長城出版社（高雄）	民國五十三年（一九六四）
一一、白夢蘭	短篇小說	長城出版社（高雄）	民國五十三年（一九六四）
一二、颱風之夜	短篇小說	長城出版社（高雄）	民國五十三年（一九六四）

一三、白雪青山　長篇小說　長城出版社（高雄）　民國五十四年（一九六五）
一四、春梅小史　長篇小說　長城出版社（高雄）　民國五十四年（一九六五）
一五、洛陽花似錦　長篇小說　長城出版社（高雄）　民國五十四年（一九六五）
一六、東風無力百花殘　長篇小說　長城出版社（高雄）　民國五十四年（一九六五）
一七、合家歡　長篇小說　臺灣省新聞處（臺中）　民國五十四年（一九六五）
一八、紅樓夢的寫作技巧　文學理論　臺灣商務印書館（臺北）　民國五十五年（一九六六）
一九、塞外　短篇小說　臺灣商務印書館（臺北）　民國五十五年（一九六六）
二〇、碎心記　長篇小說　小說創作社（臺北）　民國五十六年（一九六七）
二一、蠶姑　長篇小說　小說創作社（臺北）　民國五十七年（一九六八）
二二、鱗爪集　散　文　水牛出版社（臺北）　民國五十七年（一九六八）
二三、青雲路　短篇小說　臺灣商務印書館（臺北）　民國五十八年（一九六九）
二四、變性記　短篇小說　臺灣商務印書館（臺北）　民國五十八年（一九六九）
二五、龍鳳傳　長篇小說　幼獅書店（臺北）　民國五十九年（一九七〇）
二六、火樹銀花　長篇小說　立志出版社（臺北）　民國五十九年（一九七〇）
二七、浮生集　散　文　聞道出版社（臺南）　民國六十一年（一九七二）
二八、墨人詩選　詩　集　臺灣中華書局（臺北）　民國六十一年（一九七二）
二九、鳳凰谷　長篇小說　臺灣中華書局（臺北）　民國六十一年（一九七二）

三〇、墨人短篇小說選	短篇小說	臺灣中華書局（臺北）	民國六十一年（一九七二）
三一、斷腸人	短篇小說	臺灣學生書局（臺北）	民國六十一年（一九七二）
三二、詩人革命家胡漢民傳	傳記小說	近代中國社（臺北）	民國六十七年（一九七八）
三三、心猿	長篇小說	學人文化公司（臺北）	民國六十八年（一九七九）
三四、山之禮讚	詩集	秋水詩刊（臺北）	民國六十九年（一九八〇）
三五、心在山林	散文	中華日報社（臺北）	民國六十九年（一九八〇）
三六、墨人散文集	散文	學人文化公司（臺中）	民國六十九年（一九八〇）
三七、山中人語	散文	臺灣商務印書館（臺北）	民國七十二年（一九八三）
三八、花市	散文	江山出版社（臺北）	民國七十四年（一九八五）
三九、三更燈火五更雞	散文	江山出版社（臺北）	民國七十四年（一九八五）
四〇、墨人絕律詩集	詩集	臺灣商務印書館（臺北）	民國七十六年（一九八七）
四一、全唐詩尋幽探微	文學理論	臺灣商務印書館（臺北）	民國七十六年（一九八七）
四二、第二春	短篇小說	采風出版社（臺北）	民國七十七年（一九八八）
四三、全唐宋詞尋幽探微	文學理論	臺灣商務印書館（臺北）	民國七十八年（一九八九）
四四、小園昨夜又東風	散文	黎明文化公司（臺北）	民國八　十年（一九九一）
四五、紅塵（上、中、下三卷）	長篇小說	臺灣新生報社（臺北）	民國八　十年（一九九一）
四六、大陸文學之旅	散文	文史哲出版社（臺北）	民國八十一年（一九九二）

四七、紅塵續集　長篇小說　臺灣新生報社（臺北）　民國八十二年（一九九三）
四八、墨人半世紀詩選　詩　選　文史哲出版社（臺北）　民國八十四年（一九九五）
四九、張本紅樓夢（上下兩巨冊）　修訂批註　湖南出版社（長沙）　民國八十五年（一九九六）
五〇、紅塵心語　散　文　圓明出版社（臺北）　民國八十五年（一九九六）
五一、年年作客伴寒窗　散　文　中天出版社（臺北）　民國八十六年（一九九七）
五二、全宋詩導幽探微　文學理論　文史哲出版社（臺北）　民國八十九年（二〇〇〇）
五三、墨人詩詞詩話　詩詞・理論　詩藝文出版社（臺北）　民國八十九年（二〇〇〇）
五四、婆娑世界（定本）　長篇小說　昭明出版社（臺北）　民國八十八年（一九九九）
五五、白雪青山（定本）　長篇小說　昭明出版社（臺北）　民國八十九年（二〇〇〇）
五六、滾滾長江（定本）　長篇小說　昭明出版社（臺北）　民國八十九年（二〇〇〇）
五七、春梅小史（定本）　長篇小說　昭明出版社（臺北）　民國八十九年（二〇〇〇）
五八、紫燕（定本）　長篇小說　昭明出版社（臺北）　民國九　十年（二〇〇一）
五九、紅樓夢的寫作技巧（定本）　文學理論　昭明出版社（臺北）　民國九　十年（二〇〇一）
六〇、紅塵六卷（定本）　長篇小說　昭明出版社（臺北）　民國九　十年（二〇〇一）
六一、紅塵法文本　巴黎友豐（you fong）書局出版　二〇〇四年初版

附　註：

▲北京中國文聯出版社二〇〇三年出版　大陸教授羅龍炎・王雅清合著《紅塵》論專書

▲臺北市昭明出版社出版墨人一系列代表作，長篇小說《娑婆世界》、一百九十多萬字的空前大長篇《紅塵》（中法文本共出五版）暨《白雪青山》（兩岸共出六版）、《滾滾長江》、《春梅小史》、《紫燕》，短篇小說集、文學理論《紅樓夢的寫作技巧》（兩岸共出十四版）等書。臺灣中華書局出版的《墨人自選集》共五大冊，收入長篇小說《白雪青山》、《蠶姑》、《鳳凰谷》、《江水悠悠》（為《東風無力百花殘》易名）、《短篇小說・詩選》合集。《哀祖國》及《合家歡》皆由高雄大業書店再版。臺北詩藝文出版社出版的《墨人詩詞詩話》創作理論兼備，為「五四」以來詩人、作家所未有者。

▲臺灣商務印書館於民國七十三年七月出版先留英後留美哲學博士程石泉、宋瑞等數十人的評論專集《論墨人及其作品》上、下兩冊。

▲《白雪青山》於民國七十八年（一九八九）由臺北大地出版社第三版。

▲臺北中國詩歌藝術學會於一九九五年五月出版《十三家論文》論《墨人半世紀詩選》。

▲《紅塵》於民國七十九年（一九九〇）五月由大陸黃河文化出版社出版前五十四章（香港登記、深圳市印行）。大陸因未有書號未公開發行僅供墨人「大陸文學之旅」時與會作家座談時參考。

▲北京中國文聯出版公司於一九九二年十二月出版長篇小說《春梅小史》（易名《也無風雨也無晴》）；一九九三年四月出版《紅樓夢的寫作技巧》。

▲北京中國社會科學出版社於一九九四年出版散文集《浮生小趣》。

▲北京群眾出版社於一九九五年一月出版散文集《小園昨夜又東風》；一九九五年十月京華出版社出

版長篇小說《白雪青山》大陸版，第一版三千冊，一九九七年八月再版一萬冊。

▲長沙湖南出版社於一九九六年一月初出版墨人費時十多年精心修訂批註的《張本紅樓夢》，分上下兩大冊精裝一萬一千套。立即銷完，因未經墨人親校，難免疏失，墨人未同意再版。

Mo Jen's Works

1950　*The Flames of Freedom*（poems）《自由的火焰》

1952　*Lament for My Mother Country*（poems）《哀祖國》

1953　*Glittering Stars*（novel）《閃爍的星辰》

The Last Choice（short stories）《最後的選擇》

1955　*Black Forest*（novel）《黑森林》

The Hindrance（novel）《魔障》

The Rainbow and An Isolated Island（novel）《孤島長虹》（全集中易名為富國島）

1963　*The spring Ivy and Old Tree*（novelette）《古樹春藤》

1964　*Narcissus*（novelette）《水仙花》

A Typhonic Night（novelette）《颱風之夜》

Ms.Pei Mong-lan（novelette）《白夢蘭》

The Joy of the Whole Family（novel）《合家歡》

Flower Marriage（novelette）《花嫁》

1965 *White Snow and Green Mountain*（novel）《白雪青山》

The Short Story of Miss Chung Mei（novel）《春梅小史》

The Powerless Spring Breeze and Faded Flowers（novel）《東風無力百花殘》（《江水悠悠》）

Flower Blossom in Loyang（novel）《洛陽花似錦》

1966 *The Writing Technique of the Dream of Red Chamber*（literature theory）《紅樓夢的寫作技巧》

Out of The Wild Frontier（novelette）《塞外》

1967 *A Heart-broken Story*（novel）《碎心記》

1968 *Miss Clever*（novel）《靈姑》

Trifle（prose）《鱗爪集》

1969 *The Road to Promotion*（novelette）《青雲路》

1970 *A Sex-change Story*（novelette）《變性記》

The Biography of the Dragon and the Phoenix（novel）《龍鳳傳》

1971 *A Brilliantly lighted Garden*（novel）《火樹銀花》

1972 *My Floating Life*（prose）《浮生記》

Selection of Mo Jen's Poems《墨人詩選》

A Heart-broken Woman（novelette）《斷腸人》

Phoenix Valley（novel）《鳳凰谷》

Mo Jen's Works（five volumes）《墨人自選集》

Selection of Mo Jen's short stores《墨人短篇小說選》

1978 *Hu Han-ming, the Poet and Revolutionist*（novel）《詩人革命家胡漢民》

1979 *The Mokey in the Heart*（i.e. The Purple Swallow renamed）《心猿》

1980 *The Hermit*（prose）《心在山林》

A Collection of Mo Jen's Prose（prose）《墨人散文集》

A Praise to Mountains（poems）《山之禮讚》

1983 *Mountaineer's Remarks*（prose）《山中人語》

1985 *My Candle Burns at Both Ends*（prose）《三更燈火五更雞》

Flower Market（prose）《花市》

1986 *A Mundane World*（novel, four volumes, over 1.9 million words）《紅塵》

1987 *Remarks on All Poems of the Tang Dynasty*（theory）《全唐詩尋幽探微》

1988 *Remarks On All Tsyr*（prose poem）*of the Tang and Sung Dynasties*（theory）《全唐宋詞尋幽探微》

1991 *The Breeze That Came From The East Last Night in My Little garden Again*（prose）《小園昨夜又東風》

1992 *Travel for Literature in Mainland China*（prose）《大陸文學之旅》

1995 *Selection of Mo Jen's Poems, 1992-1994*《墨人半世紀詩選》

1996 *I'll look upon the World*《紅塵心語》

Chang Edition of the Dream of Red Chamber《張本紅樓夢》（修訂批註）

1997 *Cherish thy guests and the Muses*《年年作伴寒窗》

1999 *Saha Shih Gai*《娑婆世界》

1999 *Remarks on All Poems of the sung Dynasties*《全宋詩尋幽探尋》

1999 *Mo Jen's Classical Poems and Prose Poems*《墨人詩詞詩話》

2004 *Poussiere Rouge*《紅塵》法文譯本

墨人博士創作年表（二〇〇五年增訂）

年度	年齡	發表出版作品及重要文學紀錄摘要
民國二十八年己卯（一九三九）	十九歲	在東南戰區《前線日報》發表〈臨川新貌〉。淪陷區著名的上海《大美晚報》隨即轉載。
民國二十九年庚辰（一九四〇）	二十歲	在《前線日報》發表〈希望〉、〈路〉等新詩作品。
民國三十年辛巳（一九四一）	二十一歲	在《前線日報》發表〈評夏伯陽〉書評等文。
民國三十一年壬午（一九四二）	二十二歲	在各大報發表〈苦難的行列〉、〈贛州禮讚〉（長詩）、〈老船夫〉、〈盲歌者〉、〈自已的輓歌〉、〈抹去那怯弱的眼淚吧〉、〈生命之歌〉、〈快都鳥〉、〈鷂鷹與雲雀〉等詩及散文多篇。
民國三十二年癸未（一九四三）	二十三歲	在各大報發表長詩〈鋤奸隊長〉、〈搜索連長〉、〈遙寄〉、〈寫在第七個七七〉、〈父親〉、〈受難的女神〉、〈城市的夜〉及〈火把〉、〈擊柝者〉、〈橋〉、〈古鐘〉、〈汽笛〉、〈山居〉、〈沙灘〉、〈夜行者〉、〈孤芳〉、〈蚊蟲〉、〈蒼蠅〉、〈躑躅〉、〈陽光〉、〈深秋〉、〈贈某詩人兼寫自已〉、〈哀亡命詩人〉、〈自供〉、〈自墨詩抄〉、〈哀歌〉、〈生活〉、〈給偶像崇拜者〉、〈戰書〉、〈燈下獨白〉、〈夜歸〉、〈失眠之夜〉、〈悼〉、〈殘英〉、〈黃昏曲〉、〈補綴〉、〈復活的季節〉、〈擬戀歌〉、〈晨雀〉、〈春耕〉、〈天空的搏鬥〉等長短抒情詩。另發表散文及短篇小說多篇。

民國三十三年甲申（一九四四）	二十四歲	發表〈山城草〉五首及〈沒有褲子穿的女人〉、〈襤褸的孩子〉、〈駝鈴〉、〈無聲的哭泣〉、〈長夜草〉、〈春夜〉、〈擬某女演員〉、〈蛙聲〉、〈麥笛〉等詩及散文多篇。
民國三十四年乙酉（一九四五）	二十五歲	發表〈最後的勝利〉及〈煉獄裏的聲音〉、〈神女〉、〈問〉等長詩與散文多篇。
民國三十五年丙戌（一九四六）	二十六歲	發表〈夢〉、〈春天不在這裡〉等詩及散文多篇。
民國三十六年丁亥（一九四七）	二十七歲	發表〈冬天的歌〉、〈流浪者之歌〉、〈手杖、煙斗〉及長詩〈上海抒情〉等與散文多篇。
民國三十七年戊子（一九四八）	二十八歲	主編筆中雜誌、撰寫時論，均不署名。
民國三十八年己丑（一九四九）	二十九歲	七月渡海抵臺、發表〈望獄〉、〈滿妹〉、及長詩〈自由的火燄〉、〈人類的宣言〉等及散文多篇。
民國三十九年庚寅（一九五〇）	三十歲	發表〈站起來、揑死他！〉、〈滾出去、馬立克！〉、〈英國人〉、〈海洋頌〉等詩。出版《自由的火燄》詩集。
民國四十年辛卯（一九五一）	三十一歲	發表〈春晨獨步〉、〈炫與殉〉、〈悼三閭大夫屈原〉、〈詩聯隊〉、〈心獄之歌〉、〈子夜獨唱〉、〈真理、愛情〉、〈友情的花朵〉、〈啊、西風啊！〉、〈歲暮吟〉、〈師生〉、〈往事〉、〈天書〉、〈歷程〉、〈雨天〉、〈火車飛馳在海岸線上〉、〈帶路者〉、〈送第一艦隊出征〉等詩、及〈哀祖國〉長詩。
民國四十一年壬辰（一九五二）	三十二歲	發表〈未完成的想像〉、〈鄭上吟〉、〈窗下吟〉、〈白髮吟〉、〈秋夜輕吟〉、〈秋訊〉、〈渴念、追求〉、〈寂寞、孤獨〉、〈冬眠〉、〈我想把你忘記〉、〈想念〉、〈成人的悲歌〉、〈訴〉、〈詩人〉、〈詩〉、〈貝絲〉「春天的懷念」五首、〈和風〉、〈夜雨〉、〈臺灣海峽的霧〉等及散文、短篇小說多篇。　出版《哀祖國》詩集。

民國四十二年癸巳（一九五三）	三十三歲	發表〈寄台北詩人〉等詩及散文短篇小說多篇。高雄百成書店出版短篇小說集《最後的選擇》，收入〈苹玲〉、〈生死戀〉、〈梅蘭馨〉、〈敵人的故事〉、〈最後的選擇〉、〈蔣復成〉、〈姚醫生〉等七篇。大業書店出版長篇小說《閃爍的星晨》一、二兩冊。
民國四十三年甲午（一九五四）	三十四歲	發表〈蓬萊〉、〈海鷗〉、〈鳳凰木〉、〈流螢〉、〈鵝鑾鼻〉、〈海邊的城〉、〈長夏小唱〉及散文、短篇小說多篇。
民國四十四年乙未（一九五五）	三十五歲	發表〈雲〉、〈F-86〉、〈顯GK〉等詩及散文、短篇小說多篇。香港亞洲出版社出版長篇小說《黑森林》，並獲中華文獎會國父誕辰長篇小說第二獎（第一獎從缺）。
民國四十五年丙申（一九五六）	三十六歲	發表〈四月〉等詩及散文、短篇小說多篇。
民國四十六年丁酉（一九五七）	三十七歲	發表〈月亮〉、〈九月之旅〉、〈雨利花〉等詩及長篇小說《魔障》。
民國四十七年戊戌（一九五八）	三十八歲	暢流半月刊雜誌社出版長篇連載小說《魔障》。
民國四十八年己亥（一九五九）	三十九歲	發表短篇小說、散文多篇。文壇雜誌社出版長篇小說《孤島長虹》（全集中易名為《富國島》）。
民國四十九年庚子（一九六〇）	四十歲	發表〈橫貫小唱〉等詩及散文、短篇小說多篇。
民國五十年辛丑（一九六一）	四十一歲	發表〈熱帶魚〉、〈豎琴〉、〈水仙〉等詩及短篇小說甚多。奧國維也納納富出版公司編選的《世界最佳小說選》選入短篇說〈馬腳〉，同時入選者有諾貝爾文學獎得主威廉福克納、拉革克菲斯特等世界各國名作家作品。

民國五十一年壬寅（一九六二）	四十二歲	發表〈青鳥〉、〈兩腳獸〉、〈晚會〉、〈祈禱〉等詩及短篇小說甚多。奧國維也納納富出版公司又將短篇小說《小黃》（以江州司馬筆名撰寫者）選入《世界最佳小說選》，同時入選者有諾貝爾獎得主蕭洛霍夫、郭沫若及世界各國名作家作品。
民國五十二年癸卯（一九六三）	四十三歲	香港九龍東方文學出版社出版中篇小說《古樹春藤》。發表短篇小說、散文甚多。
民國五十三年甲辰（一九六四）	四十四歲	香港九龍東方文學社出版短篇小說集《花嫁》，收入〈教師爺〉、〈劉二爹〉、〈二媽〉、〈異鄉人〉、〈花嫁〉、〈扶桑花〉、〈南海屠鮫〉、〈高山曲〉、〈古寺心聲〉、〈誘惑〉、〈隱情〉、〈美珠〉、〈新苗〉、〈心聲淚影〉等十四篇。高雄長城出版社出版中短篇小說集《水仙花》，收入〈水仙花〉、〈銀杏表嫂〉、〈圓房記〉、〈江湖兒女〉、〈天鵝〉、〈賭徒〉、〈搶親〉、〈黃龍〉、〈風雪歸人〉、〈花子老爺〉、〈鼓靈寺的居士〉、〈人與樹〉、〈過客〉、〈阿婆〉、〈馬腳〉、〈小黃〉等十六篇。高雄長城出版社出版中短篇小說集《白夢蘭》。收入〈情敵〉、〈空手〉、〈師生〉、〈斷夢〉、〈黃昏曲〉、〈白夢蘭〉、〈平安夜〉、〈凱塞琳、萊蒙托夫與我〉、〈陽春白雪〉、〈亂世佳人〉、〈傷心之旅〉、〈白衣清淚〉、〈護士與病人〉、〈如夢記〉、〈除夕〉等十五篇。　高雄長城出版社出版《中華日報》連載的二十五萬字長篇小說《白雪青山》。　發表短篇小說、散文甚多。
民國五十四年乙巳（一九六五）	四十五歲	高雄長城出版社出版連載長篇小說《洛陽花似錦》、《春梅小史》、《東風無力百花殘》三部。　發表短篇小說、散文甚多。省政府新聞處出版長篇小說《合家歡》。
民國五十五年丙午（一九六六）	四十六歲	是年五月赴馬尼拉華僑文教講習會講授「紅樓夢的寫作技巧」及新詩課程一個月。商務印書館出版文學理論專著《紅樓夢的寫作技巧》，全書共十五萬字。商務印書館出版中短篇小說集《塞外》。收入〈塞外〉、〈騙子〉、〈百合花〉、〈天山風雲〉、〈白金龍〉、〈白狼〉、〈秋鷸紫鵑〉、〈曾萬秋的衣鉢〉、〈半路夫妻〉、〈百鳥聲喧〉、〈風竹與野馬〉、〈美人計〉、〈夜襲〉、〈花燭劫〉等十四篇。

民國五十六年丁未（一九六七）	四十七歲	發表短篇小說、散文甚多。 小說創作社出版連載長篇小說《碎心記》。
民國五十七年戊申（一九六八）	四十八歲	小說創作社出版《中華日報》連載長篇小說《靈姑》。水牛出版社出版散文集《鱗爪集》、收入〈家鄉的魚〉、〈家鄉的鳥〉、〈雪天的懷念〉、〈秋山紅葉〉、〈學問與創作之間〉等散文七十六篇、舊詩三首。
民國五十八年己酉（一九六九）	四十九歲	商務印書館出版中短篇小說集《青雲路》。收入〈世家子弟〉、〈青雲路〉、〈空槍記〉、〈久香〉等四篇。
民國五十九年庚戌（一九七〇）	五十歲	商務印書館出版中短篇小說集《變性記》。收入〈變性記〉、〈嬌客〉、〈歲寒圖〉、〈泥龍〉、〈祖孫父子〉、〈秋風落葉〉、〈老夫老妻〉、〈恩愛夫妻〉、〈布販與偷雞賊〉、〈芳鄰〉、〈沙漠王子〉、〈沙漠之狼〉、〈世界通先生〉、〈寶珠的祕密〉、〈奇緣〉等十五篇。 幼獅文化事業公司出版長篇小說《龍鳳傳》。臺北立志出版社出版長篇《火樹銀花》出版全集時易名《同是天涯淪落人》。
民國六十年辛亥（一九七一）	五十一歲	立志出版社出版長篇小說《火樹銀花》。 發表散文多篇及在高雄《新聞報》連載長篇小說《紫燕》。
民國六十一年壬子（一九七二）	五十二歲	闢道出版社出版散文集《浮生集》。收入〈文藝的危機〉、〈貝克特高風〉、〈五十年華〉等散文十三篇、舊詩六首。學生書局出版短篇小說散文合集《斷腸人》。收入短篇小說〈斷腸人〉、〈薇薇〉、〈相見歡〉、〈滄桑記〉、〈恩怨〉、〈夜宴〉等七篇及散文〈文學系與文學創作〉、〈大學國文教學我見〉、〈作家之死〉等十五篇。　中華書局出版《墨人自選集》五大冊。包括長篇小說《白雲青山》、《靈姑》、《鳳凰谷》、《江水悠悠》（《東風無力百花殘》易名）及《短篇小說、詩選》（精選短篇小說二十八篇、抒情詩一〇六首）、共一百五十萬字。
民國六十二年癸丑（一九七三）	五十三歲	發表散文多篇。 列入英國劍橋國際傳記中心（International Biographical Centre Cambridge England）出版的《國際詩人名錄》（*International Who's Who in Poetry, 1973*）。

民國六十三年甲寅（一九七四）	五十四歲	出席第二屆世界詩人大會。 發表散文多篇。
民國六十四年乙卯（一九七五）	五十五歲	列入正中書局出版的《中華民國文藝史》（1975）。發表〈臺北的黃昏〉新詩一首及散文多篇。
民國六十五年丙辰（一九七六）	五十六歲	列入英國劍橋國際傳記中心出版的 *Men of Achievement 1976* 發表〈歷史的會晤〉新詩及散文、短篇小說多篇。
民國六十六年丁巳（一九七七）	五十七歲	應 I.B.C 邀請於三月間赴義大利翡冷翠出席國際文藝交流大會（The 3rd I.B.C. International Congress on Arts and Communications）。會後環遊世界。發表〈羅馬之戀〉、〈羅馬之松〉、〈翡冷翠的女郎〉、〈翡冷翠之柳〉、〈塞納河〉等詩及〈羅馬掠影〉、〈羅城記〉、〈威尼斯之旅〉、〈藝術之都翡冷翠〉、〈西雅奈與比薩斜塔〉、〈美國行〉、〈江戶、皇宮、御苑〉、〈環球心影〉等遊記。 在《中國時報》發表有關中國文化論文〈中國文化的三條根〉，在《新生報》發表〈文藝界的"洋"糊塗〉等多篇。
民國六十七年戊午（一九七八）	五十八歲	近代中國社出版長篇傳記小說《詩人革命胡漢民傳》。 列入英國劍橋國際傳記中心出版的《國際名人辭典》（*Dictionary of International Biography. 1978*）、《國際知識分子名錄》（*International Who's Who of Intellectual 1978*、《國際人名剪影》 *International Register of Profiles*）、《國際社會名人錄》（*International Who's Who in Community Service*）、發表〈六月之荷〉詩一首。 在各報發表〈中國文化的宇宙觀〉、〈中國文化的真面目〉、〈文化、社會形態與當代文學創作（為亞洲文學會議而作）〉、〈人與宇宙自然法則〉等。 出席亞洲文學會議。　列入中華書局出版的《中華民國當代名人錄》（*Who's Who of R.O.C. 1978*）　列入行政院新聞局編印的一九七八年英文《中華民國年鑑名人錄》（*China Yearbook Who's Who*）。

民國六十八年己未（一九七九）	五十九歲	學人文化事業有限公司出版長篇小說《心猿》（《紫燕》易名）。發表短篇小說〈春〉、〈杏林之春〉、長詩〈哀吉米·卡特〉及〈山之禮讚〉五首。短篇〈客從故鄉來〉、〈人瑞〉。理論〈中國古典小說戲劇〉、〈抗戰文學的整理與再創作〉（《中央日報》）等多篇。
民國六十九年庚申（一九八〇）	六十歲	秋水詩刊社出版詩集《山之禮讚》、收集六十四年以後新詩四十四首及七言絕律詩十首。　中華日報社出版散文集《心在山林》、收集〈花甲聲中過〉、〈老當益壯〉、及抒情寫景散文數十篇。臺中學人文化事業出版有限公司出版《墨人散文集》收集〈文化、社會形態與當代文學創作〉、〈人與宇宙自然法則〉、〈中國文化的三條根〉、〈宇宙為心人為本〉、〈文藝界的"洋"癲瘋〉等理論性散文數十篇。在《中央日報·副刊》發表〈紅樓夢研究的正確方向〉、《中華日報·副刊》發表〈人生六十樹常青〉、《青年戰士報·新文藝副刊》發表〈山中人語〉專欄文章〈山水之間〉、〈生命長短價值觀〉、〈寶刀未老〉、〈七進七出鬼門關〉、〈報人甘苦〉、〈杏壇生涯〉等。接受《大華晚報》採訪組副主任程榕寧兩次訪問、一為談胡漢民生平、一為談《易經》、《道德經》、命學，並發表〈醫學命學與人生〉專文。
民國七十年辛酉（一九八一）	六十一歲	繼續撰寫《山中人語》專欄。應臺中市《自由日報》特約撰寫《浮生小記》專欄。應行政院新聞局邀請參觀本省農漁畜牧事業單位、並在《中央日報》發表〈人在福中〉散文。接受臺灣廣播公司《成功之路》節目訪問、於四月廿七日晚八時半播出。在高雄《新聞報》發表〈撥亂反正說紅樓〉（六月十七、十八日）論文。
民國七十一年壬戌（一九八二）	六十二歲	九月赴漢城出席第二屆中韓作家會議、並在東京參加中日作家會議、曾暢遊南韓、北海道、大阪至東京名勝地區、歸後撰寫〈韓國掠影〉、〈秋遊北海道〉，發表於《中央日報》。列入中華民國名人傳記中心出版的《中華民國現代名人錄》。

		列入英國劍橋國際傳記中心出版的《傑出男女傳記》（*Men and Women of Distinction*）並附照片。 列入美國 MarQuis 公司出版的《世界名人錄》（*Who's Who in the World*）第六版。 接受義大利藝術大學授予的文學功績證書。
民國七十二年癸亥（一九八三）	六十三歲	商務印書館出版散文集《山中人語》，收集散文七十篇。
民國七十三年甲子（一九八四）	六十四歲	商務印書館出版《論羈人及其作品》上、下兩冊，包括評論文章六十餘篇。 列入義大利 Accademia Itlia 出版英、法、德、義四種文字的《國際文學史》（*The History of International Literature*）及《百科全書：當代人物（*The Encyclopadeia: Contemporary Personalities*）。 端午節（六月四日）開筆撰寫已構思準備十餘年的一百餘萬字的大長篇小說《紅塵》，年底完成初稿四十餘萬字。 十月在韓國漢城舉行的第四屆中韓作家會議，事忙未能出席，但提出一萬餘字的論文〈古典與現代〉一篇。
民國七十四年乙丑（一九八五）	六十五歲	由江山出版社出版《三更燈火五更雞》、《花市》散文集等兩本，前者收入散文、理論二十四篇，後者收入散文遊記二十七篇。 八月一日退休，專心寫作《紅塵》，於十二月底完成九十二章，告一段落，共一百二十萬字，超出《紅樓夢》十餘萬字，內有絕律詩（聯）三十一首。
民國七十五年丙寅（一九八六）	六十六歲	年初開始研讀《全唐詩》，撰寫《全唐詩尋幽探微》，十一月完成，共十二萬餘字，一面在《新聞報‧西子灣》發表，並連同歷年所作絕律詩三十七首，定名為《羈人絕律詩集》，一併交與臺灣商務印書館簽約出版。 列入美國 A.B.I. 出版的 5000 Personalities of the World；英國 I.B.C. 出版的 *The International Authors and Writers Who's Who.*

民國七十六年丁卯（一九八七）	六十七歲	訪問考察東南亞地區、國家馬來西亞、新加坡、泰國、菲律賓、香港十七天，並出席多次座談會。 商務印書館出版《全唐詩尋幽探微》（附《墨人絕律詩集》）。 《紅塵》長篇小說於三月五日開始在《臺灣新生報》連載。 七月四、五日出席在臺北市召開的抗戰文學研討會。 八月一日出席在高雄市召開的第七屆中韓作家會議。
民國七十七年戊辰（一九八八）	六十八歲	元月二日完成《全唐宋詞尋幽探微》（附《墨人詩餘》）全書十六萬字。設於美國深受世界尊重的「國際大學基金會」（The Marquis Giuseppe Scicluna 1855-1907 International University Foundation）（Founded 1973）授予榮譽文學博士學位。
民國七十八年己巳（一九八九）	六十九歲	臺灣商務印書館出版《全唐宋詞尋幽探微》。 臺北大地出版社三版長篇小說《白雪青山》。 世界大學（World University）授予榮譽文學博士學位。
民國七十九年庚午（一九九〇）	七十歲	五月應大陸黃河文化實業公司邀請，作四十天文學之旅，與北京、上海、杭州、九江、武漢、西安、蘭州等地作家座談中華文化、文學創作，坦誠交換意見，獲得一致共識，真摯友情與尊敬，廣州電視臺並全程錄影，製作專輯播出，六月底返臺後即撰寫《大陸文學之旅》專著。 艾因斯坦國際學院基金會（Albert Einstein 1879-1955 International Academy Foundation）授予榮譽人文學博士學位。 榮列英國劍橋國際傳記中心出版的 IBC Book of Dedications，占全書篇幅五頁，刊登照片五張，介紹五十年創作生涯，十分翔實，篇幅之大，為全書冠，並禮聘為 IBC 副總裁。
民國八十年辛未（一九九一）	七十一歲	二月底新生報出版《紅塵》，二十五開本，上、中、下三鉅冊。黎明文化事業公司出版《小園昨夜又東風》散文集。 應香港廣大學院禮聘為中國文學研究所客座指導教授。 《紅塵》榮獲新聞局著作金鼎獎及嘉新優良著作獎。

民國八十一年壬申（一九九二）	七十二歲	文史哲出版社出版《大陸文學之旅》。 應聘香港廣大學院中研所客座指導教授。 一月五日開筆寫《紅塵續集》，自九十三章起至一百二十章止，共四十萬字，六月十日完稿。《紅塵》全書共一百九十萬字。續集自十二月一日開始在《臺灣新生報・副刊》連載近年，雙破長篇鉅著及連載紀錄。中國廣播公司《中廣小說選播》節目，亦於十二月一日十四時三十分，在AM657千赫第一廣播網開始播出長篇鉅著《紅塵》上、中、下三冊，由蘇愛華小姐導播，集該公司播音精英，通力合作，龍老夫人一角由播音元老白銀飾演，其餘人物均為一時之選，效果奇佳，前所未有。　北京「中國文聯出版公司」出版《也無風雨也無晴》。 纍人故鄉九江《師專學報》，於本年起開闢《纍人研究》專欄，與《陶淵明研究》、《黃山谷研究》，並稱三大專欄，甚受教育、學術界重視。
民國八十二年癸酉（一九九三）	七十三歲	十月下旬，偕《秋水》詩刊同仁涂靜怡、雪柔、麥穗、汪洋萍、風信子、林蔚穎等為慶祝《秋水》創刊二十周年，訪問哈爾濱、北京、西安三大都市，與當地詩人座談交流，水乳交融，兩岸詩人因而建立深厚友誼。十一月初，隻身訪問昆明、探親，昆明作協主席曉雪、八十多歲老作家李喬、小說家張昆華、《春城晚報》副總編輯熊廷武、副刊主編原因，理論家教授余斌、作家湯世傑、李錦華等集會歡迎，其中多為白族、彝族等少數民族作家，乃以雲南少數民族文化資源努力創作相勉，深獲共鳴。資深作家彭荊風，晚間並來下榻處暢談。 繼續應聘香港廣大學院中研所客座指導教授三年。 十二月新生報社出版《紅塵續集》，全書共四大冊，其實前後一貫，為一整體，該報為方便，乃以《續集》名之。一生心願心血得以完成，在輕、薄、短、小及商品文學獨占市場情況下，亦一大異數。北京「中國文聯出版公司」出版《紅樓夢的寫作技巧》。

民國八十三年甲戌（一九九四）	七十四歲	一月開始研讀自北京購回的《全宋詩》，擬續寫《全宋詩尋幽探微》。 四月十一日接受臺北復興廣播電臺《名人專訪》節目主持人裴雯小姐訪問；談一生寫作歷程及大長篇《紅塵》寫作經過。 臺北《世界論壇報》副社長兼副刊主編詩人評論家周伯乃先生，特自五月三十一日起一連三天出版特刊，慶祝七十晉五誕辰暨創作五十五周年，除刊出〈小傳〉、〈七五人生一首詩〉、〈中國新詩與傳統詩詞的整合〉、〈叩開生命之門〉三篇新作外，並刊出蒙古族女詩人作家薩仁圖婭的〈墨人：屈原風骨中華魂〉，及馬來西亞霹靂州立女子中學校長、詩詞家、散文作家彭士麟女士論《紅塵》與大陸作家作品比較的書信、墨人著作校長、詩詞家、散文作家彭士麟女士論《紅塵》與大陸作家作品比較的書信，墨人著作目錄、美國兩個榮譽文學博士、一個人文學博士照片三張、《紅塵》獲獎照片一張、及周伯乃〈無限的祝禱〉文等。 八月七日，中國時報系的《工商日報・讀書版・大書坊》刊出蓓齡的《紅塵》墨人專訪文章，並配合攝影記者何日昌拍攝的墨人及《紅塵》四冊照片。 大陸廣州暨南大學中文系教授兼臺港暨海外華文文學研究中心主任、評論家潘亞暾，費時月餘撰寫《紅塵續集》論文達一萬餘字的〈偉大史詩的歸結〉，於九月二十一至二十五日在臺北市《世界論壇報・副刊》全文刊出，見解不凡，對《續集》的成功更使他大吃一驚，因此，更肯定《紅塵》的史詩價值、地位。 八月二十八日第十五屆世界詩人大會在臺北召開，僅提出〈中國新詩與傳統詩詞的整合〉論文一篇，並未出席，論文則由《中國詩刊》主編曾美霞女士代讀。
民國八十四年乙亥（一九九五）	七十五歲	一月，臺北文史哲出版社出版《墨人半世紀詩選》（一九四二—一九九四）。 一月十日應臺北廣播電臺《藝文夜話》主持人宋英小姐訪問，許導播秀玲決定十日開播《紅塵》全書四冊，每日廣播兩次。 中國詩歌藝術學會主辦、中國文藝協會協辦，於五月二十二日在臺北市中國文藝協會舉行《墨人世半紀詩選》學術研討會，與會詩人、評論家六十餘人，討論情況熱烈，並印發海峽兩岸評論家王常新、古繼堂、古遠清、李春生、楊允達、周伯乃等十三家論文專集。各家均推崇、肯定新舊詩兩方面的成就與半個多世紀的貢獻。

		英國劍橋國際傳記中心頒贈二十世紀文學傑出成就獎。 榮列一九九五年英國劍橋國際傳記中心出版的 The Definitive Book of the Deputy Directors General of the IBC. 佔全書篇幅五頁，刊登照片五張，爲全書之冠。
民國八十五年丙子（一九九六）	七十六歲	臺北圓明出版社出版涵蓋儒、釋、道三家思想的散文集《紅塵心語》。卷首有珍貴的文學照片十餘張。 臺北中國詩歌藝術學會出版《十三家論文》論《墨人半世紀詩選》。
民國八十六年丁丑（一九九七）	七十七歲	臺北中天出版社出版與《紅塵心語》爲姊妹集的散文集《年年作客伴寒窗》，各篇亦均以五、七言詩作題，內中作者詩詞亦多，並附錄珍貴文學資料訪問記、特寫、著作目錄等十餘篇。出任「乾坤」詩刊顧問，並主編該刊古典詩詞。 完成《墨人詩詞詩話》、《全宋詩尋幽探微》兩書全文。
民國八十七年戊寅（一九九八）	七十八歲	構思六年的以佛學精義結合修行心得化爲文學創作的長篇小說《娑婆世界》，於三月二十八日開筆，十二月脫稿。共三十八章，五十多萬字。 英國劍橋國際傳記中心（IBC）出版《二十世紀傑出人物》以照片配合文字將墨人傳記刊卷首重要位置，並頒發獎狀。大陸中國國際經濟文化交流促進會、燕京國際文化藝術研究會等七大單位編纂出版的《世界華人文學藝術界名人錄》、中國國際交流出版社出版的《世界名人錄》，均爲十六開巨型中文本。
民國八十八年己卯（一九九九）	七十九歲	本年爲來臺五十周年、創作六十周年、中國習俗八十歲，昭明出版社出版長篇小說《娑婆世界》。 美國傳記學會（ABI）出版二十世紀《五百位有影響力的領袖》，以照片配合文字將墨人傳記刊於卷首重要位置並頒發獎狀。照片及詩詞五首編入中國《當代吟壇》巨著。　美國「世界智庫」與艾因斯坦國際學會基金會」聯合頒贈墨人傑出成就榮譽獎，以紀念千禧年，並榮列中國出版的《中華精英大全》。 美國傳記學會頒贈墨人「二十世紀成就獎」。

民國八十九年庚辰（二〇〇〇）	八十歲	臺北昭明出版社陸續出版定本長篇小說《白雲青山》、《滾滾長江》、《春梅小史》；文學理論《紅樓夢的寫作技巧》、連同民國八十八年出版的長篇小說《娑婆世界》，並列為墨人一系列代表作品，以慶祝墨人八十整壽。臺北詩藝文出版社出版《墨人詩詞詩話》。臺北文史哲出版社出版《全宋詩尋幽探微》。
民國九十年辛巳（二〇〇一）	八十一歲	臺北昭明出版社出版長篇小說定本《紅塵》全書六冊及長篇小說《紫燕》定本。
民國九十一年壬午（二〇〇二）	八十二歲	五月三日偕長子選翰赴上海訪友小住。英國劍橋國際傳記中心授予「終身成就獎」。
民國九十二年癸未（二〇〇三）	八十三歲	八月底偕夫人及在臺子女四人經上海轉往故鄉九江市掃墓探親並遊廬山。
民國九十三年甲申（二〇〇四）	八十四歲	準備出版全集（經臺北榮民總醫院檢查無任何疾病。）巴黎 you-Feng 書局出版豪華典雅法文本《紅塵》。
民國九十四年乙酉（二〇〇五）	八十五歲	此後五年不遠行，以防交通意外，準備資料。計劃百歲前開筆撰寫新長篇小說。北京「中央出版社」出版《強國丰碑》，以著名文學家張萬熙為題刊出墨人傳略，為臺灣及海外華人作家唯一入選者。並先後接到北京電話、書函邀請寄送資料編入《一代名家》、《中華文化藝術名家名作世界傳播錄》。
民國九十五年丙戌（二〇〇六）至民國一百年（二〇一一）——	八十六歲至九十二歲——	重讀重校全集，已與臺北市文史哲出版社簽訂出版《墨人博士作品全集》合約，民國一百年年內可以出版。此為「五四」以來中國大陸與臺灣所未有者。